Orlando Syrg Taschenbuch 192019

OR
SY
TA

RAT ACBO

Reihe

Alte Tradition

Azurcelesteblueoscuro

herausgegeben

von

Joerg K. Sommermeyer & Orlando Syrg

Exemplarische Werke der Weltliteratur

herausgegeben von

Joerg K. Sommermeyer

Über dieses Buch

Friedrich Schillers (be)sinnliche Gedichte, sind episch, lyrisch und dramatisch zugleich, oftmals antithetisch, sowohl die Freiheit als auch bürgerliche Sittsamkeit besingend. Nicht wenige seiner Verse zirkulieren unüberhörbar bis auf unsere Zeit als geflügelte Worte. Diese Edition reiht die Werke chronologisch.

Der Autor

Johann Christoph Friedrich Schiller, Sohn des württembergischen Offiziers, Wundarztes und späteren Verwalters der herzoglichen Hofgärten auf der Solitude, Johann Caspar Schiller (1723-96), und der Gastwirtstochter Elisabeth Dorothea Schiller, geb. Kodweiß (1732-1802), erblickt das Licht der Welt am 10. November 1759 in Marbach am Neckar; er stirbt am 9. Mai 1805 in Weimar. Arzt, Dichter, Dramatiker, Lyriker, Essayist, Philosoph und Historiker; Fürsprecher der Freiheit, Verteidiger bürgerlicher Gesittung. Mit Goethe in einem Atemzug genannt, sein unzertrennlicher Bruder im Geiste. Zusammen bilden sie das Dioskurenpaar von Idealismus, Sturm und Drang und Weimarer Klassik.

Fünf Schwestern. Besuch der Ludwigsburger Lateinschule. Strenge militärische Zucht, von der Außenwelt abgeschlossen. Jurastudium, Wechsel zur Medizin, Promotion. 1780 schlechtbezahlter Regimentsarzt in Stuttgart.

1781-84 sozialkritische Sturm-und-Drang-Dramen *Die Räuber*, *Fiesco*, *Kabale und Liebe*. 1782 Erfolg der *Räuber* in Mannheim, wegen nicht erlaubter Reise dorthin aber Arreststrafe, Schreibverbot. Flucht über Mannheim, Frankfurt nach Thüringen, Rückkehr nach Mannheim, Theaterdichter des Nationaltheaters. Chronische Erkrankung (kupöse Pneumonie), häufige Rückfälle, ständige Todesnähe. Finanzielle Notlagen. 1785-1795 historische, ästhetische, philosophische Studien. Künstlerische Wandlung (Don Carlos, 1787 ff., immer wieder umgearbeitet; mittlere Schaffensperiode). 1789 Professor für Geschichte in Jena. 1790 Heirat mit Charlotte von Lengefeld. 1794 sich vertiefende Freundschaft mit Goethe. Ab 1796 idealististische Jambendramen seiner Reifezeit (Wallenstein, Maria Stuart, Die Jungfrau von Orleans, Wilhelm Tell), Balladen (Der Taucher, Die Kraniche des Ibykus, Der Ring des Polykrates, Die Bürgschaft, Das Lied von der Glocke). Im Herbst 1799 Übersiedelung nach Weimar.

Seine Werke, voller sprachgewaltiger Verse und pointensicherer Dialoge, grandioser Ausdruck des sehnsüchtigen Freiheits- und Humanitätsdrangs des 18. Jahrhunderts, in ganz Europa und darüber hinaus enthusiastisch aufgenommen.

Der Herausgeber

Joerg K. Sommermeyer (JS), * 14.10.1947 in Brackenheim, Sohn des Physikers Prof. Dr. Kurt Hans Sommermeyer. Kindheit in Freiburg. Studierte Jura, Philosophie, Germanistik, Geschichte und Musikwissenschaft. Klassische Gitarre bei Viktor v. Hasselmann und Anton Stingl. Unterrichtete in den späten Sechzigern Gitarre am Kindergärtnerinnen-/Jugendleiterinnenseminar und in den Achtzigern Rechtsanwaltsgehilfinnen in spe an der Max-Weber-Schule in Freiburg. 1976 bis 2004 Rechtsanwalt in Freiburg. Setzte sich für eine Verstärkung des Rechtsschutzes bei Grundrechtseingriffen ein (Unterbringungsrecht, Untersuchungshaft, Durchsuchungsrecht). Zahlreiche Veröffentlichungen in juristischen Fachzeitschriften sowie Artikel in Musikblättern. Gründer und Vorsitzender der Internationalen Gitarristischen Vereinigung, Organisator und Künstlerischer Leiter der Freiburger Gitarren- und Lautentage, Herausgeber und Redakteur der Zeitschrift *Nova Giulianiad: Saitenblätter für die Gitarre und Laute*. Juror beim Schlesischen Gitarrenherbst in Tychy und Internationalen Gitarrenkongress Freiburg/Basel/Straßburg. Songs, Liedtexte, Arrangements, Instrumentalmusik. 7 CDs, u. a.: *Total Overdrive, Those Rocks & Lieders, Nel Cuore Romanzo Rock, Ergo, 7 Celebrities*. Prosa: Anton Unbekannt, Pathoaphysischer Antiroman, Tragigroteskenfragment, 2008/2009; Vernimm mein Schreien, 2017/2018. Lieblingsmärchen, 2017/2018. Editionen u. a. von Werken Hugo Balls, Carl Einsteins, Franz Kafkas, Heinrich von Kleists, Robert Müllers, Joseph von Eichendorffs, Adelbert von Chamissos, Annette von Droste-Hülshoffs, Jeremias Gotthelfs, Georg Büchners, Christian Morgensterns, Heinrich Heines, Rainer Maria Rilkes, Eduard von Keyserlings, August Stramms, Joseph Conrads, Gottfried August Bürgers und Lukians von Samosata.

Orlando Syrg, Berlin, 7. Oktober 2019

Joerg K. Sommermeyer (Hg.)

Friedrich Schillers

Gedichte

Ausgewählte Werke II

Durchgesehen, revidiert und herausgegeben

von

Joerg K. Sommermeyer

Orlando Syrg

MMXIX

1. Auflage 2019

Orlando Syrg, Berlin (vormals Freiburg i. Brsg.)

Orlando Syrg Taschenbuch

ORSYTA 192019

Reihe Alte Tradition Azurcelesteblueoscuro

RAT ACBO 31

Durchsicht, Revision und Herausgabe:
Joerg K. Sommermeyer

Umschlaggestaltung (unter Verwendung eines Gemäldes von Anton Graff, *Schiller*, 1786-1791, auf der Vorderseite): JS

Lektorat, Satz und Layout: Fritz Pernicke, JS, Ton Unbe, Waltraut Schmidt, Hans Ohnson, Karl Anders, Gabi Michaelis, Lars Penath, Marga Sadau, Roland König, Betty Süßblum, Paul Deros, Ella Elle

Herstellung, Vertrieb, Verlag BoD - Books on Demand, Norderstedt

Made in Germany

ISBN 9783750402478

Inhalt

Der Abend

Die Sonne zeigt, vollendend gleich dem Helden,
Dem tiefen Tal ihr Abendangesicht,
(Für andre, ach! glückselge Welten
Ist das ein Morgenangesicht),
Sie sinkt herab vom blauen Himmel,
Ruft die Geschäftigkeit zur Ruh,
Ihr Abschied stillt das Weltgetümmel
Und winkt dem Tag sein Ende zu.

Jetzt schwillt des Dichters Geist zu göttlichen Gesängen,
Lass strömen sie, o Herr, aus höherem Gefühl,
Lass die Begeisterung die kühnen Flügel schwingen,
Zu dir, zu dir, des hohen Fluges Ziel,
Mich über Sphären himmelan gehoben,
Getragen sein vom herrlichen Gefühl,
Den Abend und des Abends Schöpfer loben,
Durchströmt vom paradiesischen Gefühl.
Für Könige, für Große ists geringe,
Die Niederen besucht es nur –
O Gott, du gabest mir Natur,
Teil Welten unter sie – nur, Vater, mir Gesänge.

Ha! wie die müden Abschiedsstrahlen
Das wallende Gewölk bemalen,
Wie dort die Abendwolken sich
Im Schoß der Silberwellen baden;
O Anblick, wie entzückst du mich!
Gold, wie das Gelb gereifter Saaten,
Gold liegt um alle Hügel her,
Vergoldet sind der Eichen Wipfel,
Vergoldet sind der Berge Gipfel,
Das Tal beschwimmt ein Feuermeer;
Der hohe Stern des Abends strahlet
Aus Wolken, welche um ihn glühn,
Wie der Rubin am falben Haar, das wallet
Ums Angesicht der Königin.

Schau, wie der Sonnenglanz die Königsstadt beschimmert
Und fern die grüne Heide lacht;
Wie hier in jugendlicher Pracht
Der ganze Himmel niederdämmert;
Wie jetzt des Abends Purpurstrom,
Gleich einem Beet von Frühlingsrosen,
Gepflücket im Elysium,

Auf goldne Wolken hingegossen,
Ihn überschwemmet um und um.

Vom Felsen rieselt spiegelhelle
Ins Gras die reinste Silberquelle
Und tränkt die Herd' und tränkt den Hirt;
Am Weidenbusche liegt der Schäfer,
Des Lied das ganze Tal durchirrt
Und wiederholt im Tale wird.
Die stille Luft durchsumst der Käfer;
Vom Zweige schlägt die Nachtigall,
Ihr Meisterlied macht alle Ohren lauschen,
Bezaubert von dem Götterschall
Wagt itzt kein Blatt vom Baum zu rauschen,
Stürzt langsamer der Wasserfall.
Der kühle West bewegt die Rose,
Die eben itzt den Busen schloße,
Entatmet ihr den Götterduft
Und füllt damit die Abendluft.

Ha, wie es schwärmt und lebt von tausend Leben,
Die alle dich, Unendlicher, erheben,
Zerflossen in melodischem Gesang,
Wie tönt des Jubels himmlischer Gesang!
Wie tönt der Freude hoch erhabner Klang!
Und ich allein bin stumm – nein, tön es aus, o Harfe,
Schall, Lob des Herrn, in seines Staubes Harfe.

Verstumm, Natur, umher und horch der hohen Harfe,
Dann Gott entzittert ihr,
Hör auf, du Wind, durchs Laub zu sausen,
Hör auf, du Strom, durchs Feld zu brausen,
Und horcht und betet an mit mir:
Gott tuts, wenn in den weiten Himmeln
Planeten und Kometen wimmeln,
Wenn Sonnen sich um Achsen drehn
Und an der Erd vorüberwehn.

Gott – wenn der Adler Wolken teilet,
Von Höhen stolz zu Tiefen eilet
Und wieder auf zur Sonne strebt.
Gott – wenn der West ein Blatt beweget,
Wenn auf dem Blatt ein Wurm sich reget,
Ein Leben in dem Wurme lebt
Und hundert Fluten in ihm strömen,
Wo wieder junge Würmchen schwimmen,

Wo wieder eine Seele webt.

Und willst du, Herr, so steht des Blutes Lauf,
So sinkt dem Adler sein Gefieder,
So weht kein West mehr Blätter nieder,
So hört des Stromes Eilen auf,
Schweigt das Gebraus empörter Meere,
Krümmt sich kein Wurm und wirbelt keine Sphäre –
O Dichter, schweig: zum Lob des kleinen Myriaden,
Die sich in diesen Meeren baden,
Und deren Sein noch keines Aug durchdrang,
Ist totes Nichts dein feurigster Gesang.

Doch bald wirst du zum Thron die Purpurflügel schwingen,
Dein kühner Blick noch tiefer, tiefer dringen,
Und heller noch die Engelharfe klingen;
Dort ist nicht Abend mehr, nicht Dunkelheit,
Der Herr ist dort und Ewigkeit!

Der Eroberer

Dir, Eroberer, dir schwellet mein Busen auf,
Dir zu fluchen den Fluch glühenden Rachedursts,
Vor dem Auge der Schöpfung,
Vor des Ewigen Angesicht!

Wenn den horchenden Gang über mir Luna geht,
Wenn die Sterne der Nacht lauschend heruntersehn,
Träume flattern – umflattern
Deine Bilder, o Sieger, mich

Und Entsetzen um sie – Fahr ich da wütend auf,
Stampfe gegen die Erd, schalle mit Sturmgeheul
Deinen Namen, Verworfner,
In die Ohren der Mitternacht.

Und mit offenem Schlund, welcher Gebirge schluckt,
Ihn das Weltmeer mir nach – ihn mir der Orkus nach
Durch die Hallen des Todes –
Deinen Namen, Eroberer!

Ha! dort schreitet er hin – dort, der Abscheuliche,
Durch die Schwerter, er ruft (und du, Erhabner, hörsts),
Ruft, ruft: Tötet und schont nicht,
Und sie töten und schonen nicht.

Steigt hoch auf das Geheul – röcheln die Sterbenden
Unterm Blutgang des Siegs – Väter, aus Wolken her
Schaut zur Schlachtbank der Kinder,

Väter, Väter, und fluchet ihm.

Stolz auf türmt er sich nun, dampfendes Heldenblut
Trieft am Schwert hin, herab schimmerts, wie Meteor,
Das zum Weltgericht winket –
Erde, fleuch! der Erobrer kommt.

Ha! Eroberer, sprich: Was ist dein heißester,
Dein gesehntester Wunsch? – Hoch an des Himmels Saum
Einen Felsen zu bäumen,
Dessen Stirne der Adler scheut,

Dann hernieder vom Berg, trunken von Siegeslust,
Auf die Trümmer der Welt, auf die Erobrungen
Hinzuschwindeln, im Taumel
Dieses Anblicks hinweggeschaut.

O ihr wisst es noch nicht, welch ein Gefühl es ist,
Welch Elysium schon in dem Gedanken blüht,
Bleicher Feinde Entsetzen,
Schrecken zitternder Welt zu sein,

Mit allmächtigem Stoß hoch aus dem Pole, dann
Auszustoßen die Welt, fliegenden Schiffen gleich
Sternenan sie zu rudern,
Auch der Sterne Monarch zu sein.

Dann vom obersten Thron, dort wo Jehova stand,
Auf der Himmel Ruin, auf die zertrümmerte
Sphären niederzutaumeln –
O das fühlt der Erobrer nur!

Wenn die blühendste Flur, jugendlich Eden gleich,
Überschüttet vom Fall stürzender Felsen traurt,
Wenn am Himmel die Sterne
Blassen, Flammen der Königsstadt

Aufgegeißelt vom Sturm gegen die Wolken wehn,
Tanzt dein trunkener Blick über die Flammen hin.
Ruhm nur hast du gedürstet,
Kauf ihn, Welt, – und Unsterblichkeit.

Ja, Eroberer, Ja – du wirst unsterblich sein.
Röchelnd hofft es der Greis, du wirst unsterblich sein,
Und der Wais und die Witwe
Hoffen, du wirst unsterblich sein.

Schau gen Himmel, Tyrann – wo du der Sämann warst,
Dort vom Blutgefild stieg Todeshauch himmelan,
Hinzuheulen in tausend
Wettern über dein schauendes

Haupt! wie bebt es in dir! schauert dein Busen! – Ha!
Wär mein Fluch ein Orkan, könnt durch die Nacht einher
Rauschen, geißeln die tausend
Wetterwolken zusammen, den

Furchtbar brausenden Sturm auf dich herunter fliehn,
Stürmen machen, im Drang tobender Wolken dich
Dem Olympus itzt zeigen,
Itzt begraben zum Erebus.

Schauer, schauer zurück, Würger, bei jedem Staub,
Den dein fliegender Gang wirbelnd gen Himmel weht:
Es ist Staub deines Bruders,
Staub, der wider dich Rache ruft.

Wenn die Donnerposaune Gottes vom Thron itzt her
Auferstehung geböt – aufführ im Morgenglanz
Seiner Feuer der Tote,
Dich dem Richter entgegenriss',

Ha! in wolkigter Nacht, wenn er herunterfährt,
Wenn des Weltgerichts Waag durch den Olympus schallt,
Dich, Verruchter, zu wägen
Zwischen Himmel und Erebus,

An der furchtbaren Waag aller geopferten
Seelen, Rache hineinnickend, vorübergehn
Und die schauende Sonne
Und der Mond und die horchende

Sphären und der Olymp, Seraphim, Cherubim,
Erd und Himmel hineinstürzen sich, reißen sie
In die Tiefe der Tiefen,
Wo dein Thron steigt, Eroberer!

Und du da stehst vor Gott, vor dem Olympus da,
Nimmer weinen, und nun nimmer Erbarmen flehn,
Reuen nimmer, und nimmer
Gnade finden, Erobrer, kannst,

O dann stürze der Fluch, der aus der glühenden
Brust mir schwoll, in die Waag, donnernd wie fallende
Himmel – reiße die Waage
Tiefer, tiefer zur Höll hinab,

Dann, dann ist auch mein Wunsch, ist mein gefluchtester,
Wärmster, heißester Fluch ganz dann gesättiget,
O dann will ich mit voller
Wonn, mit allen Entzückungen

Am Altare vor dir, Richter, im Staube mich

Wälzen, jauchzend den Tag, wo er gerichtet ward,
Durch die Ewigkeit feiern,
Will ich nennen den schönen Tag!

Empfindungen der Dankbarkeit

*beim Namensfeste Ihro Excellenz
der Frau Reichsgräfin von Hohenheim*

1. Von der Akademie

Ein großes Fest! – Lasst, Freunde, lasst erschallen! –
Ein schönes Fest weckt uns zu edler Lust!
Lasst himmelan den stolzen Jubel hallen,
Und Dankgefühl durchwalle jede Brust.

Einst wollte die Natur ein Fest erschaffen,
Ein Fest, wo Tugenden mit Grazien
Harmonisch ineinandertrafen
Und in dem schönsten Bunde sollten stehn,

Und dieses Fest aufs Reizendste zu zieren,
Sah die Natur nach einem Namen um –
Franziskens Namen sollt es führen,
So war das Fest ein Heiligtum!

Und dieses Fest, ihr Freunde, ist erschienen,
Euch jauchz ichs mit Entzücken zu!
Jauchzt, Freunde, jauchzt mir nach: Es ist erschienen,
Und hüpft empor aus tatenloser Ruh!

Heut wird kein Ach gehört – heut fließet keine Träne;
Nur froher Dank steigt himmelwärts!
Die Luft erschallt von jubelndem Getöne,
Franziskens Name lebt durch jedes Herz.

Sie ist der Dürftgen Trost – sie gibt der Blöße Kleider,
Dem Durste gibt sie Trank, dem Hunger Brot!
Die Traurigen macht schon ihr Anblick heiter
Und scheucht vom Krankenlager weg den Tod.

Ihr Anblick segenvoll – wie Sonnenblick den Fluren,
Wie wenn vom Himmel Frühling niederströmt,
Belebend Feuer füllt die jauchzenden Naturen,
Und alles wird mit Strahlen überschwemmt,

So lächelt alle Welt – So schimmern die Gefilde,
Wenn sie wie Göttin unter Menschen geht,
Von ihr fließt Segen aus und himmelvolle Milde
Auf jeden, den ihr sanfter Blick erspäht,

Ihr holder Name fliegt hoch auf des Ruhmes Flügeln,
Unsterblichkeit verheißt ihr jeder Blick,
Im Herzen thronet sie – und Freudentränen spiegeln
Franziskens holdes Himmelbild zurück.

So wandelt sie dahin auf Rosenpfaden,
Ihr Leben ist die schönste Harmonie,
Umglänzt von tausend tugendsamen Taten,
Seht die belohnte Tugend! – Sie!

O Freunde, lasst uns nie von unsrer Ehrfurcht wanken,
Lasst unser Herz Franziskens Denkmal sein!
So werden wir mit niedrigen Gedanken
Niemalen unser Herz entweihn!

2. Von der Ecole des Demoiselles

Elysische Gefühle drängen
Des Herzens Saiten zu Gesängen,
Ein teurer Name weckte sie. –
Schlägt nicht der Kinder Herz mit kühnern Schlägen
Der sanften Mutter Freudenfest entgegen
Und schmilzt dahin in Wonnemelodie?
Wie sollten wir jetzt fühllos schweigen,
Da tausend Taten uns bezeugen,
Da jeder Mund – da jedes Auge spricht; –
Ist uns Franziska Mutter nicht?

Erlauben Sie dem kindlichen Entzücken,
Sich Ihnen heute scheu zu nahn,
O sehen Sie mit mütterlichen Blicken,
Was, unsre innige Verehrung auszudrücken,
Wir Ihnen darzubringen wagen, an!
Erlauben Sie der schüchternen Empfindung,
Für Sie, der Mütter würdigste, zu glühn,
Erlauben Sie die kühne, stolze Wendung –
Denn heute, heut dem Dank sich zu entziehn,
Wär Frevel, wär die sträflichste Verblendung!

Wenn Dankbarkeit, die aus dem Herzen fließet,
Wenn der Verspruch, stets auf der Tugend Pfad zu gehn,
Wenn Tränen, die die sanfte Rührung gießet,
Wenn Wünsche, die empor zum Himmel flehn,
O wenn der Seelen feurigstes Empfinden
Die Huld der besten Mutter lohnen könnten,
Wie ganz sollt unser Wesen nur Empfindung sein!

Nie sollten unsre Tränen, nie versiegen,
Zum Himmel sollten ewig unsre Wünsche fliegen,
Franzisken wollten wir ein ganzes Leben weihn!

Doch wenn auch das Gefühl, das unser Herz durchflossen,
Bei aller Liebe reichlichem Genuss,
Womit Sie, Edelste! uns übergossen,
Erröten und erlahmen muss –
So hebt uns doch das selige Vertrauen:
Franziska wird mit gnadevollem Blick
Auf ihrer Töchter schwaches Opfer schauen –
Franziska stößt die Herzen nie zurück!
Und feuervoller wird der Vorsatz uns beleben,
Dem Meisterbild der Tugend nachzustreben!

Der Venuswagen

Klingklang! Klingklang! kommt von allen Winden,
Kommt und wimmelt scharenweis.
Klingklang! Klingklang! was ich will verkünden,
Höret, Kinder Prometheus'!

Welkes Alter – rosenfrische Jugend,
Warme Jungen mit dem muntern Blut,
Spröde Damen mit der kalten Tugend,
Blonde Schönen mit dem leichten Mut!

Philosophen – Könige – Matronen,
Deren Ernst Kupidos Pfeile stumpft,
Deren Tugend wankt auf schwanken Thronen,
Die ihr (nur nicht über *euch*) triumpht.

Kommt auch ihr, ihr sehr verdächtgen Weisen,
Deren Seufzer durch die Tempel schwärmt,
Stolz prunkieret, und vielleicht den leisen
Donner des Gewissens überlärmt,

Die ihr in das Eis der Bonzenträne
Eures Herzens geile Flammen mummt,
Pharisäer mit der Janusmiene!
Tretet näher – und verstummt.

Die ihr an des Lebens Blumenschwelle
In der Unschuld weißem Kleide spielt,
Noch nicht wilder Leidenschaften Bälle,
Unbefleckten Herzens feiner fühlt,

Die ihr schon gereift zu ihren Giften
Im herkulschen Scheidweg stutzend steht,

Hier die Göttin in den Ambradüften,
Dort die ernste Tugend seht,

Die ihr schon vom Taumelkelch berauschet
In die Arme des Verderbens springt,
Kommt zurücke, Jünglinge, und lauschet,
Was der Weisheit ernste Leier singt.

Euch zuletzt noch, Opfer des Gelustes,
Ewig nimmer eingeholt vom Lied,
Haltet still, ihr Söhne des Verlustes!
Zeuget wider die Verklagte mit.

Klingklang! Klingklang! schimpflich hergetragen
Von des Pöbels lärmendem Hussah!
Angejochet an den Hurenwagen
Bring ich sie, die Metze Zypria.

Manch Histörchen hat sie aufgespulet,
Seit die Welt um ihre Spindel treibt,
Hat sie nicht der Jahrzahl nachgebuhlet,
Die sich vom verbotnen Baume schreibt?

Hum! Bis hierher dachtest dus zu sparen?
Mamsell! Gott genade dich!
Wiss! so sauber wirst du hier nicht fahren
Als im Arm von deinem Ludewig.

Noch so schelmisch mag dein Auge blinzen,
Noch so lächeln dein verhexter Mund,
Diesen Richter kannst du nicht scharwenzen
Mit gestohlner Mienen Gaukelbund.

Ja so heule – Metze, kein Erbarmen!
Streift ihr keck das seidne Hemdchen auf.
Auf den Rücken mit den runden Armen!
Frisch! und patschpatsch! mit der Geißel drauf.

Höret an das Protokoll voll Schanden,
Wie's die Garstge beim Verhöre glatt
Weggelogen oder gleich gestanden
Auf den Zuspruch dieser Geißel hat.

Volkbeherrscher, Götter unterm Monde,
Machtumpanzert zu der Menschen Heil,
Hielt die Buhlin mit dem Honigmunde
Eingemauert im Serail.

O da lernen Götter – menschlich fühlen,
Lassen sich fast sehr herab zum – Vieh,
Mögt ihr nur in Nasos Chronik wühlen,

Schnakisch stehts zu lesen hie.

Wollt ihr Herren nicht skandalisieren,
Werft getrost den Purpur in den Kot,
Wandelt wie Fürst Jupiter auf vieren,
So erspart ihr ein verschämtes Rot.

Nebenbei hat diese Viehmaskierung
Manchem Zeus zum Wunder angepasst,
Heil dabei der weisen Volksregierung,
Wenn der Herrscher auf der Weide grast!

Dem Erbarmen dorren ihre Herzen
(O auf Erden das Elysium),
Durch die Nerven bohren Höllenschmerzen,
Kehren sie zu wilden Tigern um.

Lose Buben mäkeln mit dem Fürstensiegel,
Kreaturen vom gekrönten Tier,
Leihen dienstbar seiner Wollust Flügel
Und ermauscheln Kron und Reich dafür.

Ja die Hure (lassts ins Ohr euch flistern)
Bleibt auch selbst im Kabinett nicht stumm,
In dem Uhrwerk der Regierung nistern
Öfters Venusfinger um.

Blinden Fürsten dienet sie zum Stocke,
Blöden Fürsten ist sie Bibelbuch.
Kam nicht auch aus einem Weiberrocke
Einst zu Delphos Götterspruch?

Mordet! Raubet! Lästert, ja verübet,
Was nur gräulich sich verüben lässt –
Wenn ihr Lady Pythia betrübet,
O so haltet eure Köpfe fest!

Ha! wie manchen warf sie von der Höhe!
Von dem Rumpf wie manchen Biederkopf!
Und wie manchen hub die geile Fee,
Fragt warum? – Um einen dicken Zopf.

Dessen Siegesgeiz die Erde schrumpfte,
Dessen tolle Diademenwut
Gegen Mond und Sirius triumphte,
Hoch gehoben von der Sklaven Blut,

Dem am Markstein dieser Welt entsunken
Jene seltne Träne war,
Vom Saturnus noch nicht aufgetrunken,
Nie vergossen, seit die Nacht gebar,

Jenen Jüngling, der mit Riesenspanne
Die bekannte Welt umgriff,
Hielte sie zu Babylon im Banne,
Und das – Weltpopanz entschlief.

Manchen hat ins Elend sie gestrudelt,
Eingetrillert mit Sirenensang,
Dem im Herzen warme Kraft gesprudelt
Und des Ruhms Posaune göttlich klang.

An des Lebens Vesten leckt die Schlange,
Geifert Gift ins hüpfende Geblüt,
Knochen dräuen aus der gelben Wange,
Die nun aller Purpur flieht.

Hohl und hager, wandelnde Gerippe,
Keuchen sie in des Cocytus Boot.
Gebt den Armen Stundenglas und Hippe,
Huh! – und vor euch steht der Tod.

Jünglinge, o schwöret ein Gelübde,
Grabet es mit goldnen Ziffern ein:
Fliehet vor der rosigten Charybde,
Und ihr werdet Helden sein.

Tugend stirbet in der Phrynen Schoße,
Mit der Keuschheit fliegt der Geist davon,
Wie der Balsam aus zerknickter Rose,
Wie aus rissnen Saiten Silberton.

Venus' Finger bricht des Geistes Stärke,
Spielet gottlos, rückt und rückt
An des Herzens feinem Räderwerke,
Bis der Seiger des Gewissens – lügt.

Eitel ringt, und wenn es Schöpfung sprühte,
Eitel ringt das göttlichste Genie,
Martert sich an schlappen Saiten müde,
Wohlklang fließt aus toten Trümmern nie. –

Manchen Greisen, an der Krücke wankend,
Schon hinunter mit erstarrtem Fuß
In den Abgrund des Avernus schwankend,
Neckte sie mit tödlich süßem Gruß.

Quälte noch die abgestumpften Nerven
Zum erstorbnen Schwung der Wollust auf,
Drängte ihn, die träge Kraft zu schärfen,
Frisch zu spornen zäher Säfte Lauf.

Seine Augen sprühn erborgte Strahlen,
Tödlich munter springt das schwere Blut,
Und die aufgejagten Muskeln prahlen
Mit des Herzens letzlichem Tribut.

Neuverjüngt beginnt er aufzuwarmen,
All sein Wesen zuckt in *einem* Sinn,
Aber husch! entspringt sie seinen Armen,
Spottet ob dem matten Kämpfer hin.

Was für Unfug in geweihten Zellen
Hat die Hexe nicht schon angericht'?
Lasst des Doms Gewölbe Rede stellen,
Das den leisen Seufzer lauter spricht.

Manche Träne – aus Pandoras Büchse –
Sieht man dort am Rosenkranze glühn,
Manchen Seufzer vor dem Kruzifixe
Wie die Taube vor dem Stößer fliehn.

Durch des Schleiers vorgeschobne Riegel
Malt die Welt sich schöner, wie ihr wisst,
Phantasie leiht ihren Taschenspiegel,
Wenn das Kind das Paternoster küsst.

Siebenmal des Tages muss der gute
Michael dem starken Moloch stehn,
Beide prahlen mit gleich edlem Blute,
Jeder, wisst ihr, heißt den andern gehn.

Puh! da splittert Molochs schwächres Eisen!
(Armes Kind! wie bleich wirst du!)
In der Angst (wer kann es Vorsatz heißen?)
Wirft sie ihm die Zitternadel zu.

Junge Witwen – vierzigjährge Zofen
Feuriger Komplexion,
Die schon lange auf – Erlösung hoffen,
Allzufrüh der schönen Welt entflohn,

Braune Damen – rabenschwarzen Haares,
Schwergeplagt mit einem siechen Mann,
Fassen oft – die Hörner des Altares,
Weil der Mensch nicht helfen kann.

Fromme Wut begünstigt heiße Triebe,
Gibt dem Blute freien Schwung und Lauf –
Ach zu oft nur drückt der Gottesliebe
Aphrodite ihren Stempel auf.

Nymphomanisch schwärmet ihr Gebete

(Fragt Herrn Doktor Zimmermann),
Ihren Himmel – sagt! was gilt die Wette? –
Malt zum Küssen euch ein Tizian! –

Selbst im Rathaus hat sies angesponnen,
Blauen Dunst Asträen vorgemacht,
Die geschwornen Richter halb gewonnen,
Ihres Ernstes Falten weggelacht.

Inquisitin ließ das Halstuch fallen,
Jeder meinte, sei von ohngefähr!
Potz! da liegts wie Alpen schwer auf allen,
Närrisch spukts um unsern Amtmann her.

Sprechet selbst – was war dem Mann zu raten?
Dies verändert doch den Statum sehr. –
»Inquisitin muss man morgen laden,
Heute geb ich *gütliches* Verhör.«

Und – wär nicht Frau Amtmännin gekommen
(Unserm Amtmann krachts im sechsten Sinn),
Wär der Balg ins Trockne fortgeschwommen,
Dank seis der Frau Amtmännin!

Auch den Klerus (denkt doch nur, die Lose),
Selbst den Klerus hat sie kalumniert.
Aber gelt! – mit einem derben Stoße
Hat man dir dein Lügenmaul pitschiert.

Damen, die den Bettelsack nun tragen,
Ungeschickt zu weiterem Gewinst,
Matte Ritter, die Schamade schlagen,
Invaliden in dem langen Dienst,

Setzt sie (wie's auch große Herren wissen)
Mit beschnittner Pension zur Ruh,
Oder schickt wohl gar die Leckerbissen
Ihrer Feindin – Weisheit zu.

(Weine, Weisheit, über die Rekruten,
Die dir Venus Aphrodite schickt,
Sie verhüllen unter frommen Kutten
Nur den Mangel, der sie heimlich drückt.

Würde Amors Talisman sie rühren,
Nur ein Hauch von Zypern um sie wehn –
O sie würden hurtig desertieren
Und zur alten Fahne übergehn.) –

Sehet, und der Lüstlingin genüget
Auch nicht an des Torus geiler Brunst,

Selbst die Schranken des Geschlechts besieget
Unnatürlich ihre Schlangenkunst.

Denket – doch ob dieser Schandenliste
Reißt die Saite, und die Zunge stockt;
Fort mit ihr aufs schimpfliche Gerüste,
Wo das Aas den fernen Adler lockt.

Dorten soll mit Feuergriffel schreiben
Auf ihr Buhlinangesicht das Wort:
Tod: der Henker – so gebrandmarkt treiben
Durch die Welt die Erzbetrügrin fort.

So gebot der weise Venusrichter.
Wie der weise Venusrichter hieß?
Wo er wohnte? Wünscht ihr von dem Dichter
Zu vernehmen – so vernehmet dies:

Wo noch kein Europersegel brauste,
Kein Kolumb noch steuerte, noch kein
Cortez siegte, kein Pizarro hauste,
Wohnt auf einem Eiland – Er allein.

Dichter forschten lange nach dem Namen –
Vorgebirg des Wunsches nannten sies,
Die Gedanken, die bis dahin schwammen,
Nanntens – das verlorne Paradies.

Als vom ersten Weibe sich betrügen
Ließ der Männer erster, kam ein Wasserstoß,
Riss, wenn Sagen Helikons nicht lügen,
Von vier Welten diese Insel los.

Einsam schwimmt sie im Atlantschen Meere,
Manches Schiff begrüßte schon das Land,
Aber ach – die scheiternde Galeere
Ließ den Schiffer tot am Strand.

Trauerode
auf den Tod des Hauptmanns Wiltmaister

Grimmig wirkt der Tod durch unsre Glieder! –
Dumpfig heult die Leichendrummel wieder,
Schon ein neuer ist hinweggerafft;
Mit gesenktem Schießgewehre wanken
Graue Krieger nach des Kirchhofs Schranken,
Wo der tapfre, brave Müller schlaft.

Brüder, kommt! – erblasset! – schauert! zittert!

Bebe jetzt, den niemals nichts erschüttert,
Grabgefühle schauern durch sein Mark.
Sehet! Alles, was wir Leben hießen,
Was wir liebten, was wir selig priesen,
Liegt vereitelt in dem schmalen Sarg.

Von dem Antlitz alles Rot gesunken,
Aus den Augen alle Lebensfunken
Weggelöschet in chaotsche Nacht –
Seine Mienen, sein holdselig Lächeln
Weggeblasen mit dem Sterberöcheln,
Ewig, ewig nimmer angefacht! –

Nie vom Sturm der Leidenschaft durchwühlet,
Wie ein Bach durch Blumenbette spielet,
Floss sein Leben hin in Melodie –
Ha! was ist nun, was am schönsten schmeichelt?
Nichts als Larve, die der Tod uns heuchelt –
Und dann auf dem Sarg zerreißt er sie.

Auf des Menschen kaltem, starrem Rumpfe
Sterben seine wirblende Triumphe,
Röchlen all in ein Gewimmer aus –
Glück und Ruhm zerflattern auf dem Sarge,
Könige und Bettler, Feige, Starke
Ziehn hinunter in das Totenhaus.

Aber frei erhoben über Grüfte
Fliegt der Geist in des Olympus Lüfte,
Triumphierend, wie ein Adler steigt,
Wann sein Wohnsitz, die erhabne Tanne,
Niederkracht im tobenden Orkane
Und der Nordsturm Wälder niederbeugt.

Zieh auch du, geliebter, teurer Streiter,
Auf den Flügeln unsrer Donner weiter,
Keine Tränen schicken wir dir mit –
Mit Geheule und mit Weiberklagen
Mag man andre zu dem Grabe tragen,
Pulverdonner ist der Krieger Wiegenlied. –

Weinend geht man deinen Sarg vorüber,
Selbst des Mannes Auge wird jetzt trüber,
Und die Helden Carls betrauren dich. –
Geh dahin mit dieser stolzen Ehre,
Prahle dort in der Verklärten Heere:
Sie, die Helden Carls, betrauren mich!

Sie, die Helden, eilen dir entgegen
Unter Donner und der Kugeln Regen,
Krieger zittern vor dem Tode nicht –
Ihm entgegen gehen wir mit Hohne
Unterm Dampf der brüllenden Kanone,
Wann er reißend durch die Glieder bricht –

Und dann droben finden wir dich wieder,
Legen dort das müde Eisen nieder,
Drücken dich an unsre warme Brust,
Dann wird alles, wie von Morgenwinden
Weggeweht, ein leichter Traum, verschwinden
Und nichts bleiben als die Lust.

[Aus:] *Anthologie auf das Jahr 1782*

Gedruckt in der Buchdruckerei zu Tobolsko

Meinem Prinzipal dem Tod zugeschrieben

Großmächtigster Zar alles Fleisches,
Allezeit Vermindrer des Reichs,
Unergründlicher Nimmersatt in der ganzen Natur!

Mit untertänigstem Hautschauern unterfange ich mich, deiner gefräßigen Majestät klappernde Phalanges zu küssen und dieses Büchlein vor deinem dürren Calcaneus in Demut niederzulegen. Meine Vorgänger haben immer die Weise gehabt, ihre Sächlein und Päcklein, dir gleichsam recht vorsätzlich zum Ärger, hart an deiner Nase vorbei, ins Archiv der Ewigkeit transportieren zu lassen, und nicht gedacht, dass sie dir eben dadurch umso mehr das Maul darnach wässern machten; denn auch an dir wird das Sprichwort nicht zum Lügner: »Gestohlen Brot schmeckt gut.« Nein! dedizieren will ich dirs lieber, so bin ich doch gewiss, dass dus – weit weglegen werdest.

Doch Spaß beiseite! – Ich denke, wir zweien kennen uns genauer denn nur vom Hörensagen. Einverleibt dem äskulapischen Orden, dem Erstgebornen aus der Büchse der Pandora, der so alt ist als der Sündenfall, bin ich gestanden an deinem Altare, habe, wie der Sohn Hamilkars den sieben Hügeln, geschworen unsterbliche Fehde deiner Erbfeindin Natur, sie zu belagern mit Medikamenten Heereskraft, eine Wagenburg zu schlagen um die Stahlische Seele, aus dem Feld zu schlagen mit Sturm die trotzige, die deine Sporteln schmälert und deine Finanzen schwächt, und auf dem Wahlplatz des Archäus hoch zu bäumen deine mitternächtliche Kreuzstandarte. – Dafür nun (denn eine Ehre ist wert der andern) wirst du mir auswirken den köstlichen *Talisman,* der mich mit heiler Haut und ganzer Wolle an Galgen und Rade vorübergeleitet –

Jusque datum sceleri –

Ei ja doch! Tue das, goldiger Mäcenas; denn siehst du, ich möchte doch nicht gern, dass mirs ginge wie meinen tollkühnen Kollegen und Vettern, die mit Stilett und Sackpuffer [kleine Pistole] bewaffnet in finstern Hohlwegen Hof halten oder im unterirdischen Laboratorium das Wunderpolychrest mischen, das, wenns hübsch fleißig genommen wird, unsre politische Nasen über kurz oder lang mit Thronvakaturen und Staatsfiebern kitzelt. – Daramiens und Ravaillac!- Hu! hu! hu! – Es ist ein gut Ding um gerade Glieder!

Ob du auch deinen Zahn auf Ostern und Michaelis gewetzt hast? – Die große Bücherepidemie in Leipzig und Frankfurt – Juchheisa, Dürrer! – wird ein königlich Fressen geben. Deine fertigen Mäkler, Völlerei und Brunst, liefern dir ganze Frachten aus dem Jahrmarkt des Lebens. – Selbst der Ehrgeiz, dein Großpapa, Krieg, Hunger, Feuer und Pest, deine gewaltigen Jäger, haben dir schon so manche fette Menschenklopfjagd gehalten – Geiz und Golddurst, deine mächtigen Kellermeister, trinken dir ganze schwimmende Städte im sprudelnden Kelch des Weltmeers zu. – Ich weiß in Europa eine Küche, wo man dir die raresten Gerichte mit Festtagsgepränge auf die Tafel gesetzt hat – Und doch – wer hat dich je satt gesehen oder über Indigestionen klagen gehört? – Eisern ist deine Verdauung; grundlos deine Gedärme!

Puh – Ich hätte dir noch so manches zu sagen, aber ich tummle mich, dass ich wegkomme – Du bist ein garstiger Schwager – Geh – Du machst dir Rechnung, höre ich, eine Generalkollation zu erleben, wo dir groß und klein, Weltkugeln und Lexika, Philosophien und Putzwerk in den Rachen fliegen sollen – Guten Appetit, wenns soweit kommt! – Doch, Hungerwolf der du bist! siehe zu, dass du dich da nicht überessest und deinen ganzen Fraß haarklein wiedergeben müssest, wie dirs ein gewisser Athenienser, der dir gar nicht wohl will, prophezeit hat.

Y.

Tobolsko, den 2. Februar

– Tum primum radiis gelidi incaluere Triones. – *Blumen in Sibirien?* – Dahinter steckt eine Schelmerei, oder die Sonne muss Front gegen Mitternacht machen. – »Und doch – wenn ihr euch auf den Kopf stelltet! Es ist nicht anders; – Wir haben lange genug Zobel gefangen, lassts uns einmal auch mit Blumen versuchen. Sind nicht schon Europäer genug zu uns Stiefsöhnen der Sonne gekommen und durch unseren hundertjährigen Schnee gewatet, irgendein bescheidenes Blümchen zu pflücken? Schande unsern Ahnen – wir wollen sie selbst sammeln und einen ganzen Korb voll nach Europa frankieren. – Zertretet sie nicht, ihr Söhne des milderen Himmels!

Aber im Ernst zu reden – Das eiserne Gewicht des widrigen Vorurteils, das schwer über dem Norden brütet, von der Stelle zu räumen, forderte einen stärkeren Hebel als den Enthusiasmus einiger wenigen, und auch ein festeres Hypomochlion als die Schultern von zween oder drei Patrioten. Doch wenn schon auch diese Anthologie euch leckerhafte Europäer so wenig als – wenn ich den Fall setze – unser Musenalmanach, den wir – wenn ich ja den Fall setzen wollte – hätten können geschrieben haben, mit uns Schneemännern versöhnen wird, so bleibt ihr doch mindestens das

Verdienst, Hand in Hand mit ihren Kamerädinnen im *weitentlegenen Teutschland* dem ausröchelnden Geschmack den Gnickfang geben zu helfen, wie wir Tobolskianer zu sprechen belieben.«

Wenn eure Homere im Schlaf reden und eure Herkules Mücken mit ihren Keulen erschlagen – Wenn jeder, der seinen bezahlten Schmerz in Leichen-Alexandriner auszutropfen versteht, das für eine Vokation auf den Helikon auslegt – wird man uns Nordländern verdenken, mitunter auch in den Leierklang der Musen zu klimpern? – Eure Matadore wollen Silbergeld gemünzt haben, wenn sie ihr Brustbild auf elendes Messing prägten; – und zu Tobolsko werden die Falschmünzer aufgehangen. Zwar möcht ihr oft auch bei uns Papiergeld statt russischen Rubels finden, aber Krieg und teure Zeit entschuldigen alles.

So geh dann hin, Sibirische Anthologie – Geh – du wirst manchen Süßling beseligen, wirst von ihm auf den Nachttisch seiner Herzeinzigen gelegt werden und zum Dank ihre *alabasterne Lilienschneehand* seinem zärtlichen Kuss verraten. – Geh – du wirst in den Assembleen und Stadtvisiten manchen gähnenden Schlund der Langeweile ausfüllen und vielleicht eine Circassienne ablösen, die sich im Platzregen der Lästerung müde gestanden hat. – Geh – du wirst die Küche mancher Kritiker beraten; sie werden dein Licht fliehen und sich gleich den Käuzlein in deinen Schatten zurückziehen. – Hu, hu, hu! – Schon hör ich das ohrzerfetzende Geheule im unwirtbaren Forst und hülle mich angstvoll in meinen Zobel.

Y.

Die Journalisten und Minos

Mir kam vor wenig Tagen,
Wie? fragt mich eben nicht,
Vom Reich der ewgen Plagen
Die Zeitung zu Gesicht.

Sonst frag ich diesem Essen,
Wo noch kein Kopf zerbrach,
Dem Freikorps unsrer Pressen,
Wie billig, wenig nach.

Doch eine Randgloss lockte
Itzt meinen Fürwitz an,
Denkt! wie das Blut mir stockte,
Als ich das Blatt begann:

»Seit zwanzig herben Jahren«
(Die Post, versteht sich, muss
Ihr saures Stündchen fahren
Hierher vom Erebus)

»Verschmachteten wir Arme
In bittrer Wassernot,
Die Höll kam in Alarme

Und forderte den Tod.

Den Styx kann man durchwaten,
Im Lethe krebset man,
Freund Charon mag sich raten,
Im Schlamme liegt sein Kahn.

Keck springen schon die Tote
Hinüber, jung und alt,
Der Schiffer kommt vom Brote
Und flucht die Hölle kalt.

Fürst Minos schickt Spionen
Nach allen Grenzen hin,
Die Teufel müssen fronen,
Ihm Kundschaft einzuziehn.

Juhe! Nun ists am Tage!
Erwischt das Räubernest!
Heraus zum Freudgelage!
Komm, Hölle, komm zum Fest!

Ein Schwarm Autoren spükte
Um des Cocytus Rand,
Ein Tintenfässchen schmückte
Die ritterliche Hand,

Hier schöpften sie, zum Wunder,
Wie Buben süßen Wein
In Röhren von Holunder,
Den Strom in Tonnen ein.

Husch! Eh sie sichs versahen!
Die Schlingen über sie! –
Man wird euch schön empfahen,
Kommt nur nach Sanssouci.

Schon wittert' sie der König,
Und wetzte seinen Zahn,
Und schnauzte drauf nicht wenig
Die Delinquenten an.

Aha! sieht man die Räuber?
Wes Handwerks? Welches Lands?
›Sind teutsche Zeitungsschreiber!‹
Da haben wir den Tanz!

Schon hätt ich Lust, gleichbalden
Euch, wie ihr geht und steht,
Beim Essen zu behalten,
Eh euch mein Schwager mäht.

Doch schwör ichs hier beim Styxe,
Den eure Brut bestahl!
Euch Marder und euch Füchse
Erwartet Schand und Qual!

Solange, bis er splittert,
Spaziert zum Born der Krug!
Was nur nach Dinten wittert,
Entgelte den Betrug!

Herab mit ihren Daumen!
Lasst meinen Hund heraus!
Schon wässert ihm der Gaumen
Nach einem solchen Schmaus.

Wie zuckten ihre Waden
Vor dieses Bullen Zahn!
Es schnalzen Seine Gnaden,
Und Joli packte an.

Man schwört, dass noch der Stumpen
Sich krampfigt eingedruckt,
Den Lethe auszupumpen
Noch gichterisch gezuckt.«

Und nun, ihr guten Christen,
Beherziget den Traum!
Fragt ihr nach Journalisten,
So sucht nur ihren Daum'!

Sie bergen oft die Lücken,
Wie Jauner ohne Ohr
Sie helfen mit Perücken, –
Probatum! Gut davor!

Phantasie an Laura

Meine Laura! Nenne mir den Wirbel,
Der an Körper Körper mächtig reißt,
Nenne, meine Laura, mir den Zauber,
Der zum Geist monarchisch zwingt den Geist.

Sieh! er lehrt die schwebenden Planeten
Ewgen Ringgangs um die Sonne fliehn
Und, gleich Kindern um die Mutter hüpfend,
Bunte Zirkel um die Fürstin ziehn;

Durstig trinkt den goldnen Strahlenregen
Jedes rollende Gestirn,

Trinkt aus ihrem Feuerkelch Erquickung,
Wie die Glieder Geister vom Gehirn.

Sonnenstäubchen paart mit Sonnenstäubchen
Sich in trauter Harmonie,
Sphären ineinander lenkt die Liebe,
Weltsysteme dauern nur durch sie.

Tilge sie vom Uhrwerk der Naturen –
Trümmernd auseinander springt das All,
In das Chaos donnern eure Welten,
Weint, Newtone, ihren Riesenfall!

Tilg die Göttin aus der Geister Orden,
Sie erstarren in der Körper Tod,
Ohne Liebe kehrt kein Frühling wieder,
Ohne Liebe preist kein Wesen Gott!

Und was ists, das, wenn mich Laura küsset,
Purpurflammen auf die Wangen geußt,
Meinem Herzen raschern Schwung gebietet,
Fiebrisch wild mein Blut von hinnen reißt?

Aus den Schranken schwellen alle Sennen,
Seine Ufer überwallt das Blut,
Körper will in Körper überstürzen,
Lodern Seelen in vereinter Glut;

Gleich allmächtig wie dort in der toten
Schöpfung ewgen Federtrieb
Herrscht im arachneischen Gewebe
Der empfindenden Natur die Lieb.

Siehe, Laura, Fröhlichkeit umarmet
Wilder Schmerzen Überschwung,
An der Hoffnung Liebesbrust erwarmet
Starrende Verzweifelung.

Schwesterliche Wollust mildert
Düstrer Schwermut Schauernacht,
Und entbunden von den goldnen Kindern
Strahlt das Auge Sonnenpracht.

Waltet nicht auch durch des Übels Reiche
Fürchterliche Sympathie?
Mit der Hölle buhlen unsre Laster,
Mit dem Himmel grollen sie.

Um die Sünde flechten Schlangenwirbel
Scham und Reu, das Eumenidenpaar,
Um der Größe Adlerflügel windet

Sich verrätrisch die Gefahr.

Mit dem Stolze pflegt der Sturz zu tändeln,
Um das Glück zu klammern sich der Neid,
Ihrem Bruder Tode zuzuspringen
Offnen Armes Schwester Lüsternheit.

Mit der Liebe Flügel eilt die Zukunft
In die Arme der Vergangenheit,
Lange sucht der fliehende Saturnus
Seine Braut – die Ewigkeit.

Einst – so hör ich das Orakel sprechen –
Einsten hascht Saturn die Braut,
Weltenbrand wird Hochzeitfackel werden,
Wenn mit Ewigkeit die Zeit sich traut.

Eine schönere Aurora rötet,
Laura, dann auch unsrer Liebe sich,
Die so lang als jener Brautnacht dauert,
Laura! Laura! freue dich!

Bacchus im Triller

Trille! Trille! blind und dumm,
Taub und dumm,
Trillt den saubern Kerl herum!

Manches Stück von altem Adel,
Vetter, hast du auf der Nadel.
Vetter, übel kommst du weg!

Manchen Kopf mit Dampf gefüllet,
Manchen hast du umgetrillet,
Manchen klugen Kopf berülpet,
Manchen Magen umgestilpet,
Umgewälzt in seinem Speck,
Manchen Hut krumm aufgesetzet,
Manches Lamm in Wut gehetzet,
Bäume, Hecken, Häuser, Gassen
Um uns Narren tanzen lassen.
Darum kommst du übel weg,
Darum wirst auch du getrillet,
Wirst auch du mit Dampf gefüllet,
Darum wirst auch du berülpet,
Wird dein Magen umgestilpet,
Umgewälzt in seinem Speck,
Darum kommst du übel weg.

Trille! Trille! blind und dumm,
Taub und dumm,
Trillt den saubern Kerl herum!

Siehst, wie du mit unsern Zungen,
Unserm Witz bist umgesprungen,
Siehst du itzt, du lockrer Specht?

Wie du uns am Seil gezwirbelt,
Uns im Ring herumgewirbelt,
Dass uns Nacht ums Auge grauste,

Dass's uns in den Ohren sauste,
Lerns in deinem Käfigt recht!
Dass wir vor dem Ohrgebrümmel
Nimmer Gottes blauen Himmel,
Nimmer sahen Stock und Steine,
Knackten auf die lieben Beine.

Siehst du itzt, du lockrer Specht?
Dass wir Gottes gelbe Sonne
Für die Heidelberger Tonne,
Berge, Bäume, Türme, Schlösser

Angesehn für Schoppengläser,
Lernst dus itzt, du lockrer Specht?
Lerns in deinem Käfigt recht!

Trille! Trille! blind und dumm,
Taub und dumm,
Trill den saubern Kerl herum!

Schwager, warst doch sonst voll Ränke,
Schwager, wo nun deine Schwänke,
Deine Pfiffe, schlauer Kopf?

Ausgepumpt sind deine Pfiffe,
Und zum Teufel sind die Kniffe!
Albern wie ein Stutzer plaudern,
Wie ein Waschweib wirst du kaudern,
Junker ist ein seichter Tropf.
Nun, so weißt dus – magst dich schämen,
Magst meintwegen Reißaus nehmen,
Dem Hollunken Amor rühmen,
Dran er soll Exempel nehmen.
Fort, Bärnhäuter! tummle dich!
Unser Witz, aus Glas gekerbet,
Wie der Blitz ist er zerscherbet;
Soll dich nicht der Triller treiben,

Lass die Narrenpossen bleiben!
Hasts verstanden? Denk an mich!
Wüster Vogel, packe dich!

An die Sonne

Preis dir, die du dorten heraufstrahlst, Tochter des Himmels!
Preis dem lieblichen Glanz
Deines Lächelns, der alles begrüßet und alles erfreuet!
Trüb in Schauern und Nacht
Stand begraben die prächtige Schöpfung: tot war die Schönheit
Lang dem lechzenden Blick;
Aber liebevoll stiegst du früh aus dem rosigen Schoße
Deiner Wolken empor,
Wecktest uns auf die Morgenröte; und freundlich
Schimmert' diese herfür
Über die Berg und verkündete deine süße Hervorkunft.
Schnell begann nun das Graun
Sich zu wälzen dahin in ungeheuern Gebürgen.
Dann erschienest du selbst,
Herrliche du, und verschwunden waren die neblichte Riesen!
Ach! wie Liebende nun,
Lange getrennt, liebäugelt der Himmel zur Erden, und diese
Lächelt zum Liebling empor;
Und es küssen die Wolken am Saume der Höhe die Hügel;
Süßer atmet die Luft;
Alle Fluren baden in deines Angesichts Abglanz
Sich, und es wirbelt der Chor
Des Gevögels aus der vergoldeten Grüne der Wälder
Freudenlieder hinauf;
Alle Wesen taumeln wie am Busen der Wonne:
Selig die ganze Natur!
Und dies alles, o Sonn! entquoll deiner himmlischen Liebe.
Vater der Heilgen, vergib,
O vergib mir, dass ich auf mein Angesicht falle
Und anbete dein Werk! –
Aber nun schwebet sie fort im Zug der Purpurgewölke
Über der Könige Reich,
Über die unabsehbarn Wasser, über das Weltall:
Unter ihr werden zu Staub
Alle Thronen, Moder die himmelaufschimmernden Städte;
Ach! die Erde ist selbst
Grabeshügel geworden. Sie aber bleibt in der Höhe,

Lächelt der Mörderin Zeit
Und erfüllet ihr großes Geschäft, erleuchtet die Sphären.
O besuche noch lang,
Herrlichstes Fürbild der Edeln! mit mildem, freundlichem Blicke
Unsre Wohnung, bis einst
Vor dem Schelten des Ewigen sinken die Sterne
Und du selbsten erbleichst.

Laura am Klavier

Wenn dein Finger durch die Saiten meistert –
Laura, itzt zur Statue entgeistert,
Itzt entkörpert steh ich da.
Du gebietest über Tod und Leben,
Mächtig wie von tausend Nervgeweben
Seelen fordert Philadelphia; –

Ehrerbietig leiser rauschen
Dann die Lüfte, dir zu lauschen;
Hingeschmiedet zum Gesang,
Stehn im ewgen Wirbelgang,
Einzuziehn die Wonnefülle,
Lauschende Naturen stille,
Zauberin! mit Tönen, wie
Mich mit Blicken, zwingst du sie.

Seelenvolle Harmonien wimmeln,
Ein wollüstig Ungestüm,
Aus den Saiten, wie aus ihren Himmeln
Neugeborne Seraphim;
Wie, des Chaos Riesenarm entronnen,
Aufgejagt vom Schöpfungssturm die Sonnen
Funkend fuhren aus der Finsternus,
Strömt der goldne Saitenguss.

Lieblich itzt wie über bunten Kieseln
Silberhelle Fluten rieseln, –
Majestätisch prächtig nun
Wie des Donners Orgelton,
Stürmend von hinnen itzt, wie sich von Felsen
Rauschende, schäumende Gießbäche wälzen,
Holdes Gesäusel bald,
Schmeichlerisch linde,
Wie durch den Espenwald
Buhlende Winde,
Schwerer nun und melancholisch düster,

Wie durch toter Wüsten Schauernachtgeflüster,
Wo verlornes Heulen schweift,
Tränenwellen der Cocytus schleift.

Mädchen, sprich! Ich frage, gib mir Kunde:
Stehst mit höhern Geistern du im Bunde?
Ists die Sprache, lüg mir nicht,
Die man in Elysen spricht?

Von dem Auge weg der Schleier!
Starre Riegel von dem Ohr!
Mädchen! Ha! schon atm ich freier,
Läutert mich ätherisch Feuer?
Tragen Wirbel mich empor? – –

Neuer Geister Sonnensitze
Winken durch zerrissner Himmel Ritze –
Überm Grabe Morgenrot!
Weg, ihr Spötter, mit Insektenwitze!
Weg! Es ist ein Gott – – – –

Die Herrlichkeit der Schöpfung

Eine Phantasie

Vorüber war der Sturm, der Donner Rollen
Das hallende Gebirg hinein verschollen,
Geflohn die Dunkelheit;
In junger Schöne lächelten die Himmel wieder
Auf ihre Schwester, Gottes Erde, nieder
Voll Zärtlichkeit.
Es lagen lustig da die Auen und die Tale,
Aus Maigewölken von der Sonnen Strahle
Holdselig angelacht:
Die Ströme schimmerten, die Büsch und Wäldchen alle
Bewegten freudig sich im tauigen Kristalle,
In funkelndlichter Pracht.
Und sieh! da hebt von Berg zu Berg sich prächtig ausgespannt
Ein Regenbogen übers Land. –

In dieser Ansicht schwamm vom Brocken oben
Mein Auge trunken, als ich aufgehoben
Mich plötzlich fühlte ... Heilig heilge Lüfte kamen,
Umwebten zärtlich mich, indessen über mir,
Stolztragend übers All den Ewigen daher,
Die innre Himmel majestätisch schwammen.

Und itzt trieb ein Wind

Fort die Wolken, mich auf ihrem Zuge,
Unter mir wichen im Fluge
Schimmernde Königesstädte zurück,
Schnell wie ein Blick
Länderbeschattende Berge zurück,
Und das schönste Gemisch von blühenden Feldern,
Goldenen Saaten und grünenden Wäldern,
Himmel und Erde im lachenden Glanz
Wiegten sich um mich im sanftesten Tanz.

Da schweb ich nun in den saphirnen Höhen
Bald überm unabsehlich weiten Meer;
Bald seh ich unter mir ein langes Klippenheer,
Itzt grausenvolle Felsenwüsten stehen,
Und dort den Frühling mir entgegenwehen;
Und hier die Lichteskönigin,
Auf rosichtgoldnen Wolken hingetragen,
Zu ihrer Himmelsruhe ziehn.

O welch Gesicht! Mein Lied! wie könntest du es sagen,
Was dieses Auge trank vom weltumwandelnden Wagen?
Der Schöpfung ganze Pracht, die Herrlichkeit,
Die in dem Einsamen der dunkeln Ewigkeit
Der Allerhöchste ausgedacht
Und sich zur Augenlust, und euch, o Menschen!
Zur Wohnung hat gemacht,
Lag vor mir da! ... Und welche Melodien
Dringen herauf? welch unaussprechlicher Klang
Schlägt mein entzücktes Ohr? ... Der große Lobgesang
Tönt auf der Laute der Natur! ... In Harmonien
Wie einen süßen Tod verloren, preist
Den Herrn des Alls mein Geist!

Elegie auf den Tod eines Jünglings

Banges Stöhnen, wie vorm nahen Sturme,
Hallet her vom öden Trauerhaus,
Totentöne fallen von des Münsters Turme,
Einen Jüngling trägt man hier heraus:
Einen Jüngling – noch nicht reif zum Sarge,
In des Lebens Mai gepflückt,
Pochend mit der Jugend Nervenmarke,

Mit der Flamme, die im Auge zückt;
Einen Sohn, die Wonne seiner Mutter
(O das lehrt ihr jammernd Ach),

Meinen Busenfreund, ach! meinen Bruder –
Auf! was Mensch heißt, folge nach!

Prahlt ihr Fichten, die ihr hoch veraltet
Stürmen stehet und den Donner neckt?
Und ihr Berge, die ihr Himmel haltet,
Und ihr Himmel, die ihr Sonnen hegt?
Prahlt der Greis noch, der auf stolzen Werken
Wie auf Wogen zur Vollendung steigt?
Prahlt der Held noch, der auf aufgewälzten Tatenbergen
In des Nachruhms Sonnentempel fleugt?
Wenn der Wurm schon naget in den Blüten:
Wer ist Tor, zu wähnen, dass er nie verdirbt?
Wer dort oben hofft noch und hienieden
Auszudauern – wenn der Jüngling stirbt?

Lieblich hüpften, voll der Jugendfreude,
Seine Tage hin im Rosenkleide,
Und die Welt, die Welt war ihm so süß –
Und so freundlich, so bezaubernd winkte
Ihm die Zukunft, und so golden blinkte
Ihm des Lebens Paradies;
Noch, als schon das Mutterauge tränte,
Unter ihm das Totenreich schon gähnte,
Über ihm der Parzen Faden riss,
Erd und Himmel seinem Blick entsanken,
Floh er ängstlich vor dem Grabgedanken –
Ach, die Welt ist Sterbenden so süß.

Stumm und taub ists in dem engen Hause,
Tief der Schlummer der Begrabenen;
Bruder! ach, in ewig tiefer Pause
Feiern alle deine Hoffnungen;
Oft erwärmt die Sonne deinen Hügel,
Ihre Glut empfindest du nicht mehr;
Seine Blumen wiegt des Westwinds Flügel,
Sein Gelispel hörest du nicht mehr;
Liebe wird dein Auge nie vergolden,
Nie umhalsen deine Braut wirst du,
Nie, wenn unsre Tränen stromweis rollten, –
Ewig, ewig sinkt dein Auge zu.

Aber wohl dir! – köstlich ist dein Schlummer,
Ruhig schläft sichs in dem engen Haus;
Mit der Freude stirbt hier auch der Kummer,
Röcheln auch der Menschen Qualen aus.

Über dir mag die Verleumdung geifern,
Die Verführung ihre Gifte spein,
Über dich der Pharisäer eifern,
Fromme Mordsucht dich der Hölle weihn,
Gauner durch Apostelmasken schielen,
Und die Bastardtochter der Gerechtigkeit
Wie mit Würfeln so mit Menschen spielen,
Und so fort bis hin zur Ewigkeit.

Über dir mag auch Fortuna gaukeln,
Blind herum nach ihren Buhlen spähn,
Menschen bald auf schwanken Thronen schaukeln,
Bald herum in wüsten Pfützen drehn –
Wohl dir, wohl in deiner schmalen Zelle;
Diesem komischtragischen Gewühl,
Dieser ungestümen Glückeswelle,
Diesem possenhaften Lottospiel,
Diesem faulen fleißigen Gewimmel,
Dieser arbeitsvollen Ruh,
Bruder! – diesem teufelvollen Himmel
Schloss dein Auge sich auf ewig zu.

Fahr dann wohl, du Trauter unsrer Seele,
Eingewiegt von unsern Segnungen,
Schlummre ruhig in der Grabeshöhle,
Schlummre ruhig bis auf Wiedersehn!
Bis auf diesen leichenvollen Hügeln
Die allmächtige Posaune klingt
Und nach aufgerissnen Todesriegeln
Gottes Sturmwind diese Leichen in Bewegung schwingt –
Bis, befruchtet von Jehovas Hauche,
Gräber kreißen – auf sein mächtig Dräun
In zerschmelzender Planeten Rauche
Ihren Raub die Grüfte wiederkäun –

Nicht in Welten, wie die Weisen träumen,
Auch nicht in des Pöbels Paradies,
Nicht in Himmeln, wie die Dichter reimen, –
Aber wir ereilen dich gewiss.
Dass es wahr sei, was den Pilger freute?
Dass noch jenseits ein Gedanke sei?
Dass die Tugend übers Grab geleite?
Dass es mehr denn eitle Phantasei? – –
Schon enthüllt sind dir die Rätsel alle!
Wahrheit schlirft dein hochentzückter Geist,
Wahrheit, die in tausendfachem Strahle

Von des großen Vaters Kelche fleußt. –
Zieht dann hin, ihr schwarzen stummen Träger!
Tischt auch den dem großen Würger auf!
Höret auf, geheulergossne Kläger!
Türmet auf ihm Staub auf Staub zuhauf!
Wo der Mensch, der Gottes Ratschluss prüfte?
Wo das Aug, den Abgrund durchzuschaun?
Heilig! Heilig! Heilig! bist du, Gott der Grüfte,
Wir verehren dich mit Graun!
Erde mag zurück in Erde stäuben,
Fliegt der Geist doch aus dem morschen Haus!
Seine Asche mag der Sturmwind treiben,
Seine Liebe dauert ewig aus!

Rousseau

Monument von unsrer Zeiten Schande!
Ewge Schandschrift deiner Mutterlande!
Rousseaus Grab, gegrüßet seist du mir.
Fried und Ruh den Trümmern deines Lebens!
Fried und Ruhe suchtest du vergebens,
Fried und Ruhe fandst du hier.

Kaum ein Grabmal ist ihm überblieben,
Den von Reich zu Reich der Neid getrieben,
Frommer Eifer umgestrudelt hat.
Ha! Um den einst Ströme Bluts zerfließen,
Wems gebühr, ihn prahlend Sohn zu grüßen,
Fand im Leben keine Vaterstadt.

Und wer sind sie, die den Weisen richten?
Geisterschlacken, die zur Tiefe flüchten
Vor dem Silberblicke des Genies;
Abgesplittert von dem Schöpfungswerke
Gegen Riesen Rousseau kindsche Zwerge,
Denen nie Prometheus Feuer blies.

Brücken vom Instinkte zum Gedanken,
Angeflicket an der Menschheit Schranken.
Wo schon gröbre Lüfte wehn.
In die Kluft der Wesen eingekeilet,
Wo der Affe aus dem Tierreich geilet,
Und die Menschheit anhebt abzustehn.

Neu und einzig – eine Irresonne
Standest du am Ufer der Garonne

Meteorisch für Franzosenhirn.
Schwelgerei und Hunger brüten Seuchen,
Tollheit rast mavortisch in den Reichen –
Wer ist schuld – das arme Irrgestirn.

Deine Parze – hat sie gar geträumet?
Hat in Fieberhitze sie gereimet
Die dich an der Seine Strand gesäugt?
Ha! schon seh ich unsre Enkel staunen,
Wann beim Klang belebender Posaunen
Aus Franzosengräbern – Rousseau steigt!

Wann wird doch die alte Wunde narben?
Einst wars finster – und die Weisen starben,
Nun ists lichter – und der Weise stirbt.
Sokrates ging unter durch Sophisten,
Rousseau leidet – Rousseau fällt durch Christen,
Rousseau – der aus Christen Menschen wirbt.

Ha! mit Jubel, die sich feurig gießen,
Sei, Religion, von mir gepriesen,
Himmelstochter, sei geküsst!
Welten werden durch dich zu Geschwistern,
Und der Liebe sanfte Odem flistern
Um die Fluren, die dein Flug begrüßt.

Aber wehe – Basiliskenpfeile
Deine Blicke – Krokodilgeheule
Deiner Stimme sanfte Melodien,
Menschen bluten unter deinem Zahne,
Wenn verderbengeifernde Imane
Zur Erennys dich verziehn.

Ja! im acht und zehnten Jubeljahre,
Seit das Weib den Himmelsohn gebare
(Chroniker, vergesst es nie),
Hier erfanden schlauere Perille
Ein noch musikalischer Gebrülle,
Als dort aus dem ehrnen Ochsen schrie.

Mag es, Rousseau! mag das Ungeheuer
Vorurteil ein türmendes Gemäuer
Gegen kühne Reformanten stehn,
Nacht und Dummheit boshaft sich versammeln,
Deinem Licht die Pfade zu verrammeln,
Himmelstürmend dir entgegen gehn.

Mag die hundertachtige Hyäne

Eigennutz die gelben Zackenzähne
Hungerglühend in die Armut haun,
Erzumpanzert gegen Waisenträne,
Turmumrammelt gegen Jammertöne,
Goldne Schlösser auf Ruinen baun.

Geh, du Opfer dieses Trillingsdrachen,
Hüpfe freudig in den Todesnachen,
Großer Dulder! frank und frei.
Geh, erzähl dort in der Geister Kreise,
Diesen Traum vom Krieg der Frösch und Mäuse,
Dieses Lebens Jahrmarktsdudelei.

Nicht für diese Welt warst du – zu bieder
Warst du ihr, zu hoch – vielleicht zu nieder –
Rousseau, doch du warst ein Christ.
Mag der Wahnwitz diese Erde gängeln!
Geh du heim zu deinen Brüdern Engeln,
Denen du entlaufen bist.

Die seligen Augenblicke
An Laura

Laura, über diese Welt zu flüchten,
Wähn ich – mich in Himmelmaienglanz zu lichten,
Wenn dein Blick in meine Blicke flimmt,
Ätherlüfte träum ich einzusaugen,
Wenn mein Bild in deiner sanften Augen
Himmelblauem Spiegel schwimmt; –

Leierklang aus Paradieses Fernen,
Harfenschwung aus angenehmern Sternen
Ras ich, in mein trunken Ohr zu ziehn,
Meine Muse fühlt die Schäferstunde,
Wenn von deinem wollustheißem Munde
Silbertöne ungern fliehn; –

Amoretten seh ich Flügel schwingen,
Hinter dir die trunknen Fichten springen
Wie von Orpheus' Saitenruf belebt,
Rascher rollen um mich her die Pole,
Wenn im Wirbeltanze deine Sohle
Flüchtig wie die Welle schwebt; –

Deine Blicke – wenn sie Liebe lächeln,
Könnten Leben durch den Marmor fächeln,
Felsenadern Pulse leihn,

Träume werden um mich her zu Wesen,
Kann ich nur in deinen Augen lesen:
Laura, Laura mein! –

Wenn dann, wie gehoben aus den Achsen
Zwei Gestirn, in Körper Körper wachsen,
Mund an Mund gewurzelt brennt,
Wollustfunken aus den Augen regnen,
Seelen wie entbunden sich begegnen
In des Atems Flammenwind, – – –

Qualentzücken – – Paradiesesschmerzen! – –
Wilder flutet zum beklommnen Herzen,
Wie Gewappnete zur Schlacht, das Blut,
Die Natur, der Endlichkeit vergessen,
Wagts, mit höhern Wesen sich zu messen,
Schwindelt ob der acherontschen Flut.

Eine Pause drohet hier den Sinnen,
Schwarzes Dunkel jagt den Tag von hinnen,
Nacht verschlingt den Quell des Lichts –
Leises ... Murmeln ... dumpfer ... hin ... verloren ...
Stirbt ... allmählich ... in den trunknen ... Ohren ...
Und die Welt ist ... Nichts ...

Ach, vielleicht verprasste tausend Monde,
Laura, die Elysiumssekunde,
All begraben in dem schmalen Raum;
Weggewirbelt von der Todeswonne,
Landen wir an einer andern Sonne,
Laura! und es war ein Traum.

O dass doch der Flügel Chronos' harrte,
Hingebannt ob dieser Gruppe starrte
Wie ein Marmorbild – – die Zeit!
Aber ach! ins Meer des Todes jagen
Wellen Wellen – Über dieser Wonne schlagen
Schon die Strudel der Vergessenheit.

Spinoza

Hier liegt ein Eichbaum umgerissen,
Sein Wipfel tät die Wolken küssen,
Er liegt am Grund – warum?
Die Bauren hatten, hör ich reden,
Sein schönes Holz zum Baun vonnöten
Und rissen ihn deswegen um.

Die Kindsmörderin

Horch – die Glocken weinen dumpf zusammen,
Und der Zeiger hat vollbracht den Lauf.
Nun, so seis denn! – Nun, in Gottes Namen!
Grabgefährten, brecht zum Richtplatz auf!
Nimm, o Welt, die letzten Abschiedsküsse,
Diese Tränen nimm, o Welt, noch hin!
Deine Gifte – o sie schmeckten süße!
Wir sind quitt, du Herzvergifterin.

Fahret wohl, ihr Freuden dieser Sonne,
Gegen schwarzen Moder umgetauscht!
Fahre wohl, du Rosenzeit voll Wonne,
Die so oft das Mädchen lustberauscht!
Fahret wohl, ihr goldgewebten Träume,
Paradieseskinder-Phantasien!
Weh! sie starben schon im Morgenkeime,
Ewig nimmer an das Licht zu blühn.

Schön geschmückt mit rosenroten Schleifen
Deckte mich der Unschuld Schwanenkleid,
In der blonden Locken loses Schweifen
Waren junge Rosen eingestreut: –
Wehe! – die Geopferte der Hölle
Schmückt noch itzt das weißlichte Gewand,
Aber ach! – der Rosenschleifen Stelle
Nahm ein schwarzes Totenband.

Weinet um mich, die ihr nie gefallen,
Denen noch der Unschuld Lilien blühn,
Denen zu dem weichen Busenwallen
Heldenstärke die Natur verliehn!
Wehe! – menschlich hat dies Herz empfunden! –
Und Empfindung soll mein Richtschwert sein! –
Weh! vom Arm des falschen Manns umwunden,
Schlief Louisens Tugend ein.

Ach vielleicht umflattert eine andre,
Mein vergessen, dieses Schlangenherz,
Überfließt, wenn ich zum Grabe wandre,
An dem Putztisch in verliebten Scherz?
Spielt vielleicht mit seines Mädchens Locke?
Schlingt den Kuss, den sie entgegenbringt?
Wenn, verspritzt auf diesem Todesblocke,
Hoch mein Blut vom Rumpfe springt.

Joseph! Joseph! auf entfernte Meilen
Folge dir Louisens Totenchor,
Und des Glockenturmes dumpfes Heulen
Schlage schröcklichmahnend an dein Ohr –
Wenn von eines Mädchens weichem Munde
Dir der Liebe sanft Gelispel quillt,
Bohr es plötzlich eine Höllenwunde
In der Wollust Rosenbild!

Ha Verräter! nicht Louisens Schmerzen?
Nicht des Weibes Schande, harter Mann?
Nicht das Knäblein unter meinem Herzen?
Nicht was Löw und Tiger milden kann?
Seine Segel fliegen stolz vom Lande,
Meine Augen zittern dunkel nach,
Um die Mädchen an der *Seine* Strande
Winselt er sein falsches Ach! – –

Und das Kindlein – in der Mutter Schoße
Lag es da in süßer, goldner Ruh,
In dem Reiz der jungen Morgenrose
Lachte mir der holde Kleine zu,
Tödlichlieblich sprang aus allen Zügen
Des geliebten Schelmen Konterfei;
Den beklommnen Mutterbusen wiegen
Liebe und – Verräterei.

»Weib, wo ist mein Vater?« lallte
Seiner Unschuld stumme Donnersprach,
»Weib, wo ist dein Gatte?« hallte
Jeder Winkel meines Herzens nach –
Weh, umsonst wirst, Waise, du ihn suchen,
Der vielleicht schon andre Kinder herzt,
Wirst der Stunde unsrer Wollust fluchen,
Wenn dich einst der Name Bastard schwärzt.

Deine Mutter – o im Busen Hölle! –
Einsam sitzt sie in dem All der Welt,
Durstet ewig an der Freudenquelle,
Die dein Anblick fürchterlich vergällt.
Ach, in jedem Laut von dir erwachet
Toter Wonne Qualerinnerung,
Jeder deiner holden Blicke fachet
Die unsterbliche Verzweifelung.

Hölle, Hölle, wo ich dich vermisse,

Hölle, wo mein Auge dich erblickt,
Eumenidenruten deine Küsse,
Die von *seinen* Lippen mich entzückt!
Seine Eide donnern aus dem Grabe wieder,
Ewig, ewig würgt sein Meineid fort,
Ewig – hier umstrickte mich die Hyder –
Und vollendet war der Mord –

Joseph! Joseph! auf entfernte Meilen
Jage dir der grimme Schatten nach,
Mög mit kalten Armen dich ereilen,
Donnre dich aus Wonneträumen wach,
Im Geflimmer sanfter Sterne zucke
Dir des Kindes grasser Sterbeblick,
Es begegne dir im blutgen Schmucke,
Geißle dich vom Paradies zurück.

Seht, da lag es – lag im warmen Blute,
Das noch kurz im Mutterherzen sprang,
Hingemetzelt mit Erinnysmute,
Wie ein Veilchen unter Sensenklang; – –
Schröcklich pocht schon des Gerichtes Bote,
Schröcklicher mein Herz!
Freudig eilt' ich, in dem kalten Tode
Auszulöschen meinen Flammenschmerz.

Joseph! Gott im Himmel kann verzeihen,
Dir verzeiht die Sünderin.
Meinen Groll will ich der Erde weihen,
Schlage, Flamme, durch den Holzstoß hin –
Glücklich! Glücklich! Seine Briefe lodern,
Seine Eide frisst ein siegend Feur,
Seine Küsse! – wie sie hochan flodern! –
Was auf Erden war mir einst so teur?

Trauet nicht den Rosen eurer Jugend,
Trauet, Schwestern, Männerschwüren nie!
Schönheit war die Falle meiner Tugend,
Auf der Richtstatt hier verfluch ich sie! –
Zähren? Zähren in des Würgers Blicken?
Schnell die Binde um mein Angesicht!
Henker, kannst du keine Lilie knicken?
Bleicher Henker, zittre nicht! – – –

In einer Bataille

Von einem Offizier

Schwer und dumpfig,
Eine Wetterwolke,
Durch die grüne Ebne schwankt der Marsch.
Zum wilden eisernen Würfelspiel
Streckt sich unabsehlich das Gefilde.
Blicke kriechen niederwärts,
An die Rippen pocht das Männerherz,
Vorüber an hohlen Totengesichtern
Niederjagt die Front der Major:
»Halt!«
Und Regimenter fesselt das starre Kommando.

Lautlos steht die Front.

Prächtig im glühenden Morgenrot
Was blitzt dorther vom Gebürge?
Seht ihr des Feindes Fahnen wehn?
Wir sehn des Feindes Fahnen wehn,
Gott mit euch, Weib und Kinder!
Lustig! hört ihr den Gesang?
Trommelwirbel, Pfeifenklang
Schmettert durch die Glieder –

Wie braust es fort im schönen wilden Takt!
Und braust durch Mark und Bein.

Gott befohlen, Brüder!
In einer andern Welt wieder!

Schon fleugt es fort wie Wetterleucht,
Dumpf brüllt der Donner schon dort.
Die Wimper zuckt, hier kracht er laut,
Die Losung braust von Heer zu Heer,
Lass brausen in Gottes Namen fort,
Freier schon atmet die Brust.

Der Tod ist los – schon wogt sich der Kampf;
Eisern im wolkigten Pulverdampf,
Eisern fallen die Würfel.

Nah umarmen die Heere sich.
Fertig! heults von P'loton zu P'loton;
Auf die Knie geworfen
Feurn die vordern, viele stehen nicht mehr auf,
Lücken reißt die streifende Kartätsche,
Auf Vormanns Rumpfe springt der Hintermann,

Verwüstung rechts und links und um und um,
Bataillone niederwälzt der Tod.

Die Sonne löscht aus – heiß brennt die Schlacht,
Schwarz brütet auf dem Heer die Nacht.
Gott befohlen, Brüder!
In einer andern Welt wieder!

Hoch spritzt an den Nacken das Blut,
Lebende wechseln mit Toten, der Fuß
Strauchelt über den Leichnamen –
»Und auch du, Franz?« – »Grüße mein Lottchen, Freund!«
Wilder immer wütet der Streit.
»Grüßen will ich« – Gott! Kameraden! seht,
Hinter uns wie die Kartätsche springt! –
»Grüßen will ich dein Lottchen, Freund!
Schlummre sanft! wo die Kanone sich
Heischer speit, stürz ich Verlassner hinein.«

Hierher, dorthin schwankt die Schlacht,
Finstrer brütet auf dem Heer die Nacht –
Gott befohlen, Brüder!
In einer andern Welt wieder!

Horch! was strampft im Galopp vorbei?
Die Adjutanten fliegen:
Dragoner rasseln in den Feind,
Und seine Donner ruhen.
Viktoria, Brüder!
Schrecken reißt die feigen Glieder!
Und seine Fahne sinkt.

Entschieden ist die scharfe Schlacht,
Der Tag blickt siegend durch die Nacht!
Horch! Trommelwirbel, Pfeifenklang
Stimmen schon Triumphgesang!
Lebt wohl, ihr gebliebenen Brüder!
In einer andern Welt wieder!

An die Parzen

Nicht ins Gewühl der rauschenden Redouten
Wo Stutzerwitz sich wunderherrlich spreißt
Und leichter als das Netz der fliegenden Bajouten
Die Tugend junger Schönen reißt; –

Nicht vor die schmeichlerische Toilette,
Wovor die Eitelkeit, als ihrem Götzen, kniet,

Und oft in wärmere Gebete
Als zu dem Himmel selbst entglüht;

Nicht hinter der Gardinen listgen Schleier,
Wo heuchlerische Nacht das Aug der Welt betrügt
Und Herzen, kalt im Sonnenfeuer,
In glühende Begierden wiegt,

Wo wir die Weisheit *schamrot* überraschen,
Die kühnlich Phöbus' Strahlen trinkt,
Wo Männer gleich den Knaben diebisch naschen,
Und Plato von den Sphären sinkt –

Zu dir – zu dir, du einsames Geschwister,
Euch Töchtern des Geschickes, flieht
Bei meiner Laute leiserem Geflister
Schwermütig süß mein Minnelied.

Ihr einzigen, für die noch kein Sonett gegirret,
Um deren Geld kein Wucherer noch warb,
Kein Stutzer noch Klag-Arien geschwirret,
Kein Schäfer noch arkadisch starb.

Die ihr den Nervenfaden unsers Lebens
Durch weiche Finger sorgsam treibt,
Bis unterm Klang der Schere sich vergebens
Die zarte Spinnewebe sträubt.

Dass du auch mir den Lebensfaden spinntest,
Küss ich, o Klotho, deine Hand; –
Dass du noch nicht den jungen Faden trenntest,
Nimm, Lachesis, dies Blumenband.

Oft hast du Dornen an den Faden,
Noch öfter Rosen drangereiht,
Für Dorn' und Rosen an dem Faden
Sei, Klotho, dir dies Lied geweiht.

Oft haben stürmende Affekte
Den weichen Zwirn herumgezerrt,
Oft riesenmäßige Projekte
Des Fadens freien Schwung gesperrt;

Oft in wollüstig süßer Stunde
War mir der Faden fast zu fein,
Noch öfter an der Schwermut Schauerschlunde
Musst er zu fest gesponnen sein:

Dies, Klotho, und noch andre Lügen
Bitt ich dir itzt mit Tränen ab,
Nun soll mir auch fortan genügen,

Was mir die weise Klotho gab.

Nur lass an Rosen nie die Schere klirren,
An Dornen nur – doch wie du willst.
Lass, wenn du willst, die Totenschere klirren,
Wenn du dies *eine* nur erfüllst:

Wenn, Göttin, itzt an Laurens Mund beschworen
Mein Geist aus seiner Hülse springt,
Verraten, ob des Totenreiches Toren
Mein junges Leben schwindelnd hängt,

Lass ins Unendliche den Faden wallen,
Er wallet durch ein Paradies,
Dann, Göttin, lass die böse Schere fallen!
O lass sie fallen, Lachesis!

Der Triumph der Liebe

Eine Hymne

Selig durch die Liebe
Götter – durch die Liebe
Menschen Göttern gleich!
Liebe macht den Himmel
Himmlischer – die Erde
Zu dem Himmelreich.

Einstens hinter Pyrrhas Rücken,
Stimmen Dichter ein,
Sprang die Welt aus Felsenstücken,
Menschen aus dem Stein.

Stein und Felsen ihre Herzen,
Ihre Seelen Nacht,
Von des Himmels Flammenkerzen
Nie in Glut gefacht.

Noch mit sanften Rosenketten
Banden junge Amoretten
Ihre Seelen nie –
Noch mit Liedern ihren Busen
Huben nicht die weichen Musen,
Nie mit Saitenharmonie.

Ach! noch wanden keine Kränze
Liebende sich um!
Traurig flüchteten die Lenze
Nach Elysium.

Ungegrüßet stieg Aurora
Aus dem Schoß Oceanus',
Ungeküsset sank die Sonne
In die Arme Hesperus'.

Wild umirrten sie die Haine,
Unter Lunas Nebelscheine,
Trugen eisern Joch.
Sehnend an der Sternenbühne
Suchte die geheime Träne
Keine Götter noch.

Und sieh! der blauen Flut entquillt
Die Himmelstochter sanft und mild,
Getragen von Najaden
Zu trunkenen Gestaden.

Ein jugendlicher Maienschwung
Durchwebt wie Morgendämmerung
Auf das allmächtge *Werde*
Luft, Himmel, Meer und Erde.

Schon schmilzt der wütende Orkan
(Einst züchtigt' er den Ozean
Mit rasselndem Gegeißel)
In lispelndes Gesäusel.

Des holden Tages Auge lacht
In düstrer Wälder Winternacht,
Balsamische Narzissen
Blühn unter ihren Füßen.

Schon flötete die Nachtigall
Den ersten Sang der Liebe,
Schon murmelte der Quellen Fall
In weiche Busen Liebe.

Glückseliger Pygmalion!
Es schmilzt! es glüht dein Marmor schon!
Gott Amor Überwinder!
Glückseliger Deukalion,
Wie hüpfen deine Felsen schon!
Und äugeln schon gelinder!
Glückseliger Deukalion,
Umarme deine Kinder!

Selig durch die Liebe
Götter – durch die Liebe
Menschen Göttern gleich.

Liebe macht den Himmel
Himmlischer – die Erde
Zu dem Himmelreich.

Unter goldnem Nektarschaum
Ein wollüstger Morgentraum,
Ewig Lustgelage,
Fliehn der Götter Tage.

Prächtig spricht Kronions Donnerhorn,
Der Olympus schwankt erschrocken,
Wallen zürnend seine Locken –
Sphärenwirbeln gibt sein Atem Sporn,
Göttern lässt er seine Throne,
Niedert sich zum Erdensohne,
Seufzt arkadisch durch den Hain,
Zahme Donner untern Füßen,
Schläft, gewiegt von Ledas Küssen,
Schläft der Riesentöter ein.

Majestätsche Sonnenrosse
Durch des Lichtes weiten Raum
Leitet Phöbus' goldner Zaum,
Völker stürzt sein rasselndes Geschosse;
Seine weißen Sonnenrosse,
Seine rasselnden Geschosse
Unter Lieb und Harmonie
Ha! wie gern vergaß er sie!

Zitternd vor der Götterfürstin
Krümmen sich die Götter, dürsten
Nach der Gnade goldnem Tau.
Sonnenglanz ist ihre Schminke,
Myriaden jagen ihrem Winke,
Stolz vor ihrem Wagen prahlt der Pfau.

Schöne Fürstin! ach die Liebe
Zittert mit dem süßen Triebe,
Deiner Majestät zu nahn.
Seht ihr Kronos' Tochter weinen?
Geister kann ihr Wink verneinen,
Herzen weiß sie nicht zu fahn.

Selig durch die Liebe
Götter – durch die Liebe
Menschen Göttern gleich.
Liebe macht den Himmel
Himmlischer – die Erde

Zu dem Himmelreich.

Liebe sonnt das Reich der Nacht,
Amors süßer Zaubermacht
Ist der Orkus untertänig:
Freundlich schmollt der schwarze König,
Wenn ihm Ceres' Tochter lacht;
Liebe sonnt das Reich der Nacht.

Himmlisch in die Hölle klangen
Und den wilden Beller zwangen

Deine Lieder, Thrazier –

Minos, Tränen im Gesichte,
Mildete die Qualgerichte,

Zärtlich um Megärens Wangen
Küssten sich die wilden Schlangen,

Keine Geißel klatschte mehr;

Aufgejagt von Orpheus' Leier
Flog von Tityon der Geier;
Leiser hin am Ufer rauschten
Lethe und Cocytus, lauschten

Deinen Liedern, Thrazier,
Liebe sangst du, Thrazier.

Selig durch die Liebe
Götter – durch die Liebe
Menschen Göttern gleich.
Liebe macht den Himmel
Himmlischer – die Erde
Zu dem Himmelreich.

Durch die ewige Natur
Düftet ihre Blumenspur,
Weht ihr goldner Flügel.
Winkte mir vom Mondenlicht
Aphroditens Auge nicht,
Nicht vom Sonnenhügel?
Lächelte vom Sternenmeer
Nicht die Göttin zu mir her,
Wehte nicht ihr Flügel
In des Frühlings Balsamhauch,
Liebe nicht im Rosenstrauch,
Nicht im Kuss der Weste –
Stern und Sonn und Mondenlicht,

Frühling, Rosen, Weste nicht
Lüden mich zum Feste.
Liebe, Liebe lächelt nur
Aus dem Auge der Natur
Wie aus ihrem Spiegel!

Liebe rauscht der Silberbach,
Liebe lehrt ihn sanfter wallen;
Seele haucht sie in das Ach
Klagenreicher Nachtigallen,
Unnachahmliches Gefühl

In der Saiten Wonnespiel,
Wenn sie *Laura!* hallen.

Liebe, Liebe lispelt nur
Auf der Laute der Natur.

Weisheit mit dem Sonnenblick,
Große Göttin, tritt zurück,
Weiche vor der Liebe.
Nie Erobrern, Fürsten nie
Beugtest du ein Sklavenknie,
Beug es itzt der Liebe.

Wer die steile Sternenbahn
Ging dir heldenkühn voran
Zu der Gottheit Sitze?
Wer zerriss das Heiligtum,
Zeigte dir Elysium
Durch des Grabes Ritze?

Lockte *sie* uns nicht hinein,
Möchten wir *unsterblich* sein?
Suchten auch die Geister
Ohne sie den Meister?

Liebe, Liebe leitet nur
Zu dem Vater der Natur,
Liebe nur die Geister.

Selig durch die Liebe
Götter – durch die Liebe
Menschen Göttern gleich.
Liebe macht den Himmel
Himmlischer – die Erde
Zu dem Himmelreich.

Klopstock und Wieland

als ihre Silhouetten nebeneinander hingen

Gewiss! bin ich nur überm Strome drüben,
Gewiss will ich den Mann zur *Rechten* lieben,
Dann erst schrieb dieser Mann für mich.
Für Menschen hat der *linke* Mann geschrieben,
Ihn darf auch unsereiner lieben –
Komm, linker Mann! Ich küsse dich.

Gespräch

A.

Hört, Nachbar, muss Euch närrisch fragen,
Herr Doktor Sänftel, hör ich sagen,
Ist Euch noch frisch und ganz,
Wenn zu Paris gar herben Tanz
Herr Onkle tat am Pferdeschwanz,
Und hat doch 'n Kurfürsten totg'schlagen?

B.

Drum seid auch nicht so bretterdumm,
Das macht, er hat Euch 'n *Diplom,*
Das tät jener nicht haben.

A.

Ei! 'n Diplom!
Kauft sich das auch in Schwaben?

Vergleichung

Frau Ramlerin befiehlt, ich soll sie wem vergleichen,
Ich sinne nach und weiß nicht, wem und wie.
Nichts unterm *Mond* will mir ein Bildnis reichen,
Wohl! mit dem *Mond* vergleich ich sie.

Der Mond schminkt sich und stiehlt der Sonne Strahlen,
Tut auf gestohlen Brot sich wunderviel zugut.
Auch sie gewohnt ihr Nachtgesicht zu malen
Und kokettiert mit einer Büchse Blut.

Der Mond – und das mag ihm Herodes danken! –
Verspart sein Bestes auf die liebe Nacht.
Frau Ramlerin verzehrt bei Tag die Franken,

Die sie zu Nachtzeit eingebracht.

Der Mond schwillt an und wird dann wieder mager,
Wenn eben halt ein Monat über ist;
Auch dieses hat Frau Ramlerin vom Schwager,
Doch, sagt man, braucht sie längre Frist!

Der Mond prunkiert auf sein Paar Silberhörner,
Und dieses macht er schlecht,
Sie sieht sie an Herrn Ramler gerner,
Und darin hat sie recht.

Die Rache der Musen

Eine Anekdote von Helikon

Weinend kamen einst die Neune
Zu dem Liedergott.
»Hör, Papachen«, rief die Kleine,
»Wie man uns bedroht!

Junge Dintenlecker schwärmen
Um den Helikon,
Raufen sich, hantieren, lärmen
Bis zu deinem Thron.

Galoppieren auf dem Springer,
Reiten ihn zur Tränk,
Nennen sich gar hohe Sänger,
Barden einge, denk!

Wollen uns – wie garstig! – nöten,
Ei! die Grobian!
Was ich, ohne Schamerröten,
Nicht erzählen kann;

Einer brüllt heraus vor allen,
Schreit: *Ich führ das Heer!*
Schlägt mit beiden Fäust und Ballen
Um sich wie ein Bär.

Pfeift wohl gar – wie ungeschliffen! –
Andre Schläfer wach.
Zweimal hat er schon gepfiffen,
Doch kommt keiner nach.

Droht, er komm noch öfter wieder;
Da sei Zeus dafür!
Vater, liebst du Sang und Lieder,
Weis ihm doch die Tür!«

Vater Phöbus hört mit Lachen
Ihren Klagbericht:
»Wollens kurz mit ihnen machen,
Kinder, zittert nicht!

Eine muss ins höllsche Feuer,
Geh, Melpomene!
Leihe Kleider, Noten, Leier
Einer *Furie*.

Sie begegn' in dem Gewande,
Als wär sie verirrt,
Einem dieser Jaunerbande,
Wenn es dunkel wird.

Mögen dann in finstern Küssen
An dem artgen Kind
Ihre wilden Lüste büßen,
Wie sie würdig sind.«

Red' und Tat! – Die Höllengöttin
War schon aufgeschmückt;
Man erzählt, die Herren hätten
Kaum den Raub erblickt,

Wären, wie die Geir auf Tauben,
Losgestürzt auf sie –
Etwas will ich daran glauben,
Alles glaub ich nie.

Waren hübsche Jungens drunter,
Wie gerieten sie,
Dieses, Brüder, nimmt mich wunder,
In die Kompanie?

Die Göttin abortiert hernach:
Kam raus ein neuer – Almanach.

Das Glück und die Weisheit

Entzweit mit einem Favoriten,
Flog einst Fortun' der Weisheit zu.
»Ich will dir meine Schätze bieten,
Sei meine Freundin du!
Mein Füllhorn goss ich dem Verschwender
In seinen Schoß, so mütterlich!
Und sieh! Er fordert drum nicht minder
Und nennt noch geizig mich.

Komm, Schwester, lass uns Freundschaft schließen,
Du keuchst so schwer an deinem Pflug.
In deinen Schoß will ich sie gießen,
Auf, folge mir! – Du hast genug.«

Die Weisheit lässt die Schaufel sinken
Und wischt den Schweiß vom Angesicht.
»Dort eilt dein Freund – sich zu erhenken,
Versöhnet euch – ich brauch dich nicht.«

An einen Moralisten

Fragment

Betagter Renegat der lächelnden Dione!
Du lehrst, dass *Lieben Tändeln* sei,
Blickst von des Alters Winterwolkenthrone
Und schmälest auf den goldnen Mai.

Erkennt Natur auch Schreibepultgesetze?
Für eine warme Welt – taugt ein erfrorner Sinn?
Die Armut ist, nach dem Aesop, der Schätze
Verdächtige Verächterin.

Einst, als du noch das Nymphenvolk bekriegtest,
Ein Fürst des Karnevals den teutschen Wirbel flogst,
Ein Himmelreich in beiden Armen wiegtest,
Und Nektarduft von Mädchenlippen zogst?

Ha Seladon! wenn damals aus den Achsen
Gewichen wär so Erd- als Sonnenball,
In Wirbelschwung mit Julien verwachsen,
Du hättest überhört den Fall,

Und wenn nach manchen fehlgesprengten Minen
Ihr eignes Blut, von wilder Lust geglüht,
Die stolze Tugend deiner Schönen
Zuletzt an deine Brust verriet?

Wie? oder wenn romantisch im Gehölze
Ein leiser Laut zu deinen Ohren drang,
Und in der Wellen silbernem Gewälze
Ein Mädchen Sammetglieder schwang?

Wie schlug dein Herz! wie stürmete! wie kochte
Aufrührerisch das scharfgejagte Blut!
Zuckt jede Senn – und jeder Muskel pochte
Wollüstig in die Flut!

Wenn dann gewahr des Diebs, der sie belauschte,

Purpurisch angehaucht von jüngferlicher Scham,
Ins blaue Bett die Schöne niederrauschte,
Und hintennach mein strenger Zeno – schwamm,

Ja hintennach – und seis auch nur zu baden!
Mit Rock und Kamisol und Strumpf –
– –

– –
Leis flöteten die lüsternen Najaden
Der Grazien Triumph!

O denk zurück nach *deinen* Rosentagen
Und lerne, die Philosophie
Schlägt um, wie unsre Pulse anders schlagen,
Zu Göttern schaffst du Menschen nie.

Wohl! wenn ins Eis des klügelnden Verstandes
Das warme Blut ein bisschen muntrer springt!
Lass den Bewohnern eines *bessern Landes,*
Was ewig nie dem *Erdensohn* gelingt.

Zwingt doch der tierische Gefährte
Den gottgebornen Geist in Sklavenmauren ein –
Er wehrt mir, dass ich *Engel* werde,
Ich will ihm folgen, *Mensch* zu sein.

Grabschrift eines gewissen – Physiognomen

Wes Geistes Kind im Kopf gesessen,
Konnt er auf jeder Nase lesen:
Und doch – dass *er* es nicht gewesen,
Den Gott zu diesem Werk erlesen,
Konnt er nicht auf der *seinen* lesen.

Eine Leichenphantasie

1780

(in Musik zu haben beim Herausgeber)

Mit erstorbnem Scheinen
Steht der Mond auf totenstillen Hainen,
Seufzend streicht der Nachtgeist durch die Luft –
Nebelwolken schauern,
Sterne trauern
Bleich herab, wie Lampen in der Gruft.
Gleich Gespenstern, stumm und hohl und hager,
Zieht in schwarzem Totenpompe dort

Ein Gewimmel nach dem Leichenlager
Unterm Schauerflor der Grabnacht fort.

Zitternd an der Krücke,
Wer mit düsterm, rückgesunknem Blicke,
Ausgegossen in ein heulend Ach,
Schwer geneckt vom eisernen Geschicke,
Schwankt dem stumm getragnen Sarge nach?
Floss es *Vater* von des Jünglings Lippe?
Nasse Schauer schauern fürchterlich
Durch sein gramgeschmolzenes Gerippe,
Seine Silberhaare bäumen sich. –

Aufgerissen seine Feuerwunde!
Durch die Seele Höllenschmerz!
Vater floss es von des Jünglings Munde,
Sohn gelispelt hat das Vaterherz.
Eiskalt, eiskalt liegt er hier im Tuche,
Und dein Traum, so golden einst, so süß!
Süß und golden, Vater, dir zum Fluche!
Eiskalt, eiskalt liegt er hier im Tuche!
Deine Wonne und dein Paradies. –

Mild, wie umweht von Elysiumslüften,
Wie aus Auroras Umarmung geschlüpft,
Himmlisch umgürtet mit rosigten Düften,
Florens Sohn über das Blumenfeld hüpft,
Flog er einher auf den lachenden Wiesen,
Nachgespiegelt von silberner Flut,
Wollustflammen entsprühten den Küssen,
Jagten die Mädchen in liebende Glut.

Mutig sprang er im Gewühle der Menschen,
Wie auf Gebirgen ein jugendlich Reh,
Himmelum flog er in schweifenden Wünschen,
Hoch wie der Adler in wolkigter Höh,
Stolz wie die Rosse sich sträuben und schäumen,
Werfen im Sturme die Mähnen umher,
Königlich wider den Zügel sich bäumen,
Trat er vor Sklaven und Fürsten daher.

Heiter wie Frühlingstag schwand ihm das Leben,
Floh ihm vorüber in Hesperus' Glanz,
Klagen eränkt' er im Golde der Reben,
Schmerzen verhüpft' er im wirbelnden Tanz.
Welten schliefen im herrlichen Jungen,
Ha! wenn er einsten zum Manne gereift –

Freue dich, Vater! – im herrlichen Jungen
Wenn einst die schlafenden Keime gereift.

Nein doch, Vater – Horch! die Kirchhoftüre brauset,
Und die ehrnen Angel klirren auf –
Wie's hinein ins Grabgewölbe grauset! –
Nein doch, lass den Tränen ihren Lauf. –
Geh, du Holder, geh im Pfad der Sonne
Freudig weiter der Vollendung zu,
Lösche nun den edeln Durst nach Wonne,
Gramentbundner, in Walhallas Ruh –

Wiedersehen – himmlischer Gedanke! –
Wiedersehen dort an Edens Tor!
Horch! der Sarg versinkt mit dumpfigem Geschwanke,
Wimmernd schnurrt das Totenseil empor!
Da wir trunken umeinanderrollten,
Lippen schwiegen und das Auge sprach –
Haltet! haltet! – da wir boshaft grollten –
Aber Tränen stürzten wärmer nach – –

Mit erstorbnem Scheinen
Steht der Mond auf totenstillen Hainen,
Seufzend streicht der Nachtgeist durch die Luft.
Nebelwolken schauern,
Sterne trauern
Bleich herab wie Lampen in der Gruft.
Dumpfig schollerts überm Sarg zum Hügel,
O, um Erdballs Schätze, nur noch *einen* Blick!
Starr und ewig schließt des Grabes Riegel,
Dumpfer – dumpfer schollerts überm Sarg zum Hügel,
Nimmer gibt das Grab zurück.

Aktäon

Wart! deine Frau soll dich betrügen,
Ein andrer soll in ihren Armen liegen,
Und Hörner dir hervor zum Kopfe blühn!
Entsetzlich! mich im Bad zu überraschen
(Die Schande kann kein Ätherbad verwaschen)
Und mir nichts, dir nichts – fortzufliehn.

Zuversicht der Unsterblichkeit

Zum neuen Leben ist der Tote hier erstanden,
Das weiß und glaub ich festiglich.

Mich lehrens schon die *Weisen ahnden,*
Und *Schurken überzeugen* mich.

Vorwurf

An Laura

Mädchen, halt – wohin mit mir, du Lose?
Bin ich noch der stolze Mann? der große?
Mädchen, war das schön?
Sieh! Der Riese schrumpft durch dich zum Zwerge,
Weggehaucht die aufgewälzten Berge
Zu des Ruhmes Sonnenhöhn.

Abgepflücket hast du meine Blume,
Hast verblasen all die Glanzphantome,
Narrenteidigst in des Helden Raub.
Meiner Pläne stolze Pyramiden
Trippelst du mit leichten Zephyrtritten
Schäkernd in den Staub.

Zu der Gottheit flog ich Adlerpfade,
Lächelte Fortunens Gaukelrade,
Unbesorgt, wie ihre Kugel fiel.
Jenseits dem Cocytus wollt ich schweben,
Und empfange sklavisch Tod und Leben,
Leben, Tod von einem Augenspiel.

Siegern gleich, die wach von Donnerlanzen
In des Ruhmes Eisenfluren tanzen,
Losgerissen von der Phrynen Brust,
Wallet aus Aurorens Rosenbette
Gottes Sonne über Fürstenstädte,
Lacht die junge Welt in Lust!

Hüpft der Heldin noch dies Herz entgegen?
Trink ich, Adler, noch den Flammenregen
Ihres Auges, das vernichtend brennt?
In den Blicken, die vernichtend blinken,
Seh ich meine Laura *Liebe* winken,
Sehs, und weine wie ein Kind.

Meine Ruhe, gleich dem Sonnenbilde
In der Welle, wolkenlos und milde,
Mädchen, hast du hingemordet.
Schwindelnd schwank ich auf der jähen Höhe,
Laura? – wenn mich – wenn mich Laura flöhe?
Und hinunter strudelt mich das Wort.

Hell ertönt das Evoe der Zecher,
Freuden winken vom bekränzten Becher,
Scherze springen aus dem goldnen Wein.
Seit das Mädchen meinen Sinn beschworen,
Haben mich die Jünglinge verloren,
Freundlos irr ich und allein.

Lausch ich noch des Ruhmes Donnerglocken?
Reizt mich noch der Lorbeer in den Locken?
Deine Lei'r, Apollo Cynthius?
Nimmer, nimmer widerhallt mein Busen,
Traurig fliehen die beschämten Musen,
Flieht Apollo Cynthius?

Will ich gar zum Weibe noch erlahmen?
Hüpfen noch bei Vaterlandes Namen
Meine Pulse lebend aus der Gruft?
Will ich noch nach Varus' Adler ringen?
Wünsch ich noch in Römerblut zu springen,
Wenn mein Hermann ruft? –

Köstlich ists – der Schwindel starrer Augen,
Seiner Tempel Weihrauchduft zu saugen,
Stolzer, kühner schwillt die Brust. –
Kaum erbettelt itzt ein halbes Lächeln,
Was in Flammen jeden Sinn zu fächeln,
Zu empören jede Kraft gewusst. –

Dass mein Ruhm sich zum Orion schmiegte,
Hoch erhoben sich mein Name wiegte
In des Zeitstroms wogendem Gewühl!
Dass dereinst an meinem Monumente,
Stolzer türmend nach dem Firmamente,
Chronos' Sense splitternd niederfiel' –

Lächelst du? – Nein! nichts hab ich verloren!
Stern und Lorbeer neid ich nicht den Toren,
Leichen ihre Marmor nie –
Alles hat die Liebe mir errungen,
Über Menschen hätt ich mich geschwungen,
Itzo *lieb* ich sie!

Ein Vater an seinen Sohn

Wie die Himmelslüfte mit den Rosen
An den Frühlingsmorgen zärtlich kosen,
Kind, so schmeichelt dir

Itzt das äußre Glück in deinen Jugendtagen.
Tränen sahst du nur, noch rangen keine Klagen
Sich aus deiner Brust herfür.

Aber sieh! der Hain, der kaum entzücket,
Neigt sich, plötzlich rast der Sturm, zerknicket
Liegt die Rosenblum!
O so ist es, Sohn, mit unsern Sinnesfreuden,
Unserm Golde, unsern lichten Herrlichkeiten,
So mit unserm Flitterruhm.

Nur des Höchsten Abglanz, der Gerechte,
Welcher in dem schröcklichen Gefechte
Zwischen Lust und Pflicht
Jener sich entringt, der höhern Weisheit Stimme
Folget, trotz der Selbstsucht heißem Grimme,
Die sein Herz mit Schwertern sticht –

Dessen Wollust trägt von hier die Bahre
Nicht, es löscht sie nicht der Strom der Jahre,
Nicht die Ewigkeit:
Angeleuchtet könnt er in den letzten Blitzen
Und vom Weltenumsturz angeschwungen sitzen
Ohne Menschenbangigkeit.

Die Messiade

Religion beschenkte dies Gedicht.
Auch umgekehrt? – Das fragt mich nicht.

Kastraten und Männer

Ich bin ein Mann! – wer ist es mehr?
Wers sagen kann, der springe
Frei unter Gottes Sonn einher
Und hüpfe hoch und singe!

Zu Gottes schönem Ebenbild
Kann ich den *Stempel* zeigen,
Zum Born, woraus der Himmel quillt,
Darf ich hinunter steigen.

Und wohl mir, dass ichs darf und kann!
Gehts Mädchen mir vorüber,
Rufts laut in mir: Du bist ein Mann!
Und küsse sie so lieber.

Und röter wird das Mädchen dann,

Und 's Mieder wird ihr enge –
Das Mädchen weiß, ich bin ein Mann,
Drum wird ihr 's Mieder enge.

Wie wird sie erst um Gnade schrein,
Ertapp ich sie im Bade?
Ich bin ein Mann, das fällt ihr ein,
Wie schrie sie sonst um Gnade?

Ich bin ein Mann, mit diesem Wort,
Begegn' ich ihr alleine,
Jag ich des Kaisers Tochter fort,
So lumpicht ich erscheine.

Und dieses goldne Wörtchen macht
Mir manche Fürstin holde,
Mich ruft sie – habt indessen Wacht,
Ihr Buben dort im Golde!

Ich bin ein Mann, das könnt ihr schon
An meiner Leier riechen,
Sie donnert wie im Sturm davon,
Sonst würde sie ja kriechen.

Zum Feuergeist im Rückenmark
Sagt meine Mannheit: Bruder.
Und herrschen beide löwenstark
Umarmend an dem Ruder.

Aus eben diesem Schöpferfluss,
Woraus wir Menschen sprudeln;
Quillt Götterkraft und Genius,
Nur leere Pfeifen dudeln.

Tyrannen hasst mein *Talisman*
Und schmettert sie zu Boden,
Und kann ers nicht, führt er die Bahn
Freiwillig zu den Toten.

Pompejen hat mein Talisman
Bei Pharsalus bezwungen,
Roms Wollüstlinge Mann für Mann
Auf teutschen Sand gerungen.

Saht ihr den Römer stolz und kraus
In Afrika dort sitzen?
Sein Aug speit Feuerflammen aus
Als säh't ihr Hekla blitzen.

Da kommt ein Bube wohlgemut,
Gibt manches zu verstehen –

69

»Sprich, du hättst auf Karthagos Schutt
Den Marius gesehen!« –

So spricht der stolze Römersmann,
Der Bub tät fürbass eilen;
Das dankt der stolze Römersmann,
Das dankt er seinen *Pfeilen!*

Drauf täten seine Enkel sich
Ihr Erbteil gar abdrehen,
Und huben jedermänniglich
Anmutig an zu krähen. –

O Pfui und Pfui und wieder Pfui
Den Elenden! – sie haben
Verlüderlicht in *einem* Hui
Des Himmels beste Gaben,

Dem lieben Herrgott sündiglich
Sein Konterfei verhunzet
Und in die Menschheit schweiniglich
Von diesem Nu gegrunzet,

Und schlendern elend durch die Welt,
Wie Kürbisse von Buben
Zu Menschenköpfen ausgehöhlt,
Die Schädel leere Stuben!

Wie Wein, von einem Chemikus
Durch die Retort' getrieben:
Zum Teufel ist der Spiritus,
Das Phlegma ist geblieben.

Und fliehen jedes Weibsgesicht,
Und zittern, es zu sehen, –
Und dürften sie – und können nicht!
Da möchten sie vergehen! –

Und wenn das blonde Seidenhaar,
Und wenn die Kugelwaden,
Wenn lüstern Mund und Augenpaar
Zum Lustgenusse laden,

Und zehenmal das Halstuch fällt,
Und aus den losen Schlingen,
Halbkugeln einer bessern Welt,
Die vollen Brüste springen, –

Führt gar der höllsche Schadenfroh
Sie hin, wo Nymphen baden,
Dass ihre Herzen lichterloh

Von diebschen Flammen braten,
Wo ihrem Blick der Spiegelfluss
Elysium entziffert,
Arkana, die kein Genius
Dem Aug je bloß geliefert,
Und Ja! die tollen Wünsche schrein,
Und *Nein!* die Sinne brummen –
O Tantal! stell dein Murren ein!
Du bist noch gut durchkommen! –
Kein kühler Tropfen in den Brand!
Das heiß ich auch beteufeln!
Gefühl ist ihnen Kontreband,
Sonst müssen sie verzweifeln!

Drum fliehn sie jeden Ehrenmann,
Sein Glück wird sie betrüben –
Wer keinen Menschen machen kann,
Der kann auch keinen lieben.

Drum tret ich frei und stolz einher
Und brüste mich und singe:
Ich bin ein Mann! – Wer ist es mehr?
Der hüpfe hoch und springe.

An den Frühling

Willkommen, schöner Jüngling!
Du Wonne der Natur!
Mit deinem Blumenkörbchen
Willkommen auf der Flur!

Ei! ei! da bist ja wieder!
Und bist so lieb und schön!
Und freun wir uns so herzlich,
Entgegen dir zu gehn.

Denkst auch noch an mein Mädchen?
Ei, Lieber, denke doch!
Dort liebte mich das Mädchen,
Und 's Mädchen liebt mich noch!

Fürs Mädchen manches Blümchen
Erbettelt' ich von dir –
Ich komm und bettle wieder,
Und du? – du gibst es mir?
Willkommen, schöner Jüngling!

71

Du Wonne der Natur!
Mit deinem Blumenkörbchen
Willkommen auf der Flur!

Hymne an den Unendlichen

Zwischen Himmel und Erd, hoch in der Lüfte Meer,
In der Wiege des Sturms trägt mich ein Zackenfels,
Wolken türmen
Unter mir sich zu Stürmen,
Schwindelnd gaukelt der Blick umher,
Und ich denke dich, Ewiger.

Deinen schauernden Pomp borge dem Endlichen,
Ungeheure Natur! Du, der Unendlichkeit
Riesentochter,
Sei mir Spiegel Jehovas!
Seinen Gott dem vernünftgen Wurm
Orgle prächtig, Gewittersturm!

Horch! er orgelt – Den Fels, wie er herunterdröhnt!
Brüllend spricht der Orkan Zebaoths Namen aus.
Hingeschrieben
Mit dem Griffel des Blitzes:
Kreaturen, erkennt ihr mich?
Schone, Herr! wir erkennen dich.

Die Größe der Welt

Die der schaffende Geist einst aus dem Chaos schlug,
Durch die schwebende Welt flieg ich des Windes Flug,
Bis am Strande
Ihrer Wogen ich lande,
Anker werf, wo kein Hauch mehr weht
Und der Markstein der Schöpfung steht.

Sterne sah ich bereits jugendlich auferstehn,
Tausendjährigen Gangs durchs Firmament zu gehn,
Sah sie spielen
Nach den lockenden Zielen,
Irrend suchte mein Blick umher,
Sah die Räume schon – sternenleer.

Anzufeuern den Flug weiter zum Reich des Nichts,
Steur ich mutiger fort, nehme den Flug des Lichts,
Neblicht trüber
Himmel an mir vorüber,

Weltsysteme, Fluten im Bach
Strudeln dem Sonnenwandrer nach.

Sieh, den einsamen Pfad wandelt ein Pilger mir
Rasch entgegen – »Halt an! Waller, was suchst du hier?«
»Zum Gestade
Seiner Welt meine Pfade!
Segle hin, wo kein Hauch mehr weht
Und der Markstein der Schöpfung steht!«

»Steh! du segelst umsonst – vor dir Unendlichkeit!«
»Steh! du segelst umsonst – Pilger, auch hinter mir! –
Senke nieder,
Adlergedank, dein Gefieder!
Kühne Seglerin, Phantasie,
Wirf ein mutloses Anker hie.«

Meine Blumen

Schöne Frühlingskinder, lächelt,
Jauchzet, Veilchen auf der Au!
Süßer Balsamatem fächelt
Aus des Kelches Himmelblau.
Schön das Kleid mit Licht gesticket,
Schön hat Flora euch geschmücket
Mit des Busens Perlentau!
Holde Frühlingskinder, weinet!
Seelen hat sie euch verneinet,
Trauert, Blümchen auf der Au!

Nachtigall und Lerche flöten
Minnelieder über euch,
Und in euren Balsambeeten
Gattet sich das Fliegenreich.
Schuf nicht für die süßen Triebe
Euren Kelch zum Thron der Liebe
So wollüstig die Natur?
Sanfte Frühlingskinder, weinet,
Liebe hat sie euch verneinet,
Trauert, Blümchen auf der Flur!

Aber wenn, vom Dom umzingelt,
Meine Laura euch zerknickt
Und, in einen Kranz geringelt,
Tränend ihrem Dichter schickt –
Leben, Sprache, Seelen, Herzen

Flügelboten süßer Schmerzen!
Goss euch dies Berühren ein.
Von Dionen angefächelt,
Schöne Frühlingskinder, lächelt,
Jauchzet, Blumen in dem Hain!

Das Geheimnis der Reminiszenz

An Laura

Ewig starr an deinem Mund zu hangen,
Wer enträtselt dieses Wutverlangen?
Wer die Wollust, deinen Hauch zu trinken,
In dein Wesen, wenn sich Blicke winken,
Sterbend zu versinken?

Fliehen nicht verräterisch – wie Sklaven,
Weggeworfen feigen Muts die Waffen, –
Meine Geister, hin im Augenblicke,
Stürmend über meines Lebens Brücke,
Wenn ich dich erblicke?

Sprich, warum entlaufen sie dem Meister?
Suchen dort die Heimat meine Geister?
Oder küssen die getrennten Brüder,
Losgerafft vom Kettenband der Glieder,
Dort bei dir sich wieder? –

Laura? träum ich? ras ich? – die Gedanken
Überwirbeln des Verstandes Schranken –
Sieh! der Wahnsinn ist des Rätsels kunder,
Staune Weisheit auf des Wahnsinns Wunder
Neidischbleich herunter.

Waren unsre Wesen schon verflochten?
War es darum, dass die Herzen pochten?
Waren wir im Strahl erloschner Sonnen,
In den Tagen lang begrabner Wonnen,
Schon in *Eins* zerronnen?

Ja wir warens – eins mit deinem Dichter
Warst du, Laura – warst ein Weltzernichter! –
Meine Muse sah es auf der trüben
Tafel der Vergangenheit geschrieben:
Eins mit deinem Lieben!

Aber ach! – die selgen Augenblicke
Weinen leiser in mein Ohr zurücke –
Könnten Grolls die Gottheit Sünder schelten,

Laura – den Monarchen aller Welten
Würd ich Neides schelten.

Aus den Angeln drehten wir Planeten,
Badeten in lichten Morgenröten,
In den Locken spielten Edens Düfte,
Und den Silbergürtel unsrer Hüfte
Wiegten Maienlüfte.

Uns entgegen gossen Nektarquellen
Tausendröhrigt ihre Wollustwellen,
Unserm Winke sprangen Chaosriegel,
Zu der Wahrheit lichtem Sonnenhügel
Schwang sich unser Flügel.

Unsern Augen riss der Dinge Schleier,
Unsre Blicke, flammender und freier,
Sahen in der Schöpfung Labyrinthen,
Wo die Augen Lyonets verblinden,
Sich noch Räder winden –

Tief, o Laura, unter jener Wonne
Wälzte sich des Glückes Nietentonne,
Schweifend durch der Wollust weite Lande
Warfen wir der Sättgung Ankerbande
Ewig nie am Strande –

Weine, Laura – dieser Gott ist nimmer,
Du und ich des Gottes schöne Trümmer,
Und in uns ein unersättlich Drängen
Das verlorne Wesen einzuschlingen,
Gottheit zu erschwingen.

Darum, Laura, dieses Wutverlangen,
Ewig starr an deinem Mund zu hangen,
Und die Wollust, deinen Hauch zu trinken,
In dein Wesen, wenn sich Blicke winken,
Sterbend zu versinken.

Darum fliehn, verräterisch, wie Sklaven,
Weggeworfen feigen Muts die Waffen,
Meine Geister, hin im Augenblicke!
Stürmend über meines Lebens Brücke
Wenn ich dich erblicke!

Darum nur entlaufen sie dem Meister,
Ihre Heimat suchen meine Geister,
Losgerafft vom Kettenband der Glieder,
Küssen sich die langgetrennten Brüder

Wiederkennend wieder.

Töne! Flammen! zitterndes Entzücken!
Wesen lechzt, an Wesen anzurücken –
Wie, beim Anblick einer Freundsgaleere,
Friedensflaggen im Ostindermeere
Wehen lassen Heere;

Aufgejagt von froher Pulverwecke,
Springt das Schiffsvolk freudig aufs Verdecke,
Hoch im Winde schwingen sie die Hüte,
Posidaons wogendes Gebiete
Dröhnt von ihrem Liede. –

War es nicht dies freudige Entsetzen,
Als mirs ward, an Lauren mich zu letzen?
Ha! das Blut, voll wütendem Verlangen,
Drängte sich mutwillig zu den Wangen,
Lauren zu empfangen –

Und auch du – da mich dein Auge spähte,
Was verriet der Wangen Morgenröte? – –
Flohn wir nicht, als wären wir verwandter,
Freudig, wie zur Heimat ein Verbannter,
Brennend aneinander? –

Sieh, o Laura, deinen Dichter weinen! –
Wie verlorne Sterne wieder scheinen,
Flimmen öfters, flüchtig, gleich dem Blitze,
Traurigmahnend an die Göttersitze,
Strahlen durch die Ritze –

Oftmals lispeln der Empfindung Saiten
Leise Ahndung jener goldnen Zeiten –
Wenn sich schüchtern unsre Augen grüßen,
Seh ich träumend in den Paradiesen
Nektarströme fließen. –

Ach, zu oft nur waffn' ich meine Mächte,
Zu erobern die verlornen Rechte –
Klimme kühner bis zur Nektarquelle,
Poche siegend an des Himmels Schwelle, –
Taumle rück zur Hölle!

Wenn dein Dichter sich an deine süßen
Lippen klammert mit berauschten Küssen,
Fremde Töne um die Ohren schwirren,
Unsre Wesen aus den Fugen irren,
Strudelnd sich verwirren,

Und, verkauft vom Meineid der Vasallen,
Unsre Seelen ihrer Welt entfallen,
Mit des Staubs Tyrannensteuer prahlen,
Tod und Leben zu wollüstgen Qualen
Gaukeln in den Schalen.

Und wir beide – näher schon den Göttern –
Auf der Wonne gähe Spitze klettern,
Mit den Leibern sich die Geister zanken,
Und der Endlichkeit despotsche Schranken –
Sterbend – überschwanken –

Waren, Laura, diese Lustsekunden
Nicht ein Diebstahl jener Götterstunden?
Nicht Entzücken, die uns einst durchfuhren?
Ineinanderzuckender Naturen,
Ach! nur matte Spuren?

Hat dir nicht ein Strahl zurückgeglostet?
Hast du nicht den Göttertrank gekostet? –
Ach! ich sah den Purpur deiner Wangen! –
War es doch der Wesen, die sich schlangen,
Eitles Unterfangen! – –

Laura – majestätisch anzuschauen,
Stand ein Baum in Edens Blumenauen;
»Seine Frucht vernein ich eurem Gaume,
Wisst! der Apfel an dem Wunderbaume
Labt – mit Göttertraume.«

Laura – weine unsers Glückes Wunde! –
Saftig war der Apfel ihrem Munde – – –
Bald – als sie sich unschuldsvoll umrollten –
Sieh! – wie Flammen ihr Gesicht vergold'ten! –
– Und die Teufel schmollten.

Gruppe aus dem Tartarus

Horch – wie Murmeln des empörten Meeres,
Wie durch hohler Felsen Becken weint ein Bach,
Stöhnt dort dumpfigtief ein schweres – leeres,
Qualerpresstes Ach!

Schmerz verzerret
Ihr Gesicht – Verzweiflung sperret
Ihren Rachen fluchend auf.
Hohl sind ihre Augen – ihre Blicke
Spähen bang nach des Cocytus Brücke,

Folgen tränend seinem Trauerlauf. –

Fragen sich einander ängstlich leise,
Ob, noch nicht Vollendung sei? –
Ewigkeit schwingt über ihnen Kreise,
Bricht die Sense des Saturns entzwei.

Die Freundschaft

(aus den Briefen Julius' an Raphael, einem noch ungedruckten Roman)

Freund! genügsam ist der Wesenlenker –
Schämen sich kleinmeisterische Denker,
Die so ängstlich nach Gesetzen spähn –
Geisterreich und Körperweltgewühle
Wälzet eines Rades Schwung zum Ziele,
Hier sah es mein Newton gehn.

Sphären lehrt es, Sklaven eines Zaumes,
Um das Herz des großen Weltenraumes
Labyrinthenbahnen ziehn –
Geister in umarmenden Systemen
Nach der großen Geistersonne strömen,
Wie zum Meere Bäche fliehn.

Wars nicht dies allmächtige Getriebe,
Das zum ewgen Jubelbund der Liebe
Unsre Herzen aneinander zwang?
Raphael, an deinem Arm – o Wonne!
Wag auch ich zur großen Geistersonne
Freudigmutig den Vollendungsgang.

Glücklich! glücklich! Dich hab ich gefunden,
Hab aus Millionen dich umwunden,
Und aus Millionen mein bist du –
Lass das Chaos diese Welt umrütteln,
Durcheinander die Atomen schütteln:
Ewig fliehn sich unsre Herzen zu.

Muss ich nicht aus deinen Flammenaugen
Meiner Wollust Widerstrahlen saugen?
Nur in dir bestaun ich mich –
Schöner malt sich mir die schöne Erde,
Heller spiegelt in des Freunds Gebärde,
Reizender der Himmel sich.

Schwermut wirft die bangen Tränenlasten,
Süßer von des Leidens Sturm zu rasten,

In der Liebe Busen ab; –
Sucht nicht selbst das folternde Entzücken
In des Freunds beredten Strahlenblicken
Ungeduldig ein wollüstges Grab? –

Stünd im All der Schöpfung ich alleine,
Seelen träumt' ich in die Felsensteine
Und umarmend küsst' ich sie –
Meine Klagen stöhnt' ich in die Lüfte,
Freute mich, antworteten die Klüfte,
Tor genug! der süßen Sympathie.

Tote Gruppen sind wir – wenn wir hassen,
Götter – wenn wir liebend uns umfassen!
Lechzen nach dem süßen Fesselzwang –
Aufwärts durch die tausendfache Stufen
Zahlenloser Geister, die nicht schufen,
Waltet göttlich dieser Drang.

Arm in Arme, höher stets und höher,
Vom Mongolen bis zum griechschen Seher,
Der sich an den letzten Seraph reiht,
Wallen wir, einmütgen Ringeltanzes,
Bis sich dort im Meer des ewgen Glanzes
Sterbend untertauchen Maß und Zeit. –

Freundlos war der große Weltenmeister,
Fühlte Mangel – darum schuf er Geister,
Selge Spiegel seiner Seligkeit! –
Fand das höchste Wesen schon kein gleiches,
Aus dem Kelch des ganzen Seelenreiches
Schäumt ihm – die Unendlichkeit.

Der Wirtemberger

Der Name Wirtemberg
Schreibt sich von Wirt am Berg –
Ein Wirtemberger ohne Wein,
Kann der ein Wirtemberger sein?

Melancholie
An Laura

Laura – Sonnenaufgangsglut
Brennt in deinen goldnen Blicken,
In den Wangen springt purpurisch Blut,

Deiner Tränen Perlenflut
Nennt noch Mutter das Entzücken –
Dem der schöne Tropfe taut,
Der darin Vergöttrung schaut,
Ach, dem Jüngling, der belohnet wimmert,
Sonnen sind ihm aufgedämmert!

Deine Seele, gleich der Spiegelwelle
Silberklar und sonnenhelle,
Maiet noch den trüben Herbst um dich;
Wüsten, öd und schauerlich,
Lichten sich in deiner Strahlenquelle,
Düstrer Zukunft Nebelferne
Goldet sich in deinem Sterne;
Lächelst du der Reizeharmonie?
Und ich weine über sie. –

Untergrub denn nicht der Erde Veste
Lange schon das Reich der Nacht?
Unsre stolz auftürmenden Paläste,
Unsrer Städte majestätsche Pracht
Ruhen all auf modernden Gebeinen,
Deine Nelken saugen süßen Duft
Aus Verwesung, deine Quellen weinen
Aus dem Becken einer – Menschengruft.

Blick empor – die schwimmenden Planeten,
Lass dir, Laura, seine Welten reden!
Unter ihrem Zirkel flohn
Tausend bunte Lenze schon,
Türmten tausend Throne sich,
Heulten tausend Schlachten fürchterlich.
In den eisernen Fluren
Suche ihre Spuren.
Früher, später reif zum Grab,
Laufen, ach, die Räder ab
An Planetenuhren.

Blinze dreimal – und der Sonnen Pracht
Löscht im Meer der Totennacht!
Frage mich, von wannen deine Strahlen lodern!
Prahlst du mit des Auges Glut?
Mit der Wangen frischem Purpurblut,
Abgeborgt von mürben Modern?
Wuchernd fürs geliehne Rot,
Wuchernd, Mädchen, wird der Tod

Schwere Zinsen fordern!
Rede, Mädchen, nicht dem Starken Hohn!
Eine schönre Wangenröte
Ist doch nur des Todes schönrer Thron;
Hinter dieser blumigten Tapete
Spannt den Bogen der Verderber schon –
Glaub es – glaub es, Laura, deinem Schwärmer:
Nur der Tod ists, dem dein schmachtend Auge winkt,
Jeder deiner Strahlenblicke trinkt
Deines Lebens karges Lämpchen ärmer;
Meine Pulse, prahlest du,
Hüpfen noch so jugendlich von dannen –
Ach! die Kreaturen des Tyrannen
Schlagen tückisch der Verwesung zu.

Auseinander bläst der Tod geschwind
Dieses Lächeln, wie der Wind
Regenbogenfarbiges Geschäume,
Ewig fruchtlos suchst du seine Spur,
Aus dem Frühling der Natur,
Aus dem Leben, wie aus seinem Keime,
Wächst der ewge Würger nur.

Weh! entblättert seh ich deine Rosen liegen,
Bleich erstorben deinen süßen Mund,
Deiner Wangen wallendes Rund
Werden raue Winterstürme pflügen,
Düstrer Jahre Nebelschein
Wird der Jugend Silberquelle trüben,
Dann wird Laura – Laura nicht mehr lieben,
Laura nicht mehr liebenswürdig sein.

Mädchen – stark wie Eiche stehet noch dein Dichter,
Stumpf an meiner Jugend Felsenkraft
Niederfällt des Totenspeeres Schaft,
Meine Blicke brennend wie die Lichter
Seines Himmels – feuriger mein Geist,
Denn die Lichter seines ewgen Himmels,
Der im Meere eignen Weltgewimmels
Felsen türmt und niederreißt.
Kühn durchs Weltall steuern die Gedanken,
Fürchten nichts – als seine Schranken.

Glühst du, Laura? Schwillt die stolze Brust?
Lern es, Mädchen, dieser Trank der Lust,
Dieser Kelch, woraus mir Gottheit düftet –

Laura – ist vergiftet!

Unglückselig! unglückselig, die es wagen,
Götterfunken aus dem Staub zu schlagen.
Ach die kühnste Harmonie

Wirft das Saitenspiel zu Trümmer,
Und der lohe Ätherstrahl *Genie*

Nährt sich nur vom Lebenslampenschimmer –
Wegbetrogen von des Lebens Thron
Front ihm jeder Wächter schon!

Ach! schon schwören sich, missbraucht zu frechen Flammen,
Meine Geister wider mich zusammen!
Lass – ich fühls – lass, Laura, noch zween kurze
Lenze fliegen – und dies Moderhaus

Wiegt sich schwankend über mir zum Sturze,
Und in eignem Strahle lösch ich aus. – –

Weinst du, Laura? – Träne, sei verneinet,
Die des Alters Straflos mir erweinet,
Weg! Versiege, Träne, Sünderin!

Laura will, dass meine Kraft entweiche,
Dass ich zitternd unter dieser Sonne schleiche,
Die des Jünglings Adlergang gesehn? –

Dass des Busens lichte Himmelsflamme
Mit erfrornem Herzen ich verdamme,
Dass die Augen meines Geists verblinden,
Dass ich fluche meinen schönsten Sünden?
Nein! versiege, Träne, Sünderin! –

Brich die Blume in der schönsten Schöne,
Lösch, o Jüngling mit der Trauermiene!
Meine Fackel weinend aus,

Wie der Vorhang an der Trauerbühne
Niederrauschet bei der schönsten Szene,
Fliehn die Schatten – und noch schweigend horcht das Haus. –

Die Pest

Eine Phantasie

Grässlich preisen Gottes Kraft
Pestilenzen, würgende Seuchen,
Die mit der grausen Brüderschaft
Durchs öde Tal der Grabnacht schleichen.

Bang ergreifts das klopfende Herz,
Gichtrisch zuckt die starre Sehne,
Grässlich lacht der Wahnsinn in das Angstgestöhne,
In heulende Triller ergeußt sich der Schmerz.

Raserei wälzt tobend sich im Bette –
Giftger Nebel wallt um ausgestorbne Städte,
Menschen – hager – hohl und bleich –
Wimmeln in das finstre Reich.

Brütend liegt der Tod auf dumpfen Lüften,
Häuft sich Schätze in gestopften Grüften –
Pestilenz sein Jubelfest.
Leichenschweigen – Kirchhofstille
Wechseln mit dem Lustgebrülle,
Schröcklich preiset Gott die Pest.

Das Muttermal

Mann

Sieh, Schätzchen, wie der Bub mir gleicht,
Selbst meine Narbe von den Pocken!

Frau

Mein Engel, das begreif ich leicht,
Bin auch 'nmal recht an dir erschrocken.

Monument Moors des Räubers

Vollendet!
Heil dir! Vollendet!
Majestätischer Sünder!
Deine furchtbare Rolle vollbracht.

Hoher Gefallener!
Deines Geschlechts Beginner und Ender!
Seltner Sohn ihrer schröcklichsten Laune,
Erhabner Verstoß der Mutter Natur!

Durch wolkigte Nacht ein prächtiger Blitz!
Hui! hinter ihm schlagen die Pforten zusammen!
Geizig schlingt ihn der Rachen der Nacht!
Zucken die Völker
Unter seiner verderbenden Pracht!
Aber Heil dir! vollendet!
Majestätischer Sünder!

Deine furchtbare Rolle vollbracht!
Modre – verstieb
In der Wiege des offnen Himmels!
Fürchterlich jedem Sünder zur Schau,
Wo dem Thron gegenüber
Heißer Ruhmsucht furchtbare Schranke steigt!
Siehe! der Ewigkeit übergibt dich die Schande!
Zu den Sternen des Ruhms
Klimmst du auf den Schultern der Schande!
Einst wird unter dir auch die Schande zerstieben,
Und dich reicht – die Bewunderung.

Nassen Auges an deinem schauernden Grabe
Männer vorüber –
Freue dich der Träne der Männer,
Des Gerichteten Geist!
Nassen Auges an deinem schauernden Grabe
Jüngst ein Mädchen vorüber,
Hörte die furchtbare Kunde
Deiner Taten vom steinernen Herold,
Und das Mädchen – freue dich! freue dich!
Wischte die Träne nicht ab.
Ferne stand ich – sah die Perle fallen,
Und ich rief ihr: Amalia!

Jünglinge! Jünglinge!
Mit des Genies gefährlichem Ätherstrahl
Lernt behutsamer spielen.
Störrig knirscht in den Zügel das Sonnenross,
Wie's am Seile des Meisters
Erd und Himmel in sanfterem Schwunge wiegt,
Flammts am kindischen Zaume
Erd und Himmel in lodernden Brand!
Unterging in den Trümmern
Der mutwillige Phaethon.

Kind des himmlischen Genius,
Glühendes, tatenlechzendes Herz!
Reizet dich das Mal meines Räubers?
War wie du glühenden, tatenlechzenden Herzens,
War wie du des himmlischen Genius Kind.
Aber du lächelst und gehst –

Dein Blick durchfliegt den Raum der Weltgeschichte,
Moorn den Räuber findest du nicht –
Steh und lächle nicht, Jüngling!

Seine Sünde lebt – lebt seine Schande,
Räuber Moor nur – ihr Name nicht.

Morgenphantasie

Frisch atmet des Morgens lebendiger Hauch,
Purpurisch zuckt durch düstre Tannenritzen
Das junge Licht und äugelt aus dem Strauch,
In goldnen Flammen blitzen
Der Berge Wolkenspitzen,
Mit freudig melodisch gewirbeltem Lied
Begrüßen erwachende Lerchen die Sonne,
Die schon in lachender Wonne
Jugendlich schön in Auroras Umarmungen glüht.

Sei, Licht, mir gesegnet!
Dein Strahlenguss regnet
Erwärmend hernieder auf Anger und Au.
Wie silberfarb flittern
Die Wiesen, wie zittern
Tausend Sonnen im perlenden Tau!

In säuselnder Kühle
Beginnen die Spiele
Der jungen Natur,
Die Zephire kosen
Und schmeicheln um Rosen,
Und Düfte beströmen die lachende Flur.

Wie hoch aus den Städten die Rauchwolken dampfen,
Laut wiehern und schnauben und knirschen und strampfen
Die Rosse, die Farren,
Die Wagen erknarren
Ins ächzende Tal.
Die Waldungen leben
Und Adler und Falken und Habichte schweben,
Und wiegen die Flügel im blendenden Strahl.

Den Frieden zu finden,
Wohin soll ich wenden
Am elenden Stab?
Die lachende Erde
Mit Jünglingsgebärde
Für mich nur ein Grab!

Steig empor, o Morgenrot, und röte
Mit purpurnem Kusse Hain und Feld.

Säusle nieder, Abendrot, und flöte
Sanft in Schlummer die erstorbne Welt.
Morgen – ach! du rötest
Eine Totenflur,
Ach! und du, o Abendrot, umflötest
Meinen langen Schlummer nur.

An Minna

Träum ich? Ist mein Auge trüber?
Nebelts mir ums Angesicht?
Meine Minna geht vorüber?
Meine Minna kennt mich nicht?
Die am Arme seichter Laffen
Blähend mit dem Fächer ficht,
Nimmer satt sich zu begaffen? –
Meine Minna ist es nicht.

Von dem Sonnenhute nicken
Stolze Federn, mein Geschenk,
Schleifen, die den Busen schmücken,
Rufen: Minna, sei gedenk!
Blumen, die ich selbst erzogen,
Zieren Brust und Locken noch
Ach die Brust, die mir gelogen! –
Und die Blumen blühen doch!

Geh! umhüpft von leeren Schmeichlern!
Geh! vergiss auf ewig mich.
Überliefert feilen Heuchlern,
Eitles Weib, veracht ich dich.
Geh! dir hat ein Herz geschlagen,
Dir ein Herz, das edel schlug,
Groß genug, den Schmerz zu tragen,
Dass es einer Hure schlug.

Schönheit hat dein Herz verdorben,
Dein Gesichtchen! schäme dich.
Morgen ist sein Glanz erstorben,
Seine Rose blättert sich.
Schwalben, die im Lenze minnen,
Fliehen, wenn der Nordwind weht,
Buhler scheucht dein Herbst von hinnen,
Einen Freund hast du verschmäht.

In den Trümmern deiner Schöne

Seh ich dich verlassen gehn,
Weinend in die Blumenszene
Deines Mais zurücke sehn.
Die mit heißem Liebesgeize
Deinem Kuss entgegenflohn,
Zischen dem erloschnen Reize,
Lachen deinem Winter Hohn.

Schönheit hat dein Herz verdorben,
Dein Gesichtchen! – schäme dich.
Morgen ist sein Glanz erstorben,
Seine Rose blättert sich –
Ha! wie will ich dann dich höhnen!
Höhnen? Gott bewahre mich!
Weinen will ich bittre Tränen,
Weinen, Minna, über dich.

Elysium

Eine Kantate

Chor

Vorüber die stöhnende Klage!
Elysiums Freudengelage
Ersäufen jegliches Ach –
Elysiums Leben
Ewige Wonne, ewiges Schweben,
Durch lachende Fluren ein flötender Bach.

Erste Stimme

Jugendlich milde
Beschwebt die Gefilde
Ewiger Mai,
Die Stunden entfliehen in goldenen Träumen,
Die Seele schwillt aus in unendlichen Räumen,
Wahrheit reißt hier den Schleier entzwei.

Zweite Stimme

Unendliche Freude
Durchwallet das Herz.
Hier mangelt der Name dem trauernden Leide,
Sanfter Entzücken nur heißet hier Schmerz.

Dritte Stimme

Hier strecket der wallende Pilger die matten
Brennenden Glieder im säuselnden Schatten,
Leget die Bürde auf ewig dahin –
Seine Sichel entfällt hier dem Schnitter,
Eingesungen von Harfengezitter,
Träumt er, geschnittene Halme zu sehn.

Vierte Stimme

Dessen Fahne Donnerstürme wallte,
Dessen Ohren Mordgebrüll umhallte,
Berge bebten unter dessen Donnergang,
Schläft hier linde bei des Baches Rieseln,
Der wie Silber spielet über Kieseln,
Ihm verhallet wilder Speere Klang.

Fünfte Stimme

Hier umarmen sich getreue Gatten,
Küssen sich auf grünen samtnen Matten,
Liebgekost vom Balsamwest,
Ihre Krone findet hier die Liebe,
Sicher vor des Todes strengem Hiebe,
Feiert sie ein ewig Hochzeitfest.

Quirl

Euch wundert, dass Quirls Wochenblatt
Heut um ein Heft gewonnen hat,
Und hörtet doch den Stadtausrufer sagen,
Dass Brot und Rindfleisch aufgeschlagen.

Die schlimmen Monarchen

Euren Preis erklimme meine Leier –
Erdengötter – die der süßen Feier
Anadyomenens sanft nur klang;
Leiser um das pompende Getöse,
Schüchtern um die Purpurflammen eurer Größe
Zittert der Gesang.

Redet! soll ich goldne Saiten schlagen,
Wenn, vom Jubelruf emporgetragen,
Euer Wagen durch den Walplatz rauscht?

88

Wenn ihr, schlapp vom eisernen Umarmen,
Schwere Panzer mit den weichen Rosenarmen
Eurer Phrynen tauscht? –

Soll vielleicht im Schimmer goldner Reifen,
Götter, euch die kühne Hymne greifen,
Wo, in mystisch Dunkel eingemummt,
Euer Spleen mit Donnerkeilen tändelt,
Mit Verbrechen eine Menschlichkeit bemäntelt,
Bis – das Grab verstummt?

Sing ich Ruhe unter Diademen?
Soll ich, Fürsten, eure Träume rühmen? –
Wenn der Wurm am Königsherzen zehrt,
Weht der goldne Schlummer um den Mohren,
Der den Schatz bewacht an des Palastes Toren,
Und – ihn nicht begehrt.

Zeig, o Muse, wie mit Rudersklaven
Könige auf einem Polster schlafen,
Die gelöschten Blitze freundlich tun,
Wo nun nimmer ihre Launen foltern,
Nimmer die Theaterminotaure poltern
Und – die Löwen ruhn.

Auf! Betaste mit dem Zaubersiegel,
Hekate, des Gruftgewölbes Riegel!
Horch! die Flügel donnern jach zurück!
Wo des Todes Odem dumpfig säuselt,
Schauerluft die starren Locken aufwärts kräuselt,
Sing ich – Fürstenglück. – –

Hier das Ufer? – Hier in diesen Grotten
Stranden eurer Wünsche stolze Flotten?
Hier – wo eurer Größe Flut sich stößt?
Ewig nie dem Ruhme zu erwarmen,
Schmiedet hier die Nacht mit schwarzen Schauerarmen
Potentaten fest.

Traurig funkelt auf dem Totenkasten
Eurer Kronen, der umperlten Lasten,
Eurer Szepter undankbare Pracht.
Wie so schön man Moder übergoldet!
Doch nur Würmer werden mit dem Leib besoldet,
Dem – die Welt gewacht.

Stolze Pflanzen in so niedern Beeten!
Seht doch! – wie mit welken Majestäten

Garstig spaßt der unverschämte Tod!
Die durch Nord und Ost und West geboten –
Dulden sie des Unholds ekelhafte Zoten,
Und – kein Sultan droht?

Springt doch auf, ihr störrige Verstummer,
Schüttelt ab den tausendpfundgen Schlummer,
Siegespauken trommeln aus der Schlacht!
Höret doch, wie hell die Zinken schmettern!
Wie des Volkes wilde Vivat euch vergöttern!
Könige, erwacht!

Siebenschläfer! – o so hört die hellen
Hörner klingen und die Doggen bellen!
Tausendröhrigt knallt das Jagdenfeuer;
Muntre Rosse wiehern nach dem Forste,
Blutig wälzt der Eber seine Stachelborste,
Und – der Sieg ist eur!

Was ist das? – Auch Fürsten schweigen selber?
Neunfach durch die heulenden Gewölber
Spottet mir ein schleifend Echo nach –
Hört doch nur den Kammerjunker düsseln:
»Euch beehrt Madonna mit geheimen Schlüsseln
In – ihr Schlafgemach.«

Keine Antwort – Ernstlich ist die Stille –
Fällt denn auch auf Könige die Hülle,
Die die Augen des Trabanten deckt? –
Und ihr fordert Anbetung in Asche,
Dass die blinde Metze Glück in eure Tasche
Eine – Welt gesteckt?

Und ihr rasselt, Gottes Riesenpuppen,
Hoch daher in kindischstolzen Gruppen,
Gleich dem Gaukler in dem Opernhaus? –
Pöbelteufel klatschen dem Geklimper,
Aber weinend zischen den erhabnen Stümper
Seine Engel aus.

Ins Gebiet der leiseren Gedanken
Würden – überwänden sie die Schranken –
Schlangenwirbel eure Mäkler drehn;
Lernt doch, dass, die euren zu entfalten,
Blicke, die auch Pharisäerlarven spalten,
Von dem Himmel sehn.

Prägt ihr zwar – Hohn ihrem falschen Schalle! –

Euer Bild auf lügende Metalle,
Schnödes Kupfer adelt ihr zu Gold –
Eure Juden schachern mit der Münze, –
Doch wie anders klingt sie über jener Grenze,
Wo die Waage rollt!

Decken euch Seraile dann und Schlösser,
Wann des Himmels fürchterlicher Presser
An des großen Pfundes Zinsen mahnt?
Ihr bezahlt den Bankerott der Jugend
Mit Gelübden, und mit lächerlicher Tugend,
Die – Hanswurst erfand.

Berget immer die erhabne Schande
Mit des Majestätsrechts Nachtgewande!
Bübelt aus des Thrones Hinterhalt!
Aber zittert für des Liedes Sprache,
Kühnlich durch den Purpur bohrt der Pfeil der Rache
Fürstenherzen kalt.

Graf Eberhard der Greiner von Wirtemberg

Kriegslied

Ihr – ihr dort außen in der Welt,
Die Nasen eingespannt!
Auch manchen Mann, auch manchen Held,
Im Frieden gut, und stark im Feld,
Gebar das Schwabenland.

Prahlt nur mit Karl und Eduard,
Mit Friedrich, Ludewig.
Karl, Friedrich, Ludwig, Eduard
Ist uns der Graf, der Eberhard,
Ein Wettersturm im Krieg.

Und auch sein Bub, der Ulerich,
War gern, wo's eisern klang;
Des Grafen Bub, der Ulerich,
Kein Fußbreit rückwärts zog er sich,
Wenns drauf und drunter sprang.

Die Reutlinger, auf unsern Glanz
Erbittert, kochten Gift,
Und buhlten um den Siegeskranz
Und wagten manchen Schwertertanz
Und gürteten die Hüft –
Er griff sie an – und siegte nicht,

Und kam gepantscht nach Haus,
Der Vater schnitt ein falsch Gesicht,
Der junge Kriegsmann floh das Licht,
Und Tränen drangen raus.

Das wurmt ihm – Ha! ihr Schurken, wart'!
Und trugs in seinem Kopf.
Auswetzen, bei des Vaters Bart!
Auswetzen wollt er diese Schart
Mit manchem Städtlerschopf.

Und Fehd entbrannte bald darauf,
Und zogen Ross und Mann
Bei Döffingen mit hellem Hauf,
Und heller gings dem Junker auf,
Und hurra! heiß gings an.

Und unsers Heeres Losungswort
War die verlorne Schlacht;
Das riss uns wie die Windsbraut fort
Und schmiss uns tief in Blut und Mord
Und in die Lanzennacht.

Der junge Graf voll Löwengrimm
Schwung seinen Heldenstab,
Wild vor ihm ging das Ungestüm,
Geheul und Winseln hinter ihm,
Und um ihn her das Grab.

Doch weh! ach weh! ein Säbelhieb
Sunk schwer auf sein Genick,
Schnell um ihn her der Helden Trieb,
Umsonst! umsonst! erstarret blieb
Und sterbend brach sein Blick.

Bestürzung hemmt des Sieges Bahn,
Laut weinte Feind und Freund –
Hoch führt der Graf die Reiter an:
Mein Sohn ist wie ein andrer Mann!
Marsch, Kinder! In den Feind!

Und Lanzen sausen feuriger,
Die Rache spornt sie all,
Rasch über Leichen gings daher,
Die Städtler laufen kreuz und quer
Durch Wald und Berg und Tal.

Und zogen wir mit Hörnerklang
Ins Lager froh zurück,

Und Weib und Kind im Rundgesang
Beim Walzer und beim Becherklang
Lustfeiern unser Glück.

Doch unser Graf – was tät er itzt? –
Vor ihm der tote Sohn.
Allein in seinem Zelte sitzt
Der Graf, und eine Träne blitzt
Im Aug auf seinen Sohn.

Drum hangen wir so treu und warm
Am Grafen, unserm Herrn.
Allein ist er ein Heldenschwarm,
Der Donner rast in seinem Arm,
Er ist des Landes Stern.

Drum ihr dort außen in der Welt,
Die Nasen eingespannt,
Auch manchen Mann, auch manchen Held,
Im Frieden gut und stark im Feld,
Gebar das Schwabenland.

Baurenständchen

Mensch! Ich bitte, guck heraus!
Klecken nicht zwo Stunden,
Steh ich so vor deinem Haus,
Stehe mit den Hunden.
's regnet, was vom Himmel mag,
's gwittert wie zum Jüngsten Tag,
Pudelnass die Hosen!
Platschnass Rock und Mantel, ei!
Rock und Mantel nagelneu,
Alles dieser Losen.
Draußen, draußen Saus und Braus!
Mensch! ich bitte, guck heraus.

Ei zum Henker! guck heraus!
Löscht mir die Laterne –
Weit am Himmel Nacht und Graus!
Weder Mond noch Sterne.
Stoß ich schier an Stein und Stock,
Reiße Wams und Überrock,
Ach, dass Gott erbarme!
Hecken, Stauden ringsumher,
Gräben, Hügel kreuz und quer,

Breche Bein und Arme.
Draußen, draußen Nacht und Graus!
Ei zum Henker, guck heraus!

Ei zum Teufel! guck heraus!
Höre mein Gesuche!
Beten, Singen geht mir aus,
Willst du, dass ich fluche?
Muss ich doch ein Hans Dampf sein,
Frör ich nicht zu Stein und Bein,
Wenn ich länger bliebe?
Liebe, das verdank ich dir,
Winterbeulen machst du mir,
Du vertrackte Liebe!
Draußen, draußen Kalt und Graus!
Ei, zum Teufel, guck heraus.

Donner alle! Was ist das,
Das vom Fenster regnet?
Garstge Hexe, kotignass,
Hast mich eingesegnet.
Regen, Hunger, Frost und Wind
Leid ich für das Teufelskind,
Werde noch gehudelt!
Wetter auch! Ich packe mich!
Böser Dämon, tummle dich,
Habe satt gedudelt!
Draußen, draußen Saus und Braus!
Fahre wohl – Ich geh nach Haus.

Die Winternacht

Ade! Die liebe Herrgottssonne gehet,
Grad über tritt der Mond!
Ade! Mit schwarzem Rabenflügel wehet
Die stumme Nacht ums Erdenrund.

Nichts hör ich mehr durchs winternde Gefilde
Als tief im Felsenloch
Die Murmelquell, und aus dem Wald das wilde
Geheul des Uhus hör ich noch.

Im Wasserbette ruhen alle Fische,
Die Schnecke kriecht ins Dach,
Das Hündchen schlummert sicher unterm Tische,
Mein Weibchen nickt im Schlafgemach.

94

Euch Brüderchen von meinen Bubentagen,
Mein herzliches Willkomm!
Ihr sitzt vielleicht mit traulichem Behagen
Um einen teutschen Krug herum.

Im hochgefüllten Deckelglase malet
Sich purpurfarb die Welt,
Und aus dem goldnen Traubenschaume strahlet
Vergnügen, das kein Neid vergällt.

Im Hintergrund vergangner Jahre findet
Nur Rosen euer Blick,
Leicht, wie die blaue Knasterwolke, schwindet
Der trübe Gram von euch zurück.

Vom Schaukelgaul bis gar zum Doktorhute
Stört ihr im Zeitbuch um
Und zählt nunmehr mit federleichtem Mute
Schweißtropfen im Gymnasium.

Wie manchen Fluch – noch mögen unterm Boden
Sich seine Knochen drehn –
Terenz erpresst, trotz Herrn Minellis Noten,
Wie manch verzogen Maul gesehn,

Wie ungestüm dem grimmen Landexamen
Des Buben Herz geklopft;
Wie ihm, sprach itzt der Rektor seinen Namen,
Der helle Schweiß aufs Buch getropft. –

Wohl redt man auch von einer – e – gewissen –
Die sich als *Frau* nun spreißt,
Und mancher will der Lecker bass nun wissen,
Was doch ihr *Mann* bass – gar nicht weiß. –

Nun liegt dies all im Nebel hinterm Rücken,
Und Bube heißt nun Mann,
Und Friedrich schweigt der weiseren Perücken,
Was einst der kleine Fritz getan –

Man ist – Potz gar! – zum Doktor ausgesprochen,
Wohl gar – beim Regiment!
Und hat vielleicht – doch nicht zu früh, gerochen,
Dass Pläne – Seifenblasen sind.

Hauch immer zu – und lass die Blasen springen;
Bleibt nur dies Herz noch ganz!
Und bleibt mir nur – errungen mit Gesängen –
Zum Lohn ein teutscher Lorbeerkranz.

Totenfeier am Grabe Philipp Friederich von Riegers

Noch zermalmt der Schrecken unsre Glieder –
Rieger tot!
Noch in unsern Ohren heult der Donner wider –
Rieger, Rieger tot!
Wie ein Blitz, im Niedergang entzündet,
Schon im Aufgang schwindet,
Flog der Held zu Gott!

Sollen Klagen um die Leiche hallen,
Klagen um den großen Mann?
Oder dürfen warme Tränen fallen,
Tränen um den guten, lieben Mann?

Dürfen wir mit Riegers Söhnen weinen?
Mit den Patrioten uns vereinen?

O so feire weinender Gesang
Einer Sonne Untergang!

Groß, o Rieger, groß war deine Stufe,
Groß dein Geist zu Seinem großen Rufe,

Größer war – dein Herz!

Engelhuld und göttliches Erbarmen
Rief den Freund zu deinen offnen Armen;

Froher unschuldsvoller Scherz

Lachte noch im silbergrauen Weisen,
Jugendfeuer brannte noch im Greisen,

In dem Krieger betete – der Christ.

Höher als das Lächeln deines Fürsten,
(Ach! wornach so manche geizig dürsten!)

Höher war dir der, der ewig ist.

Nicht um Erdengötter klein zu kriechen,
Fürstengunst mit Untertanenflüchen

Zu erwuchern, war dein Trachten nie.

Elende beim Fürsten zu vertreten,
Für die Unschuld an dem Thron zu beten,

War dein Stolz auf Erden hie.

Rang und Macht, die lächerlichen Flitter,
Fallen ab am Tage des Gerichts,
Fallen ab wie Blätter im Gewitter,
Und der Pomp – ist Nichts! – –

Krieger KARLS! erlaubt mir, hier zu halten,
Tretet her, ihr lorbeervollen Alten!

(Das Gewissen brenne flammenrot)
Dumpfig hohl aus eures Riegers Bahre
Spricht zu euch, ihr Söhne vieler Jahre,

Spricht zu euch – der Tod:

»Erdengötter! – glaubt ihr ungerochen

Mit der Größe kindischkleinem Stolz
(Alles fasst der schmale Raum von Holz)

Gegen mich zu pochen?
Hilft euch des Monarchen Gunst,
Die oft nur am Rittersterne funkelt,
Hilft des Höflings Schlangenkunst,
Wenn sich brechend euer Aug verdunkelt?
Erdengötter, redet doch,
Wenn der Götterdunst zerstiebet,
Redet denn, was wärt ihr noch,

Wenn ihr – schlechte Menschen bliebet?
Trotzt ihr mir mit euren stolzen Ahnen,

Dass von euch – zwei Tropfen Blut

In den Adern alter Helden rannen?
Pocht ihr auf geerbtes Gut?
Wird man dort nach Riegers Range fragen?
Folgt ihm wohl KARLS Gnade bis dahin?
Wird er höher von dem Ritterkreuz getragen,
Als vom Jubel Seiner Segnenden?
Wann der Richter in dem Schuldbuch blättert,
Fragt er, ob der große Tote hier

Zu dem Tempel des Triumphs geklettert?
Fragt man dort, wie man ihn hier vergöttert?

Richtet Gott – – wie wir?«

Aber Heil dir! Seliger! Verklärter,
Nimm zufrieden deinen Sonnenflug!
Deinem Herzen war die Menschheit werter
Als der Größe prangender Betrug!
Schöne Taten waren deine Schätze,
Aufgehäuft für eine schöne Welt,
Glücklich gingst du durch die goldnen Netze,
Wo die Ehrsucht ihre Sklaven fällt.
Wenn die Riesenrüstung stolzer Größe

Manches große Heldenherz zerdrückt,
Flohst du frei, entschwungen dem Getöse
Dieser Welt, und bist – beglückt.

Dort, wo du bei ewgen Morgenröten
Einen Lorbeer, der nie welket, pflückst,
Und auf diesen traurenden Planeten
Sanften Mitleids niederblickst,
Dort, wo du an reine Seraphinen
Dich in ewigem Umarmen schmiegst
Und bei jubelvollen Harfentönen
Kühne Flügel durch den Himmel wiegst,
Dort, wo Rieger unter Edens Wonne
Dieses Lebens Folterbank verträumt
Und die Wahrheit, leuchtend wie die Sonne,
Ihm aus tausend Röhren schäumt,

Dorten sehn wir – Jauchzet, Brüder –
Dorten unsern Rieger wieder!!!

Wunderseltsame Historia des berühmten Feldzuges

als welchen HUGO SANHERIB, König von Assyrien, ins Land Juda unternehmen wollte, aber unverrichteter Ding wieder einstellen musste. Aus einer alten Chronika gezogen und in schnakische Reimlein bracht von SIMEON KREBSAUGE, Baccalaur

In Juda – schreibt die Chronika –
War olim schon ein König,
Dem war von Dan bis Berseba
Bald alles untertänig.
Und war dabei ein wackrer Fürst,
Desgleichen selten finden wirst.

Der war nun kürzlich, wie bekannt,
Vom Freien heimgekommen
Und hatte vom Chaldäerland
Ein Weibchen mitgenommen.
Im Herzen Himmel – und im Blick;
Ich küsste sie den Augenblick.

Die Trauung war schon angestellt,
Die Hochzeitkleider fertig,
Der Bräutigam, frisch wie ein Held,
Des Wonnetags gewärtig –
Als plötzlich – zitternd schreibts mein Kiel –
Ein Fieber diesen Herrn befiel.

Ein großer Herre, wie man weißt,

Ist nicht wie unsereiner –
Wenn unsre Seele weiterreist,
Drob kümmert sich wohl keiner –
Ein Schnuppen, den ein Großer klagt,
Wird in der Welt herumgesagt.

Drum nimmt Frau Fama, nimmerfaul,
Das Hifthorn von dem Nacken
(Man kennt ja schon ihr großes Maul
Und ihre dicken Backen):
»Fürst Josaphat liegt todkrank da«,
Posaunt sie durch ganz Asia.

Sogleich vernahm den Trauerton
Fürst Sanherib, sein Vetter, –
Zu Assur hat er seinen Thron
Und ehret fremde Götter.
Die Balle Lüge kommt so recht
Zustatten meinem Götzenknecht.

»Da fischt sich was – Hol mich der Dachs!« –
Und hui! spitzt er die Ohren.
»Stirbt Josaphat, so zieh ich stracks
Hinein zu Hebrons Toren.
Er braucht Arznei – er treibts nicht lang!
Und Juda ist ein fetter Fang.«

Gleich läuft die Ordre aus dem Schloss
Durch Stadt und Wachparade,
Der Junggesellen faulen Tross
Zu werben ohne Gnade.
Schon springen Bomben aus dem Guss
Und freun sich auf den nächsten Schuss.

Die Wache vor dem Tor bekommt
Gemessene Befehle,
Dass undurchsucht – unangebrummt
Entwische keine Seele.
Brieftaschen und Patent heraus –
Sonst – Marsch, ihr Herrn, ins Narrenhaus.

»Woher, mein Freund?« brüllt auf und ab
Die Schildwach an die Fremde.
»Wohin die Reis? Wo steigt Ihr ab?
Was führt Ihr unterm Hemde?
Torschreiber raus! – Der Herr bleibt stehn!
Man wird ihn heißen weitergehn.«

Da war nun mancher Passagier
Dem Korporal verdächtig,
Die Fragen gehn zur Folter schier,
Gott aber ist allmächtig:
Man visitiert von Pack zu Pack,
Doch zeigt sich nichts – als Schnupftobak.

Indessen schickt der Werber Fleiß
Rekruten, Sand am Meere,
Sie stehen blau und rot und weiß
Und ordnen sich in Heere.
Das Kriegsgeräte – glaubt mir keck –
Fraß zehen Säckel Silbers weg.

Fürst Sanherib erzählte schon
Den Damen seine Siege,
Aufs Wohl des neuen Landes flohn
Von Tisch zu Tisch die Krüge,
Schon möbelt' man das neue Schloss –
Je glätter der Burgunder floss.

Wie prächtig König Sanherib
Im reichen Galakleide
Herum den stolzen Schimmel trieb
Und durch Judäa reite;
Die Damen in Karossen nach,
Dass bald schon Rad und Deichsel brach.

Wie stolz von seinem Thron herab
Er Judas Schriftgelehrten
Erlaubnis zu dem Handkuss gab
Und sie ihm Treue schwörten –
Und alles Volk im Staube tief
Hosianna dem Gesalbten! rief.

Doch während dass der Vetter schon
Nach deiner Krone schielte,
Und auf dem noch besetzten Thron
Schon Davids Harfe spielte,
Lagst du- – o Fürst – beweint vom Land,
Noch unversehrt – in Gottes Hand.

Gott stand auf Höhen Sinais
Und schaute nach der Erden,
Und sahe schon ein Paradies
Durch deinen Zepter werden,
Und sahe mit erhabner Ruh
Dem Unfug deines Vetters zu.

Schnell schickt er einen Cherub fort
Und spricht mit sanftem Lächeln:
»Geh, Raphael – dem Fürsten dort
Erfrischung zuzufächeln.
Er ist mein Sohn – mein treuer Knecht!
Er lebe! – denn ich bin gerecht.«

Dem Willen Gottes untertan,
Steigt Raphael herunter,
Nimmt eines Arztes Bildung an
Und heilt dich durch ein Wunder.
Dein Fürst ersteht – jauchz, Vaterland!
Gerettet durch des Himmels Hand.

Die Post schleicht nach Assyrien,
Wo Sanherib regieret
Und eben seine Königin
Vom Schlitten heimgeführet. –
»Ihr Durchlaucht! Ein Kurier!« – »Herein!
Es werden Trauerbriefe sein.«

Schnell öffnet er den Brief und liest,
Liest – ach! der Posten trübste –
Dass Josaphat am Leben ist –
Und flucht an seine Liebste:
»Der Krieg ist aus! – Pest über dich!
Zweitausend Taler schmerzen mich!!«

Unserm teuren Körner

Am 2ten des Julius 1785

Sei willkommen an des Morgens goldnen Toren,
Sei willkommen unserm Freudegruß,
Dieses Tages holder Genius,
Der den Vielgeliebten uns geboren! –
In erhabener Pracht –
Schimmernd tritt er aus der Nacht
Wie der Erdensöhne keiner,
Groß und trefflich, wie der Sieben einer,

Die am Throne dienen, schwebt er her.
»Streut mir Blumen – – Seht, da bin ich wieder«
(ruft er lächelnd von dem Himmel nieder)
»Streut mir Blumen – Ich bins wieder,
Der den Teuren euch gebar,
Ich bin mehr, als meine andern Brüder,

Ihren Liebling nennt mich weit und breit
Unsre Mutter – Ewigkeit.«

(Stolz und Würde sprach aus der Gebärde)
»Einen Edeln gab ich dieser Erde!
Fühlt die Menschheit, wen ich ihr geboren?
Kennt die Erde meinen Liebling schon?«
Oder schallen leiser in der Menschen Ohren
»Seine Taten als vor Gottes Thron?
Las die Welt in seiner schönen Seele?
Beugte sich vor seiner großen Seele
Ehrerbietig sein Jahrhundert schon?
Wuchsen zur Vollendung auf die Keime,
Die ich damals in sein Herz gesät?
Ist die Welt so schön, wie seine Träume?
Fand er diesen, der ihn ganz versteht?
O dann lasst mich stolzer durch den Himmel schweben,
Ich hab ihn gegeben!

Jetzt vollend ich meinen Sonnenlauf,
Aber hinter meinem Rücken leuchtet
Schon ein neuer – schönrer Morgen auf.
Einen Engel tragen seine goldnen Flügel,
In des Engels silberklarem Spiegel
Liegt ein Himmel – und die Ewigkeit.
Schamrot stürz ich in das Meer der Zeit,
Nur das Leben
Konnt ich meinem teuren Liebling geben –
Dieser Engel – wie erbleicht mein Ruhm –

Wandelts in Elysium.«

Der Seraph sprachs – – – Du liegst in unsern Armen –

Wir fühlen, dass du unser bist.

An die Freude

Freude, schöner Götterfunken,
Tochter aus Elysium,
Wir betreten feuertrunken
Himmlische, dein Heiligtum.
Deine Zauber binden wieder,
Was der Mode Schwert geteilt;
Bettler werden Fürstenbrüder,
Wo dein sanfter Flügel weilt.

Chor

Seid umschlungen, Millionen!
Diesen Kuss der ganzen Welt!
Brüder – überm Sternenzelt
Muss ein lieber Vater wohnen.

Wem der große Wurf gelungen,
Eines Freundes Freund zu sein;
Wer ein holdes Weib errungen,
Mische seinen Jubel ein!
Ja – wer auch nur *eine* Seele
Sein nennt auf dem Erdenrund!
Und wers nie gekonnt, der stehle
Weinend sich aus diesem Bund!

Chor

Was den großen Ring bewohnet,
Huldige der Sympathie!
Zu den Sternen leitet sie,
Wo der Unbekannte thronet.

Freude trinken alle Wesen
An den Brüsten der Natur,
Alle Guten, alle Bösen
Folgen ihrer Rosenspur.
Küsse gab sie uns und Reben,
Einen Freund, geprüft im Tod.
Wollust ward dem Wurm gegeben,
Und der Cherub steht vor Gott.

Chor

Ihr stürzt nieder, Millionen?
Ahnest du den Schöpfer, Welt?
Such ihn überm Sternenzelt,
Über Sternen muss er wohnen.

Freude heißt die starke Feder
In der ewigen Natur.
Freude, Freude treibt die Räder
In der großen Weltenuhr.
Blumen lockt sie aus den Keimen,
Sonnen aus dem Firmament,
Sphären rollt sie in den Räumen,
Die des Sehers Rohr nicht kennt.

103

Froh, wie seine Sonnen fliegen,
Durch des Himmels prächtgen Plan,
Laufet, Brüder, eure Bahn,
Freudig wie ein Held zum Siegen.

Aus der Wahrheit Feuerspiegel
Lächelt sie den Forscher an.
Zu der Tugend steilem Hügel
Leitet sie des Dulders Bahn.
Auf des Glaubens Sonnenberge
Sieht man ihre Fahnen wehn,
Durch den Riss gesprengter Särge
Sie im Chor der Engel stehn.

Chor

Duldet mutig, Millionen!
Duldet für die bessre Welt!
Droben überm Sternenzelt
Wird ein großer Gott belohnen.

Göttern kann man nicht vergelten,
Schön ists, ihnen gleich zu sein.
Gram und Armut soll sich melden,
Mit den Frohen sich erfreun.
Groll und Rache sei vergessen,
Unserm Todfeind sei verziehn,
Keine Träne soll ihn pressen,
Keine Reue nage ihn.

Chor

Unser Schuldbuch sei vernichtet!
Ausgesöhnt die ganze Welt!
Brüder – überm Sternenzelt
Richtet Gott, wie wir gerichtet.

Freude sprudelt in Pokalen,
In der Traube goldnem Blut
Trinken Sanftmut Kannibalen,
Die Verzweiflung Heldenmut – –
Brüder, fliegt von euren Sitzen,
Wenn der volle Römer kreist,
Lasst den Schaum zum Himmel sprützen:
Dieses Glas dem guten Geist.

Chor

Den der Sterne Wirbel loben,
Den des Seraphs Hymne preist,
Dieses Glas dem guten Geist
Überm Sternenzelt dort oben!

Festen Mut in schwerem Leiden,
Hilfe, wo die Unschuld weint,
Ewigkeit geschwornen Eiden,
Wahrheit gegen Freund und Feind,
Männerstolz vor Königsthronen –
Brüder, gält es Gut und Blut, –
Dem Verdienste seine Kronen,
Untergang der Lügenbrut!

Chor

Schließt den heilgen Zirkel dichter,
Schwört bei diesem goldnen Wein:
Dem Gelübde treu zu sein,
Schwört es bei dem Sternenrichter!

Rettung von Tyrannenketten,
Großmut auch dem Bösewicht,
Hoffnung auf den Sterbebetten,
Gnade auf dem Hochgericht!
Auch die Toten sollen leben!
Brüder trinkt und stimmet ein,
Allen Sündern soll vergeben,
Und die Hölle nicht mehr sein.

Chor

Eine heitre Abschiedsstunde!
Süßen Schlaf im Leichentuch!
Brüder – einen sanften Spruch
Aus des Totenrichters Munde!

Freigeisterei der Leidenschaft
Als Laura vermählt war im Jahre 1782

Nein – länger, länger werd ich diesen Kampf nicht kämpfen,
Den Riesenkampf der Pflicht.
Kannst du des Herzens Flammentrieb nicht dämpfen,
So fordre, Tugend, dieses Opfer nicht.

Geschworen hab ichs, ja, ich habs geschworen,
Mich selbst zu bändigen.
Hier ist dein Kranz. Er sei auf ewig mir verloren,
Nimm ihn zurück, und lass mich sündigen.

Sieh, Göttin, mich zu deines Thrones Stufen,
Wo ich noch jüngst, ein frecher Beter, lag,
Mein übereilter Eid sei widerrufen,
Vernichtet sei der schreckliche Vertrag,

Den du im süßen Taumel einer warmen Stunde
Vom Träumenden erzwangst,
Mit meinem heißen Blut in unerlaubtem Bunde,
Betrügerisch aus meinem Busen rangst.

Wo sind die Feuer, die elektrisch mich durchwallten,
Und wo der starke, kühne Talisman?
In jenem Wahnwitz will ich meinen Schwur dir halten,
Worin ich unbesonnen ihn getan.

Zerrissen sei, was du und ich bedungen haben,
Sie liebt mich – deine Krone sei verscherzt.
Glückselig, wer, in Wonnetrunkenheit begraben,
So leicht wie ich den tiefen Fall verschmerzt.

Sie sieht den Wurm an meiner Jugend Blume nagen
Und meinen Lenz entflohn,
Bewundert still mein heldenmütiges Entsagen,
Und großmutsvoll beschließt sie meinen Lohn.

Misstraue, schöne Seele, dieser Engelgüte!
Dein Mitleid waffnet zum Verbrecher mich,
Gibts in des Lebens unermesslichem Gebiete,
Gibts einen andern schönern Lohn – als dich?

Als das Verbrechen, das ich ewig fliehen wollte?
Entsetzliches Geschick!
Der einzge Lohn, der meine Tugend krönen sollte,
Ist meiner Tugend letzter Augenblick.

Des wollustreichen Giftes voll – vergessen,
Vor wem ich zittern muss,
Wag ich es stumm, an meinen Busen sie zu pressen,
Auf ihren Lippen brennt mein erster Kuss.

Wie schnell auf sein allmächtig glühendes Berühren,
Wie schnell o Laura, floss
Das dünne Siegel ab von übereilten Schwüren,
Sprang deiner Pflicht Tyrannenkette los,

Jetzt schlug sie laut, die heißerflehte Schäferstunde,

Jetzt dämmerte mein Glück –
Erhörung zitterte auf deinem brennenden Munde,
Erhörung schwamm in deinem feuchten Blick,

Mir schauerte vor dem so nahen Glücke,
Und ich errang es nicht.
Vor deiner Gottheit taumelte mein Mut zurücke,
Ich Rasender! und ich errang es nicht!

Woher dies Zittern, dies unnennbare Entsetzen,
Wenn mich dein liebevoller Arm umschlang? –
Weil dich ein Eid, den auch schon Wallungen verletzen,
In fremde Fesseln zwang?

Weil ein Gebrauch, den die Gesetze heilig prägen,
Des Zufalls schwere Missetat geweiht?
Nein – unerschrocken trotz ich einem Bund entgegen,
Den die errötende Natur bereut.

O zittre nicht – du hast als Sünderin geschworen,
Ein Meineid ist der Reue fromme Pflicht.
Das Herz war mein, das du vor dem Altar verloren,
Mit Menschenfreuden spielt der Himmel nicht.

Zum Kampf auf die Vernichtung sei er vorgeladen,
An den der feierliche Spruch dich band.
Die Vorsicht kann den überflüssgen Geist entraten,
Für den sie keine Seligkeit erfand.

Getrennt von dir – warum bin ich geworden?
Weil du bist, schuf mich Gott!
Er widerrufe, oder lerne Geister morden,
Und flüchte mich vor seines Wurmes Spott.

Sanftmütigster der fühlenden Dämonen,
Zum Wüterich verzerrt dich Menschenwahn?
Dich sollten meine Qualen nur belohnen,
Und diesen Nero beten Geister an?

Dich hätten sie als den Allguten mir gepriesen,
Als Vater mir gemalt?
So wucherst du mit deinen Paradiesen?
Mit meinen Tränen machst du dich bezahlt?

Besticht man dich mit blutendem Entsagen?
Durch eine Hölle nur
Kannst du zu deinem Himmel eine Brücke schlagen?
Nur auf der Folter merkt dich die Natur?

O diesem Gott lasst unsre Tempel uns verschließen,
Kein Loblied feire ihn,

Und keine Freudenträne soll ihm weiter fließen,
Er hat auf immer seinen Lohn dahin!

Resignation

Eine Phantasie

Auch ich war in Arkadien geboren,
Auch mir hat die Natur
An meiner Wiege Freude zugeschworen,
Auch ich war in Arkadien geboren,
Doch Tränen gab der kurze Lenz mir nur.

Des Lebens Mai blüht einmal und nicht wieder,
Mir hat er abgeblüht.
Der stille Gott – o weinet, meine Brüder –
Der stille Gott taucht meine Fackel nieder,
Und die Erscheinung flieht.

Da steh ich schon auf deiner Schauerbrücke,
Ehrwürdge Geistermutter – Ewigkeit.
Empfange meinen Vollmachtbrief zum Glücke,
Ich bring ihn unerbrochen dir zurücke,
Mein Lauf ist aus. Ich weiß von keiner Seligkeit.

Vor deinem Thron erheb ich meine Klage,
Verhüllte Richterin.
Auf jenem Stern ging eine frohe Sage,
Du thronest hier mit des Gerichtes Waage
Und nennest dich Vergelterin.

Hier – spricht man – warten Schrecken auf den Bösen,
Und Freuden auf den Redlichen.
Des Herzens Krümmen werdest du entblößen,
Der Vorsicht Rätsel werdest du mir lösen
Und Rechnung halten mit dem Leidenden.

Hier öffne sich die Heimat dem Verbannten,
Hier endige des Dulders Dornenbahn.
Ein Götterkind, das sie mir Wahrheit nannten,
Die meisten flohen, wenige nur kannten,
Hielt meines Lebens raschen Zügel an.

»Ich zahle dir in einem andern Leben,
Gib deine Jugend mir!
Nichts kann ich dir als diese Weisung geben.«
Ich nahm die Weisung auf das andre Leben,
Und meiner Jugend Freuden gab ich ihr.

»Gib mir das Weib, so teuer deinem Herzen,
Gib deine Laura mir.
Jenseits der Gräber wuchern deine Schmerzen.« –
Ich riss sie blutend aus dem wunden Herzen
Und weinte laut und gab sie ihr.

»Du siehst die Zeit nach jenen Ufern fliegen,
Die blühende Natur
Bleibt hinter ihr – ein welker Leichnam – liegen.
Wenn Erd und Himmel trümmernd auseinanderfliegen,
Daran erkenne den erfüllten Schwur.«

»Die Schuldverschreibung lautet an die Toten«,
Hohnlächelte die Welt,
»Die Lügnerin, gedungen von Despoten,
Hat für die Wahrheit Schatten dir geboten,
Du bist nicht mehr, wenn dieser Schein verfällt.«

Frech witzelte das Schlangenheer der Spötter:
»Vor einem Wahn, den nur Verjährung weiht,
Erzitterst du? Was sollen deine Götter,
Des kranken Weltplans schlau erdachte Retter,
Die Menschenwitz des Menschen Notdurft leiht?

Ein Gaukelspiel, ohnmächtigen Gewürmen
Vom Mächtigen gegönnt,
Schreckfeuer, angesteckt auf hohen Türmen,
Die Phantasie des Träumers zu bestürmen,
Wo des Gesetzes Fackel dunkel brennt.

Was heißt die Zukunft, die uns Gräber decken?
Die Ewigkeit, mit der du eitel prangst?
Ehrwürdig nur, weil schlaue Hüllen sie verstecken,
Der Riesenschatten unsrer eignen Schrecken
Im hohlen Spiegel der Gewissensangst;

Ein Lügenbild lebendiger Gestalten,
Die Mumie der Zeit,
Vom Balsamgeist der Hoffnung in den kalten
Behausungen des Grabes hingehalten,
Das nennt dein Fieberwahn – Unsterblichkeit?

Für Hoffnungen – Verwesung straft sie Lügen –
Gabst du gewisse Güter hin?
Sechstausend Jahre hat der Tod geschwiegen,
Kam je ein Leichnam aus der Gruft gestiegen,
Der Meldung tat von der Vergelterin?« –

Ich sah die Zeit nach deinen Ufern fliegen,

Die blühende Natur
Blieb hinter ihr, ein welker Leichnam, liegen,
Kein Toter kam aus seiner Gruft gestiegen,
Und fest vertraut ich auf den Götterschwur.

All meine Freuden hab ich dir geschlachtet,
Jetzt werf ich mich vor deinen Richterthron.
Der Menge Spott hab ich beherzt verachtet,
Nur deine Güter hab ich groß geachtet,
Vergelterin, ich fordre meinen Lohn.

»Mit gleicher Liebe lieb ich meine Kinder!«
Rief unsichtbar ein Genius.
»Zwei Blumen«, rief er, »– hört es, Menschenkinder –
Zwei Blumen blühen für den weisen Finder,
Sie heißen Hoffnung und Genuss.

Wer dieser Blumen eine brach, begehre
Die andre Schwester nicht.
Genieße, wer nicht glauben kann. Die Lehre
Ist ewig wie die Welt. Wer glauben kann, entbehre.
Die Weltgeschichte ist das Weltgericht.

Du hast gehofft, dein Lohn ist abgetragen,
Dein Glaube war dein zugewognes Glück.
Du konntest deine Weisen fragen,
Was man von der Minute ausgeschlagen,
Gibt keine Ewigkeit zurück.«

Die unüberwindliche Flotte

Sie kömmt – sie kömmt, des Mittags stolze Flotte,
Das Weltmeer wimmert unter ihr,
Mit Kettenklang und einem neuen Gotte
Und tausend Donnern naht sie dir –
Ein schwimmend Heer furchtbarer Zitadellen,
(Der Ozean sah ihresgleichen nie)
Unüberwindlich nennt man sie,
Zieht sie einher auf den erschrocknen Wellen;
Den stolzen Namen weiht
Der Schrecken, den sie um sich speit.

Mit majestätisch-stillem Schritte
Trägt seine Last der zitternde Neptun,
Weltuntergang in ihrer Mitte,
Naht sie heran, und alle Stürme ruhn.

Dir gegenüber steht sie da,

Glückselge Insel – Herrscherin der Meere,
Dir drohen diese Gallionenheere,
Großherzige Britannia.
Weh deinem freigebornen Volke!
Da steht sie, eine wetterschwangre Wolke.

Wer hat das hohe Kleinod dir errungen,
Das zu der Länder Fürstin dich gemacht?
Hast du nicht selbst, von stolzen Königen gezwungen,
Der Reichsgesetze weisestes erdacht,
Das große Blatt, das deine Könige zu Bürgern,
Zu Fürsten deine Bürger macht?
Der Segel stolze Obermacht,
Hast du sie nicht von Millionen Würgern
Erstritten in der Wasserschlacht?
Wem dankst du sie – errötet, Völker dieser Erde –
Wem sonst als deinem Geist und deinem Schwerte?

Unglückliche – blick hin auf diese feuerwerfenden Kolosse,
Blick hin und ahne deines Ruhmes Fall!
Bang schaut auf dich der Erdenball,
Und aller freien Männer Herzen schlagen,
Und alle gute schöne Seelen klagen
Teilnehmend deines Ruhmes Fall.

Gott der Allmächtge sah herab,
Sah deines Feindes stolze Löwenflaggen wehen,
Sah drohend offen dein gewisses Grab –
Soll, sprach er, soll mein Albion vergehen,
Erlöschen meiner Helden Stamm,
Der Unterdrückung letzter Felsendamm
Zusammenstürzen, die Tyrannenwehre
Vernichtet sein von dieser Hemisphäre?
Nie, rief er, soll der Freiheit Paradies,
Der Menschenwürde starker Schirm verschwinden!
Gott der Allmächtge blies,
Und die Armada flog nach allen Winden.

Die zween letztern Verse sind eine Anspielung auf die Medaille, welche Elisabeth zum An-
denken ihres Sieges schlagen ließ. Es wird auf derselben eine Flotte vorgestellt, welche im
Sturm untergeht, mit der bescheidenen Inschrift: *Afflavit Deus et dissipati sunt.*

Die Götter Griechenlandes
[1788]

Da ihr noch die schöne Welt regiertet,
An der Freude leichtem Gängelband
Glücklichere Menschalter führtet,
Schöne Wesen aus dem Fabelland!
Ach! da euer Wonnedienst noch glänzte,
Wie ganz anders, anders war es da!
Da man deine Tempel noch bekränzte,
Venus Amathusia!

Da der Dichtkunst malerische Hülle
Sich noch lieblich um die Wahrheit wand! –
Durch die Schöpfung floss da Lebensfülle,
Und, was nie empfinden wird, empfand.
An der Liebe Busen sie zu drücken,
Gab man höhern Adel der Natur.
Alles wies den eingeweihten Blicken,
Alles eines Gottes Spur.

Wo jetzt nur, wie unsre Weisen sagen,
Seelenlos ein Feuerball sich dreht,
Lenkte damals seinen goldnen Wagen
Helios in stiller Majestät.
Diese Höhen füllten Oreaden,
Eine Dryas starb mit jenem Baum,
Aus den Urnen lieblicher Najaden
Sprang der Ströme Silberschaum.

Jener Lorbeer wand sich einst um Hilfe,
Tantals Tochter schweigt in diesem Stein,
Syrinx' Klage tönt' aus jenem Schilfe,
Philomelens Schmerz in diesem Hain.
Jener Bach empfing Demeters Zähre,
Die sie um Persephonen geweint,
Und von diesem Hügel rief Cythere,
Ach, vergebens! ihrem schönen Freund.

Zu Deukalions Geschlechte stiegen
Damals noch die Himmlischen herab,
Pyrrhas schöne Töchter zu besiegen,
Nahm Hyperion den Hirtenstab.
Zwischen Menschen, Göttern und Heroen
Knüpfte Amor einen schönen Bund.
Sterbliche mit Göttern und Heroen

Huldigten in Amathunt.

Betend an der Grazien Altären
Kniete da die holde Priesterin,
Sandte stille Wünsche an Cytheren
Und Gelübde an die Charitin.
Hoher Stolz, auch droben zu gebieten,
Lehrte sie den göttergleichen Rang,
Und des Reizes heilgen Gürtel hüten,
Der den Donnrer selbst bezwang.

Himmlisch und unsterblich war das Feuer,
Das in Pindars stolzen Hymnen floss,
Niederströmte in Arions Leier,
In den Stein des Phidias sich goss.
Bessre Wesen, edlere Gestalten
Kündigten die hohe Abkunft an.
Götter, die vom Himmel niederwallten,
Sahen hier ihn wieder aufgetan.

Werter war von eines Gottes Güte,
Teurer jede Gabe der Natur.
Unter Iris' schönem Bogen blühte
Reizender die perlenvolle Flur.
Prangender erschien die Morgenröte
In Himerens rosigtem Gewand,
Schmelzender erklang die Flöte
In des Hirtengottes Hand.

Liebenswerter malte sich die Jugend,
Blühender in Ganymedas Bild,
Heldenkühner, göttlicher die Tugend
Mit Tritoniens Medusenschild.
Sanfter war, da Hymen es noch knüpfte,
Heiliger der Herzen ewges Band.
Selbst des Lebens zarter Faden schlüpfte
Weicher durch der Parzen Hand.

Das Evoë muntrer Thyrsusschwinger
Und der Panther prächtiges Gespann
Meldeten den großen Freudebringer.
Faun und Satyr taumeln ihm voran,
Um ihn springen rasende Mänaden,
Ihre Tänze loben seinen Wein,
Und die Wangen des Bewirters laden
Lustig zu dem Becher ein.

Höher war der Gabe Wert gestiegen,

113

Die der Geber freundlich mit genoss,
Näher war der Schöpfer dem Vergnügen,
Das im Busen des Geschöpfes floss.
Nennt der meinige sich dem Verstande?
Birgt ihn etwa der Gewölke Zelt?
Mühsam späh ich im Ideenlande,
Fruchtlos in der Sinnenwelt.

Eure Tempel lachten gleich Palästen,
Euch verherrlichte das Heldenspiel
An des Isthmus kronenreichen Festen,
Und die Wagen donnerten zum Ziel.
Schön geschlungne seelenvolle Tänze
Kreisten um den prangenden Altar,
Eure Schläfe schmückten Siegeskränze,
Kronen euer duftend Haar.

Seiner Güter schenkte man das beste,
Seiner Lämmer liebstes gab der Hirt,
Und der Freudetaumel seiner Gäste
Lohnte dem erhabnen Wirt.
Wohin tret ich? Diese traurge Stille
Kündigt sie mir meinen Schöpfer an?
Finster, wie er selbst, ist seine Hülle,
Mein Entsagen – was ihn feiern kann.

Damals trat kein grässliches Gerippe
Vor das Bett des Sterbenden. Ein Kuss
Nahm das letzte Leben von der Lippe,
Still und traurig senkt' ein Genius
Seine Fackel. Schöne, lichte Bilder
Scherzten auch um die Notwendigkeit,
Und das ernste Schicksal blickte milder
Durch den Schleier sanfter Menschlichkeit.

Nach der Geister schrecklichen Gesetzen
Richtete kein heiliger Barbar,
Dessen Augen Tränen nie benetzen,
Zarte Wesen, die ein Weib gebar.
Selbst des Orkus strenge Richterwaage
Hielt der Enkel einer Sterblichen,
Und des Thrakers seelenvolle Klage
Rührte die Erinnyen.

Seine Freuden traf der frohe Schatten
In Elysiens Hainen wieder an;
Treue Liebe fand den treuen Gatten

Und der Wagenlenker seine Bahn;
Orpheus' Spiel tönt die gewohnten Lieder,
In Alcestens Arme sinkt Admet,
Seinen Freund erkennt Orestes wieder,
Seine Waffen Philoktet.

Aber ohne Wiederkehr verloren
Bleibt, was ich auf dieser Welt verließ,
Jede Wonne hab ich abgeschworen,
Alle Bande, die ich selig pries.
Fremde, nie verstandene Entzücken
Schaudern mich aus jenen Welten an,
Und für Freuden, die mich jetzt beglücken,
Tausch ich neue, die ich missen kann.

Höhre Preise stärkten da den Ringer
Auf der Tugend arbeitvoller Bahn:
Großer Taten herrliche Vollbringer
Klimmten zu den Seligen hinan;
Vor dem Wiederforderer der Toten
Neigte sich der Götter stille Schar.
Durch die Fluten leuchtet dem Piloten
Vom Olymp das Zwillingspaar.

Schöne Welt, wo bist du? – Kehre wieder,
Holdes Blütenalter der Natur!
Ach! nur in dem Feenland der Lieder
Lebt noch deine goldne Spur.
Ausgestorben trauert das Gefilde,
Keine Gottheit zeigt sich meinem Blick,
Ach! von jenem lebenwarmen Bilde
Blieb nur das Gerippe mir zurück.

Alle jenen Blüten sind gefallen
Von des Nordes winterlichem Wehn.
Einen zu bereichern, unter allen,
Musste diese Götterwelt vergehn.
Traurig such ich an dem Sternenbogen,
Dich, Selene, find ich dort nicht mehr;
Durch die Wälder ruf ich, durch die Wogen,
Ach! sie widerhallen leer!

Unbewusst der Freuden, die sie schenket,
Nie entzückt von ihrer Trefflichkeit,
Nie gewahr des Armes, der sie lenket,
Reicher nie durch meine Dankbarkeit,
Fühllos selbst für ihres Künstlers Ehre,

Gleich dem toten Schlag der Pendeluhr,
Dient sie knechtisch dem Gesetz der Schwere,
Die entgötterte Natur!

Morgen wieder neu sich zu entbinden,
Wühlt sie heute sich ihr eignes Grab,
Und an ewig gleicher Spindel winden
Sich von selbst die Monde auf und ab.
Müßig kehrten zu dem Dichterlande
Heim die Götter, unnütz einer Welt,
Die, entwachsen ihrem Gängelbande,
Sich durch eignes Schweben hält.

Freundlos, ohne Bruder, ohne Gleichen,
Keiner Göttin, keiner Irdschen Sohn,
Herrscht ein andrer in des Äthers Reichen
Auf Saturnus' umgestürztem Thron.
Selig, eh sich Wesen um ihn freuten,
Selig im entvölkerten Gefild,
Sieht er in dem langen Strom der Zeiten
Ewig nur – sein eignes Bild.

Bürger des Olymps konnt ich erreichen,
Jenem Gotte, den sein Marmor preist,
Konnte einst der hohe Bildner gleichen;
Was ist neben dir der höchste Geist
Derer, welche Sterbliche gebaren?
Nur der Würmer Erster, Edelster.
Da die Götter menschlicher noch waren,
Waren Menschen göttlicher.

Dessen Strahlen mich darnieder schlagen,
Werk und Schöpfer des Verstandes! dir
Nachzuringen, gib mir Flügel, Waagen,
Dich zu wägen – oder nimm von mir,
Nimm die ernste, strenge Göttin wieder,
Die den Spiegel blendend vor mir hält;
Ihre sanfte Schwester sende nieder,
Spare jene für die andre Welt.

Die berühmte Frau

Epistel eines Ehemanns an einen andern

Beklagen soll ich dich? Mit Tränen bitterer Reue
Wird Hymens Band von dir verflucht?
Warum? Weil deine Ungetreue

In eines andern Armen sucht,
Was ihr die deinigen versagen?
Freund, höre fremde Leiden an
Und lerne deine leichter tragen.

Dich schmerzt, dass sich in deine Rechte
Ein zweiter teilt? – Beneidenswerter Mann!
Mein Weib gehört dem ganzen menschlichen Geschlechte.
Vom Belt bis an der Mosel Strand,
Bis an die Apenninenwand,
Bis in die Vaterstadt der Moden
Wird sie in allen Buden feil geboten,
Muss sie auf Diligencen, Paketbooten
Von jedem Schulfuchs, jedem Hasen
Kunstrichterlich sich mustern lassen,
Muss sie der Brille des Philisters stehn
Und, wie's ein schmutzger Aristarch befohlen,
Auf Blumen oder heißen Kohlen
Zum Ehrentempel oder Pranger gehn.
Ein Leipziger – dass Gott ihn strafen wollte!
Nimmt topographisch sie wie eine Festung auf
Und bietet Gegenden dem Publikum zu Kauf,
Wovon ich billig doch allein nur sprechen sollte.

Dein Weib – Dank den kanonischen Gesetzen!
Weiß deiner Gattin Titel doch zu schätzen.
Sie weiß warum? und tut sehr wohl daran.
Mich kennt man nur als Ninons Mann.
Du klagst, dass im Parterr' und an den Pharotischen,
Erscheinst du, alle Zungen zischen?
O Mann des Glücks! Wer einmal das von sich
Zu rühmen hätte! – Mich, Herr Bruder, mich,
Beschert mir endlich eine Molkenkur
Das rare Glück – den Platz an ihrer Linken,
Mich merkt kein Aug, und alle Blicke winken
Auf meine stolze Hälfte nur.

Kaum ist der Morgen grau,
So kracht die Treppe schon von blau und gelben Röcken,
Mit Briefen, Ballen, unfrankierten Päcken,
Signiert: An die berühmte Frau.
Sie schläft so süß! – Doch darf ich sie nicht schonen.
»Die Zeitungen, Madam, aus Jena und Berlin!«
Rasch öffnet sich das Aug der holden Schläferin,
Ihr erster Blick fällt – auf Rezensionen.
Das schöne blaue Auge! – mir

Nicht einen Blick! – durchirrt ein elendes Papier.
(Laut hört man in der Kinderstube weinen)
Sie legt es endlich weg und frägt nach ihren Kleinen.

Die Toilette wartet schon,
Doch halbe Blicke nur beglücken ihren Spiegel.
Ein mürrisch ungeduldig Drohn
Gibt der erschrocknen Zofe Flügel.
Von ihrem Putztisch sind die Grazien entflohn,
Und an der Stelle holde Amorinen
Sieht man Erinnyen den Lockenbau bedienen.

Karossen rasseln jetzt heran,
Und Mietlakaien springen von den Tritten,
Dem düftenden Abbé, dem Reichsbaron, dem Briten,
Der – nur nichts Deutsches lesen kann,
Großing und Compagnie, dem Z** Wundermann
Gehör bei der Berühmten zu erbitten.
Ein Ding, das demutsvoll sich in die Ecke drückt
Und Ehmann heißt, wird vornehm angeblickt.
Hier darf ihr – wird dein Hausfreund so viel wagen? –
Der dümmste Fat, der ärmste Wicht,
Wie sehr er sie bewundre, sagen;
Und darfs vor meinem Angesicht!
Ich steh dabei, und, will ich artig heißen,
Muss ich ihn bitten mitzuspeisen.

Bei Tafel, Freund, beginnt erst meine Not,
Da geht es über meine Flaschen,
Mit Weinen von Burgund, die mir der Arzt verbot,
Muss ich die Kehlen ihrer Lober waschen.
Mein schwer verdienter Bissen Brot
Wird hungriger Schmarotzer Beute;
O diese leidige, vermaledeite
Unsterblichkeit ist meines Nierensteiners Tod!
Den Wurm an alle Finger, welche drucken!
Was, meinst du, sei mein Dank? Ein Achselzucken,
Ein Mienenspiel, ein ungeschliffenes Beklagen;
Errätst dus nicht? O ich verstehs genau!
Dass diesen Brillant von einer Frau
Ein solcher Pavian davongetragen.

Der Frühling kommt. Auf Wiesen und auf Feldern
Streut die Natur den bunten Teppich hin,
Die Blumen kleiden sich in angenehmes Grün,
Die Lerche singt, es lebt in allen Wäldern.

– Ihr ist der Frühling wonneleer.
Die Sängerin der süßesten Gefühle,
Der schöne Hain, der Zeuge unsrer Spiele,
Sagt ihrem Herzen jetzt nichts mehr.
Die Nachtigallen haben nicht gelesen,
Die Lilien bewundern nicht.
Der allgemeine Jubelruf der Wesen
Begeistert sie – zu einem Sinngedicht.
Doch nein! Die Jahrszeit ist so schön – zum Reisen.
Wie drängend voll mags jetzt in Pyrmont sein!
Auch hört man überall das Karlsbad preisen.
Husch ist sie dort – in jenem ehrenvollen Reihn,
Wo Griechen, untermischt mit Weisen,
Zelebritäten aller Art,
Vertraulich wie in Charons Kahn gepaart,
An einem Tisch zusammen speisen,
Wo, eingeschickt von fernen Meilen,
Zerrissne Tugenden von ihren Wunden heilen,
Noch andre – sie mit Würde zu bestehn!
Um die Versuchung lüstern flehn –
Dort, Freund – o lerne dein Verhängnis preisen!
Dort wandelt meine Frau und lässt mir sieben Waisen.

O meiner Liebe erstes Flitterjahr!
Wie schnell – ach wie so schnell bist du entflogen!
Ein Weib, wie keines ist, und keines war,
Mir von des Reizes Göttinnen erzogen,
Mit hellem Geist, mit aufgetanem Sinn
Und weichen leicht beweglichen Gefühlen,
So sah ich sie, die Herzenfesslerin,
Gleich einem Maitag mir zur Seite spielen.
Das süße Wort: Ich liebe dich!
Sprach aus dem holden Augenpaare.
So führt ich sie zum Traualtare,
O wer war glücklicher als ich!
Ein Blütenfeld beneidenswerter Jahre
Sah lachend mich aus diesem Spiegel an.
Mein Himmel war mir aufgetan.
Schon sah ich schöne Kinder um mich scherzen,
In ihrem Kreis die Schönste sie,
Die Glücklichste von allen sie,
Und mein, durch Seelenharmonie,
Durch ewig festen Bund der Herzen.
Und nun erscheint – o mög ihn Gott verdammen!

Ein großer Mann – ein schöner Geist.
Der große Mann tut eine Tat! – und reißt
Mein Kartenhaus von Himmelreich zusammen.

Wen hab ich nun? – Beweinenswerter Tausch!
Erwacht aus diesem Wonnerausch,
Was ist von diesem Engel mir geblieben?
Ein starker Geist in einem zarten Leib,
Ein Zwitter zwischen Mann und Weib,
Gleich ungeschickt zum Herrschen und zum Lieben.
Ein Kind mit eines Riesen Waffen,
Ein Mittelding von Weisen und von Affen!
Um kümmerlich dem stärkern nachzukriechen,
Dem schöneren Geschlecht entflohn,
Herabgestürzt von einem Thron,
Des Reizes heiligen Mysterien entwichen,
Aus Cythereas goldnem Buch gestrichen
Für – einer Zeitung Gnadenlohn.

Die Künstler

Wie schön, o Mensch, mit deinem Palmenzweige
Stehst du an des Jahrhunderts Neige,
In edler stolzer Männlichkeit,
Mit aufgeschlossnem Sinn, mit Geistesfülle,
Voll milden Ernsts, in tatenreicher Stille,
Der reifste Sohn der Zeit,
Frei durch Vernunft, stark durch Gesetze,
Durch Sanftmut groß, und reich durch Schätze,
Die lange Zeit dein Busen dir verschwieg,
Herr der Natur, die deine Fesseln liebet,
Die deine Kraft in tausend Kämpfen übet
Und prangend unter dir aus der Verwildrung stieg!

Berauscht von dem errungnen Sieg,
Verlerne nicht, die Hand zu preisen,
Die an des Lebens ödem Strand
Den weinenden verlassnen Waisen,
Des wilden Zufalls Beute, fand,
Die frühe schon der künftgen Geisterwürde
Dein junges Herz im Stillen zugekehrt,
Und die befleckende Begierde
Von deinem zarten Busen abgewehrt,
Die Gütige, die deine Jugend
In hohen Pflichten spielend unterwies,

Und das Geheimnis der erhabnen Tugend
In leichten Rätseln dich erraten ließ,
Die, reifer nur ihn wieder zu empfangen,
In fremde Arme ihren Liebling gab,
O falle nicht mit ausgeartetem Verlangen
Zu ihren niedern Dienerinnen ab!
Im Fleiß kann dich die Biene meistern,
In der Geschicklichkeit ein Wurm dein Lehrer sein,
Dein Wissen teilest du mit vorgezognen Geistern,
Die Kunst, o Mensch, hast du allein.

Nur durch das Morgentor des Schönen
Drangst du in der Erkenntnis Land.
An höhern Glanz sich zu gewöhnen,
Übt sich am Reize der Verstand.
Was bei dem Saitenklang der Musen
Mit süßem Beben dich durchdrang,
Erzog die Kraft in deinem Busen,
Die sich dereinst zum Weltgeist schwang.

Was erst, nachdem Jahrtausende verflossen,
Die alternde Vernunft erfand,
Lag im Symbol des Schönen und des Großen
Voraus geoffenbart dem kindischen Verstand.
Ihr holdes Bild hieß uns die Tugend lieben,
Ein zarter Sinn hat vor dem Laster sich gesträubt,
Eh noch ein Solon das Gesetz geschrieben,
Das matte Blüten langsam treibt.
Eh vor des Denkers Geist der kühne
Begriff des ewgen Raumes stand,
Wer sah hinauf zur Sternenbühne,
Der ihn nicht ahndend schon empfand?

Die, eine Glorie von Orionen
Ums Angesicht, in hehrer Majestät,
Nur angeschaut von reineren Dämonen,
Verzehrend über Sternen geht,
Geflohn auf ihrem Sonnenthrone,
Die furchtbar herrliche Urania,
Mit abgelegter Feuerkrone
Steht sie – als Schönheit vor uns da.
Der Anmut Gürtel umgewunden,
Wird sie zum Kind, dass Kinder sie verstehn:
Was wir als Schönheit hier empfunden,
Wird einst als Wahrheit uns entgegengehn.

Als der Erschaffende von seinem Angesichte
Den Menschen in die Sterblichkeit verwies
Und eine späte Wiederkehr zum Lichte
Auf schwerem Sinnenpfad ihn finden hieß,
Als alle Himmlischen ihr Antlitz von ihm wandten,
Schloss sie, die Menschliche, allein
Mit dem verlassenen Verbannten
Großmütig in die Sterblichkeit sich ein.
Hier schwebt sie, mit gesenktem Fluge,
Um ihren Liebling, nah am Sinnenland,
Und malt mit lieblichem Betruge
Elysium auf seine Kerkerwand.

Als in den weichen Armen dieser Amme
Die zarte Menschheit noch geruht,
Da schürte heilge Mordsucht keine Flamme,
Da rauchte kein unschuldig Blut.
Das Herz, das sie an sanften Banden lenket,
Verschmäht der Pflichten knechtisches Geleit;
Ihr Lichtpfad, schöner nur geschlungen, senket
Sich in die Sonnenbahn der Sittlichkeit.
Die ihrem keuschen Dienste leben,
Versucht kein niedrer Trieb, bleicht kein Geschick;
Wie unter heilige Gewalt gegeben
Empfangen sie das reine Geisterleben,
Der Freiheit süßes Recht, zurück.

Glückselige, die sie – aus Millionen
Die reinsten – ihrem Dienst geweiht,
In deren Brust sie würdigte zu thronen,
Durch deren Mund die Mächtige gebeut,
Die sie auf ewig flammenden Altären
Erkor, das heilge Feuer ihr zu nähren,
Vor deren Aug allein sie hüllenlos erscheint,
Die sie in sanftem Bund um sich vereint!
Freut euch der ehrenvollen Stufe,
Worauf die hohe Ordnung euch gestellt:
In die erhabne Geisterwelt
Wart ihr der Menschheit erste Stufe.

Eh ihr das Gleichmaß in die Welt gebracht,
Dem alle Wesen freudig dienen –
Ein unermessner Bau, im schwarzen Flor der Nacht
Nächst um ihn her mit mattem Strahle nur beschienen,
Ein streitendes Gestaltenheer,
Die seinen Sinn in Sklavenbanden hielten

Und ungesellig, rau wie er,
Mit tausend Kräften auf ihn zielten,
– So stand die Schöpfung vor dem Wilden.
Durch der Begierde blinde Fessel nur
An die Erscheinungen gebunden,
Entfloh ihm, ungenossen, unempfunden,
Die schöne Seele der Natur.

Und wie sie fliehend jetzt vorüber fuhr,
Ergriffet ihr die nachbarlichen Schatten
Mit zartem Sinn, mit stiller Hand,
Und lerntet in harmonschem Band
Gesellig sie zusammengatten.
Leichtschwebend fühlte sich der Blick
Vom schlanken Wuchs der Zeder aufgezogen;
Gefällig strahlte der Kristall der Wogen
Die hüpfende Gestalt zurück.
Wie konntet ihr des schönen Winks verfehlen,
Womit euch die Natur hilfreich entgegen kam?
Die Kunst, den Schatten ihr nachahmend abzustehlen,
Wies euch das Bild, das auf der Woge schwamm.
Von ihrem Wesen abgeschieden,
Ihr eignes liebliches Phantom,
Warf sie sich in den Silberstrom,
Sich ihrem Räuber anzubieten.
Die schöne Bildkraft ward in eurem Busen wach.
Zu edel schon, nicht müßig zu empfangen,
Schuft ihr im Sand – im Ton den holden Schatten nach,
Im Umriss ward sein Dasein aufgefangen.
Lebendig regte sich des Wirkens süße Lust –
Die erste Schöpfung trat aus eurer Brust.

Von der Betrachtung angehalten,
Von eurem Späheraug umstrickt,
Verrieten die vertraulichen Gestalten
Den Talisman, wodurch sie euch entzückt.
Die wunderwirkenden Gesetze,
Des Reizes ausgeforschte Schätze
Verknüpfte der erfindende Verstand
In leichtem Bund in Werken eurer Hand.
Der Obeliske stieg, die Pyramide,
Die Herme stand, die Säule sprang empor,
Des Waldes Melodie floss aus dem Haberrohr,
Und Siegestaten lebten in dem Liede.

Die Auswahl einer Blumenflur,

Mit weiser Wahl in einen Strauß gebunden,
So trat die erste Kunst aus der Natur;
Jetzt wurden Sträuße schon in einen Kranz gewunden,
Und eine zweite höhre Kunst erstand
Aus Schöpfungen der Menschenhand.
Das Kind der Schönheit, sich allein genug,
Vollendet schon aus eurer Hand gegangen,
Verliert die Krone, die es trug,
Sobald es Wirklichkeit empfangen.
Die Säule muss, dem Gleichmaß untertan,
An ihre Schwestern nachbarlich sich schließen,
Der Held im Heldenheer zerfließen,
Des Mäoniden Harfe stimmt voran.

Bald drängten sich die staunenden Barbaren
Zu diesen neuen Schöpfungen heran.
Seht, riefen die erfreuten Scharen,
Seht an, das hat der Mensch getan!
In lustigen, geselligeren Paaren
Riss sie des Sängers Leier nach,
Der von Titanen sang und Riesenschlachten,
Und Löwentötern, die, so lang der Sänger sprach,
Aus seinen Hörern Helden machten.
Zum erstenmal genießt der Geist,
Erquickt von ruhigeren Freuden,
Die aus der Ferne nur ihn weiden,
Die seine Gier nicht in sein Wesen reißt,
Die im Genusse nicht verscheiden.

Jetzt wand sich von dem Sinnenschlafe
Die freie schöne Seele los,
Durch euch entfesselt, sprang der Sklave
Der Sorge in der Freude Schoß.
Jetzt fiel der Tierheit dumpfe Schranke,
Und Menschheit trat auf die entwölkte Stirn,
Und der erhabne Fremdling, der Gedanke
Sprang aus dem staunenden Gehirn.
Jetzt stand der Mensch, und wies den Sternen
Das königliche Angesicht,
Schon dankte in erhabnen Fernen
Sein sprechend Aug dem Sonnenlicht.
Das Lächeln blühte auf der Wange,
Der Stimme seelenvolles Spiel
Entfaltete sich zum Gesange,
Im feuchten Auge schwamm Gefühl,

Und Scherz mit Huld in anmutsvollem Bunde
Entquollen dem beseelten Munde.

Begraben in des Wurmes Triebe,
Umschlungen von des Sinnes Lust,
Erkanntet ihr in seiner Brust
Den edlen Keim der Geisterliebe.
Dass von des Sinnes niederm Triebe
Der Liebe bessrer Keim sich schied,
Dankt er dem ersten Hirtenlied.
Geadelt zur Gedankenwürde,
Floss die verschämtere Begierde
Melodisch aus des Sängers Mund.
Sanft glühten die betauten Wangen,
Das überlebende Verlangen
Verkündigte der Seelen Bund.

Der Weisen Weisestes, der Milden Milde,
Der Starken Kraft, der Edeln Grazie,
Vermähltet ihr in einem Bilde
Und stelltet es in eine Glorie.
Der Mensch erbebte vor dem Unbekannten,
Er liebte seinen Widerschein;
Und herrliche Heroen brannten,
Dem großen Wesen gleich zu sein.
Den ersten Klang vom Urbild alles Schönen,
Ihr ließet ihn in der Natur ertönen.

Der Leidenschaften wilden Drang
Des Glückes regellose Spiele,
Der Pflichten und Instinkte Zwang
Stellt ihr mit prüfendem Gefühle,
Mit strengem Richtscheit nach dem Ziele.
Was die Natur auf ihrem großen Gange
In weiten Fernen auseinander zieht,
Wird auf dem Schauplatz, im Gesange
Der Ordnung leicht gefasstes Glied.
Vom Eumenidenchor geschrecket,
Zieht sich der Mord, auch nie entdecket,
Das Los des Todes aus dem Lied.
Lang, eh die Weisen ihren Ausspruch wagen,
Löst eine Ilias des Schicksals Rätselfragen
Der jugendlichen Vorwelt auf;
Still wandelte von Thespis' Wagen
Die Vorsicht in den Weltenlauf.

Doch in den großen Weltenlauf
Ward euer Ebenmaß zu früh getragen.
Als des Geschickes dunkle Hand,
Was sie vor eurem Auge schnürte,
Vor eurem Aug nicht auseinanderband,
Das Leben in die Tiefe schwand,
Eh es den schönen Kreis vollführte –
Da führtet ihr aus kühner Eigenmacht
Den Bogen weiter durch der Zukunft Nacht;
Da stürztet ihr euch ohne Beben
In des Avernus schwarzen Ozean
Und trafet das entflohne Leben
Jenseits der Urne wieder an:
Da zeigte sich mit umgestürztem Lichte,
An Kastor angelehnt, ein blühend Polluxbild:
Der Schatten in des Mondes Angesichte,
Eh sich der schöne Silberkreis erfüllt.

Doch höher stets, zu immer höhern Höhen
Schwang sich der schaffende Genie.
Schon sieht man Schöpfungen aus Schöpfungen erstehen,
Aus Harmonien Harmonie.
Was hier allein das trunkne Aug entzückt,
Dient unterwürfig dort der höhern Schöne;
Der Reiz, der diese Nymphe schmückt,
Schmilzt sanft in eine göttliche Athene:
Die Kraft, die in des Ringers Muskel schwillt,
Muss in des Gottes Schönheit lieblich schweigen;
Das Staunen seiner Zeit, das stolze Jovisbild,
Im Tempel zu Olympia sich neigen.

Die Welt, verwandelt durch den Fleiß,
Das Menschenherz, bewegt von neuen Trieben,
Die sich in heißen Kämpfen üben,
Erweitern euren Schöpfungskreis.
Der fortgeschrittne Mensch trägt auf erhobnen Schwingen
Dankbar die Kunst mit sich empor,
Und neue Schönheitswelten springen
Aus der bereicherten Natur hervor.
Des Wissens Schranken gehen auf,
Der Geist, in euren leichten Siegen
Geübt, mit schnell gezeitigtem Vergnügen
Ein künstlich All von Reizen zu durcheilen,
Stellt der Natur entlegenere Säulen,
Ereilet sie auf ihrem dunkeln Lauf.

Jetzt wägt er sie mit menschlichen Gewichten,
Misst sie mit Maßen, die sie ihm geliehn;
Verständlicher in seiner Schönheit Pflichten,
Muss sie an seinem Aug vorüberziehn.
In selbstgefällger jugendlicher Freude
Leiht er den Sphären seine Harmonie,
Und preiset er das Weltgebäude,
So prangt es durch die Symmetrie.

In allem, was ihn jetzt umlebet,
Spricht ihn das holde Gleichmaß an.
Der Schönheit goldner Gürtel webet
Sich mild in seine Lebensbahn;
Die selige Vollendung schwebet
In euren Werken siegend ihm voran.
Wohin die laute Freude eilet,
Wohin der stille Kummer flieht,
Wo die Betrachtung denkend weilet,
Wo er des Elends Tränen sieht,
Wo tausend Schrecken auf ihn zielen,
Folgt ihm ein Harmonienbach,
Sieht er die Huldgöttinnen spielen
Und ringt in still verfeinerten Gefühlen
Der lieblichen Begleitung nach.
Sanft, wie des Reizes Linien sich winden,
Wie die Erscheinungen um ihn
In weichem Umriss ineinander schwinden,
Flieht seines Lebens leichter Hauch dahin.
Sein Geist zerrinnt im Harmonienmeere,
Das seine Sinne wollustreich umfließt,
Und der hinschmelzende Gedanke schließt
Sich still an die allgegenwärtige Cythere.
Mit dem Geschick in hoher Einigkeit,
Gelassen hingestützt auf Grazien und Musen,
Empfängt er das Geschoss, das ihn bedräut,
Mit freundlich dargebotnem Busen
Vom sanften Bogen der Notwendigkeit.

Vertraute Lieblinge der selgen Harmonie,
Erfreuende Begleiter durch das Leben,
Das Edelste, das Teuerste, was sie,
Die Leben gab, zum Leben uns gegeben!
Dass der entjochte Mensch jetzt seine Pflichten denkt,
Die Fessel liebet, die ihn lenkt,
Kein Zufall mehr mit ehrnem Zepter ihm gebeut,

Dies dankt euch – eure Ewigkeit,
Und ein erhabner Lohn in eurem Herzen.
Dass um den Kelch, worin uns Freiheit rinnt,
Der Freude Götter lustig scherzen,
Der holde Traum sich lieblich spinnt,
Dafür seid liebevoll umfangen!

Dem prangenden, dem heitern Geist,
Der die Notwendigkeit mit Grazie umzogen,
Der seinen Äther, seinen Sternenbogen
Mit Anmut uns bedienen heißt,
Der, wo er schreckt, noch durch Erhabenheit entzücket,
Und zum Verheeren selbst sich schmücket,
Dem großen Künstler ahmt ihr nach.
Wie auf dem spiegelhellen Bach
Die bunten Ufer tanzend schweben,
Das Abendrot, das Blütenfeld,
So schimmert auf dem dürftgen Leben
Der Dichtung muntre Schattenwelt.
Ihr führet uns im Brautgewande
Die fürchterliche Unbekannte,
Die unerweichte Parze vor.
Wie eure Urnen die Gebeine,
Deckt ihr mit holdem Zauberscheine
Der Sorgen schauervollen Chor.
Jahrtausende hab ich durcheilet,
Der Vorwelt unabsehlich Reich:
Wie lacht die Menschheit, wo ihr weilet,
Wie traurig liegt sie hinter euch!

Die einst mit flüchtigem Gefieder
Voll Kraft aus euren Schöpferhänden stieg,
In eurem Arm fand sie sich wieder,
Als durch der Zeiten stillen Sieg
Des Lebens Blüte von der Wange,
Die Stärke von den Gliedern wich
Und traurig, mit entnervtem Gange,
Der Greis an seinem Stabe schlich.
Da reichtet ihr aus frischer Quelle
Dem Lechzenden die Lebenswelle.
Zweimal verjüngte sich die Zeit,
Zweimal von Samen, die ihr ausgestreut.

Vertrieben von Barbarenheeren,
Entrisset ihr den letzten Opferbrand
Des Orients entheiligten Altären

Und brachtet ihn dem Abendland.
Da stieg der schöne Flüchtling aus dem Osten,
Der junge Tag, im Westen neu empor,
Und auf Hesperiens Gefilden sprossten
Verjüngte Blüten Joniens hervor.
Die schönere Natur warf in die Seelen
Sanft spiegelnd einen schönen Widerschein,
Und prangend zog in die geschmückten Seelen
Des Lichtes große Göttin ein.
Da sah man Millionen Ketten fallen,
Und über Sklaven sprach jetzt Menschenrecht,
Wie Brüder friedlich miteinander wallen,
So mild erwuchs das jüngere Geschlecht.
Mit innrer hoher Freudenfülle
Genießt ihr das gegebne Glück
Und tretet in der Demut Hülle
Mit schweigendem Verdienst zurück.

Wenn auf des Denkens freigegebnen Bahnen
Der Forscher jetzt mit kühnem Glücke schweift
Und, trunken von siegrufenden Päanen,
Mit rascher Hand schon nach der Krone greift;
Wenn er mit niederm Söldnerslohne
Den edeln Führer zu entlassen glaubt,
Und neben dem geträumten Throne
Der Kunst den ersten Sklavenplatz erlaubt:
Verzeiht ihm – der Vollendung Krone
Schwebt glänzend über eurem Haupt.
Mit euch, des Frühlings erster Pflanze,
Begann die seelenbildende Natur,
Mit euch, dem freudgen Erntekranze,
Schließt die vollendende Natur.

Die von dem Ton, dem Stein bescheiden aufgestiegen,
Die schöpferische Kunst, umschließt mit stillen Siegen
Des Geistes unermessnes Reich;
Was in des Wissens Land Entdecker nur ersiegen,
Entdecken sie, ersiegen sie für euch.
Der Schätze, die der Denker aufgehäufet,
Wird er in euren Armen erst sich freun,
Wenn seine Wissenschaft, der Schönheit zugereifet,
Zum Kunstwerk wird geadelt sein –
Wenn er auf einen Hügel mit euch steiget,
Und seinem Auge sich, in mildem Abendschein,
Das malerische Tal – auf einmal zeiget.

Je reicher ihr den schnellen Blick vergnüget,
Je höhre, schönre Ordnungen der Geist
In einem Zauberbund durchflieget,
In einem schwelgenden Genuss umkreist;
Je weiter sich Gedanken und Gefühle
Dem üppigeren Harmonienspiele,
Dem reichern Strom der Schönheit aufgetan –
Je schönre Glieder aus dem Weltenplan,
Die jetzt verstümmelt seine Schöpfung schänden,
Sieht er die hohen Formen dann vollenden,
Je schönre Rätsel treten aus der Nacht,
Je reicher wird die Welt, die *er* umschließet,
Je breiter strömt das Meer, mit dem er fließet,
Je schwächer wird des Schicksals blinde Macht,
Je höher streben seine Triebe,
Je kleiner wird er selbst, je größer seine Liebe.

So führt ihn, in verborgnem Lauf,
Durch immer reinre Formen, reinre Töne,
Durch immer höhre Höhn und immer schönre Schöne
Der Dichtung Blumenleiter still hinauf –
Zuletzt, am reifen Ziel der Zeiten,
Noch eine glückliche Begeisterung,
Des jüngsten Menschenalters Dichterschwung,
Und – in der Wahrheit Arme wird er gleiten.

Sie selbst, die sanfte Cypria,
Umleuchtet von der Feuerkrone
Steht dann vor ihrem mündgen Sohne
Entschleiert – als Urania;
So schneller nur von ihm erhaschet,
Je schöner er von ihr geflohn!
So süß, so selig überraschet
Stand einst Ulyssens edler Sohn,
Da seiner Jugend himmlischer Gefährte
Zu Jovis Tochter sich verklärte.

Der Menschheit Würde ist in eure Hand gegeben,
Bewahret sie!
Sie sinkt mit euch! Mit euch wird sie sich heben!
Der Dichtung heilige Magie
Dient einem weisen Weltenplane,
Still lenke sie zum Ozeane
Der großen Harmonie!

Von ihrer Zeit verstoßen, flüchte

Die ernste Wahrheit zum Gedichte
Und finde Schutz in der Kamönen Chor.
In ihres Glanzes höchster Fülle,
Furchtbarer in des Reizes Hülle,
Erstehe sie in dem Gesange
Und räche sich mit Siegesklange
An des Verfolgers feigem Ohr.

Der freisten Mutter freie Söhne,
Schwingt euch mit festem Angesicht
Zum Strahlensitz der höchsten Schöne,
Um andre Kronen buhlet nicht.
Die Schwester, die euch hier verschwunden,
Holt ihr im Schoß der Mutter ein;
Was schöne Seelen schön empfunden,
Muss trefflich und vollkommen sein.
Erhebet euch mit kühnem Flügel
Hoch über euren Zeitenlauf;
Fern dämmre schon in euerm Spiegel
Das kommende Jahrhundert auf.
Auf tausendfach verschlungnen Wegen
Der reichen Mannigfaltigkeit
Kommt dann umarmend euch entgegen
Am Thron der hohen Einigkeit.
Wie sich in sieben milden Strahlen
Der weiße Schimmer lieblich bricht,
Wie sieben Regenbogenstrahlen
Zerrinnen in das weiße Licht:
So spielt in tausendfacher Klarheit
Bezaubernd um den trunknen Blick,
So fließt in einen Bund der Wahrheit,
In einen Strom des Lichts zurück!

Das Ideal und das Leben

Ewigklar und spiegelrein und eben
Fließt das zephirleichte Leben
Im Olymp den Seligen dahin.
Monde wechseln und Geschlechter fliehen,
Ihrer Götterjugend Rosen blühen
Wandellos im ewigen Ruin.
Zwischen Sinnenglück und Seelenfrieden
Bleibt dem Menschen nur die bange Wahl;
Auf der Stirn des hohen Uraniden

Leuchtet ihr vermählter Strahl.

Wollt ihr schon auf Erden Göttern gleichen,
Frei sein in des Todes Reichen,
Brechet nicht von seines Gartens Frucht.
An dem Scheine mag der Blick sich weiden,
Des Genusses wandelbare Freuden
Rächet schleunig der Begierde Flucht.
Selbst der Styx, der neunfach sie umwindet,
Wehrt die Rückkehr Ceres' Tochter nicht,
Nach dem Apfel greift sie, und es bindet
Ewig sie des Orkus Pflicht.

Nur der Körper eignet jenen Mächten,
Die das dunkle Schicksal flechten,
Aber frei von jeder Zeitgewalt,
Die Gespielin seliger Naturen
Wandelt oben in des Lichtes Fluren,
Göttlich unter Göttern, die Gestalt.
Wollt ihr hoch auf ihren Flügeln schweben,
Werft die Angst des Irdischen von euch.
Fliehet aus dem engen, dumpfen Leben
In des Ideales Reich!

Jugendlich, von allen Erdenmalen
Frei, in der Vollendung Strahlen
Schwebet hier der Menschheit Götterbild,
Wie des Lebens schweigende Phantome
Glänzend wandeln an dem stygschen Strome,
Wie sie stand im himmlischen Gefild,
Ehe noch zum traurgen Sarkophage
Die Unsterbliche herunterstieg.
Wenn im Leben noch des Kampfes Waage
Schwankt, erscheinet hier der Sieg.

Nicht vom Kampf die Glieder zu entstricken,
Den Erschöpften zu erquicken,
Wehet hier des Sieges duftger Kranz.
Mächtig, selbst wenn eure Sehnen ruhten,
Reißt das Leben euch in seine Fluten,
Euch die Zeit in ihren Wirbeltanz.
Aber sinkt des Mutes kühner Flügel
Bei der Schranken peinlichem Gefühl,
Dann erblicket von der Schönheit Hügel
Freudig das erflogne Ziel.

Wenn es gilt, zu herrschen und zu schirmen,

Kämpfer gegen Kämpfer stürmen
Auf des Glückes, auf des Ruhmes Bahn,
Da mag Kühnheit sich an Kraft zerschlagen,
Und mit krachendem Getös die Wagen
Sich vermengen auf bestäubtem Plan.
Mut allein kann hier den Dank erringen,
Der am Ziel des Hippodromes winkt,
Nur der Starke wird das Schicksal zwingen,
Wenn der Schwächling untersinkt.

Aber der, von Klippen eingeschlossen,
Wild und schäumend sich ergossen,
Sanft und eben rinnt des Lebens Fluss
Durch der Schönheit stille Schattenlande,
Und auf seiner Wellen Silberrande
Malt Aurora sich und Hesperus.
Aufgelöst in zarter Wechselliebe,
In der Anmut freiem Bund vereint,
Ruhen hier die ausgesöhnten Triebe,
Und verschwunden ist der Feind.

Wenn, das Tote bildend zu beseelen,
Mit dem Stoff sich zu vermählen,
Tatenvoll der Genius entbrennt,
Da, da spanne sich des Fleißes Nerve,
Und beharrlich ringend unterwerfe
Der Gedanke sich das Element.
Nur dem Ernst, den keine Mühe bleichet,
Rauscht der Wahrheit tief versteckter Born,
Nur des Meißels schwerem Schlag erweichet
Sich des Marmors sprödes Korn.

Aber dringt bis in der Schönheit Sphäre,
Und im Staube bleibt die Schwere
Mit dem Stoff, den sie beherrscht, zurück.
Nicht der Masse qualvoll abgerungen,
Schlank und leicht, wie aus dem Nichts gesprungen,
Steht das Bild vor dem entzückten Blick.
Alle Zweifel, alle Kämpfe schweigen
In des Sieges hoher Sicherheit,
Ausgestoßen hat es jeden Zeugen
Menschlicher Bedürftigkeit.

Wenn ihr in der Menschheit trauger Blöße
Steht vor des Gesetzes Größe,
Wenn dem Heiligen die Schuld sich naht,

Da erblasse vor der Wahrheit Strahle
Eure Tugend, vor dem Ideale
Fliehe mutlos die beschämte Tat.
Kein Erschaffner hat dies Ziel erflogen,
Über diesen grauenvollen Schlund
Trägt kein Nachen, keiner Brücke Bogen,
Und kein Anker findet Grund.

Aber flüchtet aus der Sinne Schranken
In die Freiheit der Gedanken,
Und die Furchterscheinung ist entflohn,
Und der ewge Abgrund wird sich füllen;
Nehmt die Gottheit auf in euren Willen,
Und sie steigt von ihrem Weltenthron.
Des Gesetzes strenge Fessel bindet
Nur den Sklavensinn, der es verschmäht,
Mit des Menschen Widerstand verschwindet
Auch des Gottes Majestät.

Wenn der Menschheit Leiden euch umfangen,
Wenn Laokoon der Schlangen
Sich erwehrt mit namenlosem Schmerz,
Da empöre sich der Mensch! Es schlage
An des Himmels Wölbung seine Klage
Und zerreiße euer fühlend Herz!
Der Natur furchtbare Stimme siege,
Und der Freude Wange werde bleich,
Und der heilgen Sympathie erliege
Das Unsterbliche in euch!

Aber in den heitern Regionen,
Wo die reinen Formen wohnen,
Rauscht des Jammers trüber Sturm nicht mehr.
Hier darf Schmerz die Seele nicht durchschneiden,
Keine Träne fließt hier mehr dem Leiden,
Nur des Geistes tapfrer Gegenwehr.
Lieblich, wie der Iris Farbenfeuer
Auf der Donnerwolke duftgem Tau,
Schimmert durch der Wehmut düstern Schleier
Hier der Ruhe heitres Blau.

Tief erniedrigt zu des Feigen Knechte,
Ging in ewigem Gefechte
Einst Alcid des Lebens schwere Bahn,
Rang mit Hydern und umarmt' den Leuen,
Stürzte sich, die Freunde zu befreien,

Lebend in des Totenschiffers Kahn.
Alle Plagen, alle Erdenlasten
Wälzt der unversöhnten Göttin List
Auf die willgen Schultern des Verhassten,
Bis sein Lauf geendigt ist –

Bis der Gott, des Irdischen entkleidet,
Flammend sich vom Menschen scheidet
Und des Äthers leichte Lüfte trinkt.
Froh des neuen, ungewohnten Schwebens,
Fließt er aufwärts, und des Erdenlebens
Schweres Traumbild sinkt und sinkt und sinkt.
Des Olympus Harmonien empfangen
Den Verklärten in Kronions Saal,
Und die Göttin mit den Rosenwangen
»Reicht ihm lächelnd den Pokal.«

Der Genius

»Glaub ich«, sprichst du, »dem Wort, das der Weisheit Meister mich lehren,
Das der Lehrlinge Schar sicher und fertig beschwört?
Kann die Wissenschaft nur zum wahren Frieden mich führen,
Nur des Systemes Gebälk stützen das Glück und das Recht?
Muss ich dem Trieb misstraun, der leise mich warnt, dem Gesetze,
Das du selber, Natur, mir in den Busen geprägt,
Bis auf die ewige Schrift die Schul ihr Siegel gedrücket
Und der Formel Gefäß bindet den flüchtigen Geist?
Sage du mirs, du bist in diese Tiefen gestiegen,
Aus dem modrigten Grab kamst du erhalten zurück,
Dir ist bekannt, was die Gruft der dunklen Wörter bewahret,
Ob der Lebenden Trost dort bei den Mumien wohnt.
Muss ich ihn wandeln, den nächtlichen Weg? Mir graut, ich bekenn es!
Wandeln will ich ihn doch, führt er zu Wahrheit und Recht.«
Freund, du kennst doch die Goldene Zeit, es haben die Dichter
Manche Sage von ihr rührend und kindlich erzählt,
Jene Zeit, da das Heilige noch im Leben gewandelt,
Da jungfräulich und keusch noch das Gefühl sich bewahrt,
Da noch das große Gesetz, das oben im Sonnenlauf waltet
Und verborgen im Ei reget den hüpfenden Punkt,
Noch der Notwendigkeit stilles Gesetz, das stetige, gleiche,
Auch der menschlichen Brust freiere Wellen bewegt,
Da nicht irrend der Sinn und treu, wie der Zeiger am Uhrwerk,
Auf das Wahrhaftige nur, nur auf das Ewige wies?
Da war kein Profaner, kein Eingeweihter zu sehen,

Was man lebendig empfand, ward nicht bei Toten gesucht,
Gleich verständlich für jegliches Herz war die ewige Regel,
Gleich verborgen der Quell, dem sie belebend entfloss.
Aber die glückliche Zeit ist dahin! Vermessene Willkür
Hat der getreuen Natur göttlichen Frieden gestört.
Das entweihte Gefühl ist nicht mehr Stimme der Götter,
Und das Orakel verstummt in der entadelten Brust.
Nur in dem stilleren Selbst vernimmt es der horchende Geist noch,
Und den heiligen Sinn hütet das mystische Wort.
Hier beschwört es der Forscher, der reines Herzens hinabsteigt,
Und die verlorne Natur gibt ihm die Weisheit zurück.
Hast du, Glücklicher, nie den schützenden Engel verloren,
Nie des frommen Instinkts liebende Warnung verwirkt,
Malt in dem keuschen Auge noch treu und rein sich die Wahrheit,
Tönt ihr Rufen dir noch hell in der kindlichen Brust,
Schweigt noch in dem zufriednen Gemüt des Zweifels Empörung,
Wird sie, weißt dus gewiss, schweigen auf ewig wie heut,
Wird der Empfindungen Streit nie eines Richters bedürfen,
Nie den hellen Verstand trüben das tückische Herz –
O dann gehe du hin in deiner köstlichen Unschuld,
Dich kann die Wissenschaft nichts lehren. Sie lerne von dir!
Jenes Gesetz, das mit ehrnem Stab den Sträubenden lenket,
Dir nicht gilts. Was du tust, was dir gefällt, ist Gesetz,
Und an alle Geschlechter ergeht ein göttliches Machtwort,
Was du mit heiliger Hand bildest, mit heiligem Mund
Redest, wird den erstaunten Sinn allmächtig bewegen,
Du nur merkst nicht den Gott, der dir im Busen gebeut,
Nicht des Siegels Gewalt, das alle Geister dir beuget,
Einfach gehst du und still durch die eroberte Welt.

Das verschleierte Bild zu Sais

Ein Jüngling, den des Wissens heißer Durst
Nach Sais in Ägypten trieb, der Priester
Geheime Weisheit zu erlernen, hatte
Schon manchen Grad mit schnellem Geist durcheilt,
Stets riss ihn seine Forschbegierde weiter,
Und kaum besänftigte der Hierophant
Den ungeduldig Strebenden. »Was hab ich,
Wenn ich nicht alles habe?« sprach der Jüngling.
»Gibts etwa hier ein Weniger und Mehr?
Ist deine Wahrheit wie der Sinne Glück
Nur eine Summe, die man größer, kleiner
Besitzen kann und immer doch besitzt?

Ist sie nicht eine einzge, ungeteilte?
Nimm einen Ton aus einer Harmonie,
Nimm eine Farbe aus dem Regenbogen,
Und alles, was dir bleibt, ist nichts, solang
Das schöne All der Töne fehlt und Farben.«

Indem sie einst so sprachen, standen sie
In einer einsamen Rotonde still,
Wo ein verschleiert Bild von Riesengröße
Dem Jüngling in die Augen fiel. Verwundert
Blickt er den Führer an und spricht: »Was ists,
Das hinter diesem Schleier sich verbirgt?«
»Die Wahrheit«, ist die Antwort. – »Wie?« ruft jener,
»Nach Wahrheit streb ich ja allein, und diese
Gerade ist es, die man mir verhüllt?«

»Das mache mit der Gottheit aus«, versetzt
Der Hierophant. »Kein Sterblicher, sagt sie,
Rückt diesen Schleier, bis ich selbst ihn hebe.
Und wer mit ungeweihter, schuldger Hand
Den heiligen, verbotnen früher hebt,
Der, spricht die Gottheit –« –
»Nun?« – »Der sieht die Wahrheit.«

»Ein seltsamer Orakelspruch! Du selbst,
Du hättest also niemals ihn gehoben?«
»Ich? Wahrlich nicht! Und war auch nie dazu
Versucht.« – »Das fass ich nicht. Wenn von der Wahrheit
Nur diese dünne Scheidewand mich trennte –«
»Und ein Gesetz«, fällt ihm sein Führer ein.
»Gewichtiger, mein Sohn, als du es meinst,
Ist dieser dünne Flor – für deine Hand
Zwar leicht, doch zentnerschwer für dein Gewissen.«

Der Jüngling ging gedankenvoll nach Hause.
Ihm raubt des Wissens brennende Begier
Den Schlaf, er wälzt sich glühend auf dem Lager
Und rafft sich auf um Mitternacht. Zum Tempel
Führt unfreiwillig ihn der scheue Tritt.
Leicht ward es ihm, die Mauer zu ersteigen,
Und mitten in das Innre der Rotonde
Trägt ein beherzter Sprung den Wagenden.

Hier steht er nun, und grauenvoll umfängt
Den Einsamen die lebenlose Stille,
Die nur der Tritte hohler Widerhall
In den geheimen Grüften unterbricht.

Von oben durch der Kuppel Öffnung wirft
Der Mond den bleichen, silberblauen Schein,
Und furchtbar wie ein gegenwärtger Gott
Erglänzt durch des Gewölbes Finsternisse
In ihrem langen Schleier die Gestalt.

Er tritt hinan mit ungewissem Schritt,
Schon will die freche Hand das Heilige berühren,
Da zuckt es heiß und kühl durch sein Gebein
Und stößt ihn weg mit unsichtbarem Arme.
Unglücklicher, was willst du tun? So ruft
In seinem Innern eine treue Stimme.
Versuchen den Allheiligen willst du?
Kein Sterblicher, sprach des Orakels Mund,
Rückt diesen Schleier, bis ich selbst ihn hebe.
Doch setzte nicht derselbe Mund hinzu:
Wer diesen Schleier hebt, soll Wahrheit schauen?
»Sei hinter ihm, was will! Ich heb ihn auf.«
(Er rufts mit lauter Stimm.) »Ich will sie schauen.« Schauen!
Gellt ihm ein langes Echo spottend nach.

Er sprichts und hat den Schleier aufgedeckt.
Nun, fragt ihr, und was zeigte sich ihm hier?
Ich weiß es nicht. Besinnungslos und bleich,
So fanden ihn am andern Tag die Priester
Am Fußgestell der Isis ausgestreckt.
Was er allda gesehen und erfahren,
Hat seine Zunge nie bekannt. Auf ewig
War seines Lebens Heiterkeit dahin,
Ihn riss ein tiefer Gram zum frühen Grabe.
»Weh dem«, dies war sein warnungsvolles Wort,
Wenn ungestüme Frager in ihn drangen,
»Weh dem, der zu der Wahrheit geht durch Schuld,
Sie wird ihm nimmermehr erfreulich sein.«

Der philosophische Egoist

Hast du den Säugling gesehn, der, unbewusst noch der Liebe,
Die ihn wärmet und wiegt, schlafend von Arme zu Arm
Wandert, bis bei der Leidenschaft Ruf der Jüngling erwachet
Und des Bewusstseins Blitz dämmernd die Welt ihm erhellt?
Hast du die Mutter gesehn, wenn sie süßen Schlummer dem Liebling
Kauft mit dem eigenen Schlaf und für das Träumende sorgt,
Mit dem eigenen Leben ernährt die zitternde Flamme
Und mit der Sorge selbst sich für die Sorge belohnt?

Und du lästerst die große Natur, die, bald Kind und bald Mutter,
Jetzt empfänget, jetzt gibt, nur durch Bedürfnis besteht?
Selbstgenügsam willst du dem schönen Ring dich entziehen,
Der Geschöpf an Geschöpf reiht in vertraulichem Bund,
Willst, du Armer, stehen allein und allein durch dich selber,
Wenn durch der Kräfte Tausch selbst das Unendliche steht?

Die Antike an den nordischen Wanderer

Über Ströme hast du gesetzt und Meere durchschwommen,
Über der Alpen Gebirg trug dich der schwindligte Steg,
Mich in der Nähe zu schaun und meine Schöne zu preisen,
Die der begeisterte Ruf rühmt durch die staunende Welt;
Und nun stehst du vor mir, du darfst mich Heilge berühren,
Aber bist du mir jetzt näher, und bin ich es dir?

Deutsche Treue

Um den Szepter Germaniens stritt mit Ludwig dem Bayer
Friedrich aus Habsburgs Stamm, beide gerufen zum Thron;
Aber den Austrier führt, den Jüngling, das neidische Kriegsglück
In die Fesseln des Feinds, der ihn im Kampfe bezwingt.
Mit dem Throne kauft er sich los, sein Wort muss er geben,
Für den Sieger das Schwert gegen die Freunde zu ziehn;
Aber was er in Banden gelobt, kann er frei nicht erfüllen,
Siehe, da stellt er aufs Neu' willig den Banden sich dar.
Tief gerührt umhalst ihn der Feind, sie wechseln von nun an,
Wie der Freund mit dem Freund, traulich die Becher des Mahls,
Arm in Arm schlummern auf einem Lager die Fürsten,
Da noch blutiger Hass grimmig die Völker zerfleischt.
Gegen Friederichs Heer muss Ludwig ziehen. Zum Wächter
Bayerns lässt er den Feind, den er bestreitet, zurück.
»Wahrlich! So ists! Es ist wirklich so! Man hat mirs geschrieben.«
Rief der Pontifex aus, als er die Kunde vernahm.

Weisheit und Klugheit

Willst du, Freund, die erhabensten Höhn der Weisheit erfliegen,
Wag es auf die Gefahr, dass dich die Klugheit verlacht.
Die kurzsichtige sieht nur das Ufer, das dir zurückflieht,
Jenes nicht, wo dereinst landet dein mutiger Flug.

An einen Weltverbesserer

»Alles opfert' ich hin«, sprichst du, »der Menscheit zu helfen,
    Eitel war der Erfolg, Hass und Verfolgung der Lohn.« –
Soll ich dir sagen, Freund, wie ich mit Menschen es halte?
    Traue dem Spruche! noch nie hat mich der Führer getäuscht,
Von der Menschheit – du kannst von ihr nie groß genug denken,
    Wie du im Busen sie trägst, prägst du in Taten sie aus.
Auch dem Menschen, der dir im engen Leben begegnet,
    Reich ihm, wenn er sie mag, freundlich die helfende Hand.
Nur für Regen und Tau und fürs Wohl der Menschengeschlechter
    Lass du den Himmel, Freund, sorgen wie gestern so heut.

Das Höchste

Suchst du das Höchste, das Größte? Die Pflanze kann es dich lehren:
    Was sie willenlos ist, sei du es wollend – das ists!

Ilias

Immer zerreißet den Kranz des Homer und zählet die Väter
    Des vollendeten ewigen Werks!
Hat es doch eine Mutter nur und die Züge der Mutter,
    Deine unsterblichen Züge, Natur.

Unsterblichkeit

Vor dem Tod erschrickst du? Du wünschest, unsterblich zu leben?
    Leb im Ganzen! Wenn du lange dahin bist, es bleibt.

Der Spaziergang

Sei mir gegrüßt, mein Berg mit dem rötlich strahlenden Gipfel!
    Sei mir, Sonne, gegrüßt, die ihn so lieblich bescheint!
Dich auch grüß ich, belebte Flur, euch, säuselnde Linden,
    Und den fröhlichen Chor, der auf den Ästen sich wiegt,
Ruhige Bläue, dich auch, die unermesslich sich ausgießt
    Um das braune Gebirg, über den grünenden Wald,
Auch um mich, der endlich entflohn des Zimmers Gefängnis
    Und dem engen Gespräch freudig sich rettet zu dir.
Deiner Lüfte balsamischer Strom durchrinnt mich erquickend,
    Und den durstigen Blick labt das energische Licht.
Kräftig auf blühender Au erglänzen die wechselnden Farben,
    Aber der reizende Streit löset in Anmut sich auf.

Frei empfängt mich die Wiese mit weithin verbreitetem Teppich,
Durch ihr freundliches Grün schlingt sich der ländliche Pfad,
Um mich summt die geschäftige Bien, mit zweifelndem Flügel
Wiegt der Schmetterling sich über dem rötlichen Klee.
Glühend trifft mich der Sonne Pfeil, still liegen die Weste,
Nur der Lerche Gesang wirbelt in heiterer Luft.
Doch jetzt brausts aus dem nahen Gebüsch, tief neigen der Erlen
Kronen sich, und im Wind wogt das versilberte Gras.
Mich umfängt ambrosische Nacht; in duftende Kühlung
Nimmt ein prächtiges Dach schattender Buchen mich ein,
In des Waldes Geheimnis entflieht mir auf einmal die Landschaft,
Und ein schlängelnder Pfad leitet mich steigend empor.
Nur verstohlen durchdringt der Zweige laubigtes Gitter
Sparsames Licht, und es blickt lachend das Blaue herein.
Aber plötzlich zerreißt der Flor. Der geöffnete Wald gibt
Überraschend des Tags blendendem Glanz mich zurück.
Unabsehbar ergießt sich vor meinen Blicken die Ferne,
Und ein blaues Gebirg endigt im Dufte die Welt.
Tief an des Berges Fuß, der jählings unter mir abstürzt,
Wallet des grünlichten Stroms fließender Spiegel vorbei.
Endlos unter mir seh ich den Äther, über mir endlos,
Blicke mit Schwindeln hinauf, blicke mit Schaudern hinab.
Aber zwischen der ewigen Höh und der ewigen Tiefe
Trägt ein geländerter Steig sicher den Wandrer dahin.
Lachend fliehen an mir die reichen Ufer vorüber,
Und den fröhlichen Fleiß rühmet das prangende Tal.
Jene Linien, sieh! die des Landmanns Eigentum scheiden,
In den Teppich der Flur hat sie Demeter gewirkt.
Freundliche Schrift des Gesetzes, des menschenerhaltenden Gottes,
Seit aus der ehernen Welt fliehend die Liebe verschwand,
Aber in freieren Schlangen durchkreuzt die geregelten Felder,
Jetzt verschlungen vom Wald, jetzt an den Bergen hinauf
Klimmend, ein schimmernder Streif, die Länder verknüpfende Straße;
Auf dem ebenen Strom gleiten die Flöße dahin.
Vielfach ertönt der Herden Geläut im belebten Gefilde,
Und den Widerhall weckt einsam des Hirten Gesang.
Muntre Dörfer bekränzen den Strom, in Gebüschen verschwinden
Andre, vom Rücken des Bergs stürzen sie jäh dort herab.
Nachbarlich wohnet der Mensch noch mit dem Acker zusammen,
Seine Felder umruhn friedlich sein ländliches Dach, Traulich rankt sich die Reb
empor an dem niedrigen Fenster,
Einen umarmenden Zweig schlingt um die Hütte der Baum.
Glückliches Volk der Gefilde! noch nicht zur Freiheit erwachet,
Teilst du mit deiner Flur fröhlich das enge Gesetz.

Deine Wünsche beschränkt der Ernten ruhiger Kreislauf,
Wie dein Tagewerk, gleich, windet dein Leben sich ab!
Aber wer raubt mir auf einmal den lieblichen Anblick? Ein fremder
Geist verbreitet sich schnell über die fremdere Flur!
Spröde sondert sich ab, was kaum noch liebend sich mischte,
Und das Gleiche nur ists, was an das Gleiche sich reiht.
Stände seh ich gebildet, der Pappeln stolze Geschlechter
Ziehn in geordnetem Pomp vornehm und prächtig daher.
Regel wird alles, und alles wird Wahl und alles Bedeutung,
Dieses Dienergefolg meldet den Herrscher mir an.
Prangend verkündigen ihn von fern die beleuchteten Kuppeln,
Aus dem felsigten Kern hebt sich die türmende Stadt.
In die Wildnis hinaus sind des Waldes Faunen verstoßen,
Aber die Andacht leiht höheres Leben dem Stein.
Näher gerückt ist der Mensch an den Menschen. Enger wird um ihn,
Reger erwacht, es umwälzt rascher sich in ihm die Welt.
Sieh, da entbrennen in feurigem Kampf die eifernden Kräfte,
Großes wirket ihr Streit, Größeres wirket ihr Bund.
Tausend Hände belebt ein Geist, hoch schläget in tausend
Brüsten, von einem Gefühl glühend, ein einziges Herz,
Schlägt für das Vaterland und glüht für der Ahnen Gesetze,
Hier auf dem teuren Grund ruht ihr verehrtes Gebein.
Nieder steigen vom Himmel die seligen Götter und nehmen
In dem geweihten Bezirk festliche Wohnungen ein,
Herrliche Gaben bescherend erscheinen sie; Ceres vor allen
Bringet des Pfluges Geschenk, Hermes den Anker herbei,
Bacchus die Traube, Minerva des Ölbaums grünende Reiser,
Auch das kriegrische Ross führet Poseidon heran,
Mutter Cybele spannt an des Wagens Deichsel die Löwen,
In das gastliche Tor zieht sie als Bürgerin ein.
Heilige Steine! Aus euch ergossen sich Pflanzen der Menschheit,
Fernen Inseln des Meers sandtet ihr Sitten und Kunst,
Weise sprachen das Recht an diesen geselligen Toren,
Helden stürzten zum Kampf für die Penaten heraus.
Auf den Mauren erschienen, den Säugling im Arme, die Mütter,
Blickten dem Heerzug nach, bis ihn die Ferne verschlang.
Betend stürzten sie dann vor der Götter Altären sich nieder,
Flehten um Ruhm und Sieg, flehten um Rückkehr für euch.
Ehre ward euch und Sieg, doch der Ruhm nur kehrte zurücke,
Eurer Taten Verdienst meldet der rührende Stein:
»Wanderer, kommst du nach Sparta, verkündige dorten, du habest
Uns hier liegen gesehn, wie das Gesetz es befahl.«
Ruhet sanft, ihr Geliebten! Von eurem Blute begossen,
Grünet der Ölbaum, es keimt lustig die köstliche Saat.

Munter entbrennt, des Eigentums froh, das freie Gewerbe,
Aus dem Schilfe des Stroms winket der bläulichte Gott.
Zischend fliegt in den Baum die Axt, es erseufzt die Dryade,
Hoch von des Berges Haupt stürzt sich die donnernde Last.
Aus dem Felsbruch wiegt sich der Stein, vom Hebel beflügelt,
In der Gebirge Schlucht taucht sich der Bergmann hinab.
Mulcibers Amboss tönt von dem Takt geschwungener Hämmer,
Unter der nervigten Faust spritzen die Funken des Stahls.
Glänzend umwindet der goldene Lein die tanzende Spindel,
Durch die Saiten des Garns sauset das webende Schiff.
Fern auf der Reede ruft der Pilot, es warten die Flotten,
Die in der Fremdlinge Land tragen den heimischen Fleiß,
Andre ziehn frohlockend dort ein, mit den Gaben der Ferne,
Hoch von dem ragenden Mast wehet der festliche Kranz.
Siehe, da wimmeln die Märkte, der Kran von fröhlichem Leben,
Seltsamer Sprachen Gewirr braust in das wundernde Ohr.
Auf den Stapel schüttet die Ernten der Erde der Kaufmann,
Was dem glühenden Strahl Afrikas Boden gebiert,
Was Arabien kocht, was die äußerste Thule bereitet,
Hoch mit erfreuendem Gut füllt Amalthea das Horn.
Da gebieret das Glück dem Talente die göttlichen Kinder,
Von der Freiheit gesäugt, wachsen die Künste der Lust.
Mit nachahmendem Leben erfreuet der Bildner die Augen,
Und vom Meißel beseelt, redet der fühlende Stein,
Künstliche Himmel ruhn auf schlanken ionischen Säulen,
Und den ganzen Olymp schließet ein Pantheon ein.
Leicht wie der Iris Sprung durch die Luft, wie der Pfeil von der Senne,
Hüpfet der Brücke Joch über den brausenden Strom.
Aber im stillen Gemach entwirft bedeutende Zirkel
Sinnend der Weise, beschleicht forschend den schaffenden Geist,
Prüft der Stoffe Gewalt, der Magnete Hassen und Lieben,
Folgt durch die Lüfte dem Klang, folgt durch den Äther dem Strahl,
Sucht das vertraute Gesetz in des Zufalls grausenden Wundern,
Sucht den ruhenden Pol in der Erscheinungen Flucht.
Körper und Stimme leiht die Schrift dem stummen Gedanken,
Durch der Jahrhunderte Strom trägt ihn das redende Blatt.
Da zerrinnt vor dem wundernden Blick der Nebel des Wahnes,
Und die Gebilde der Nacht weichen dem tagenden Licht.
Seine Fesseln zerbricht der Mensch. Der Beglückte! Zerriss' er
Mit den Fesseln der Furcht nur nicht den Zügel der Scham!
Freiheit ruft die Vernunft, Freiheit die wilde Begierde,
Von der heilgen Natur ringen sie lüstern sich los.
Ach, da reißen im Sturm die Anker, die an dem Ufer
Warnend ihn hielten, ihn fasst mächtig der flutende Strom,

Ins Unendliche reißt er ihn hin, die Küste verschwindet,
Hoch auf der Fluten Gebirg wiegt sich entmastet der Kahn,
Hinter Wolken erlöschen des Wagens beharrliche Sterne,
Bleibend ist nichts mehr, es irrt selbst in dem Busen der Gott.
Aus dem Gespräche verschwindet die Wahrheit, Glauben und Treue
Aus dem Leben, es lügt selbst auf der Lippe der Schwur.
In der Herzen vertraulichsten Bund, in der Liebe Geheimnis
Drängt sich der Sykophant, reißt von dem Freunde den Freund,
Auf die Unschuld schielt der Verrat mit verschlingendem Blicke,
Mit vergiftendem Biss tötet des Lästerers Zahn.
Feil ist in der geschändeten Brust der Gedanke, die Liebe
Wirft des freien Gefühls göttlichen Adel hinweg.
Deiner heiligen Zeichen, o Wahrheit, hat der Betrug sich
Angemaßt, der Natur köstlichste Stimmen entweiht,
Die das bedürftige Herz in der Freude Drang sich erfindet,
Kaum gibt wahres Gefühl noch durch Verstummen sich kund.
Auf der Tribüne prahlet das Recht, in der Hütte die Eintracht,
Des Gesetzes Gespenst steht an der Könige Thron.
Jahrelang mag, jahrhundertelang die Mumie dauern,
Mag das trügende Bild lebender Fülle bestehn,
Bis die Natur erwacht, und mit schweren ehernen Händen
An das hohle Gebäu rühret die Not und die Zeit,
Einer Tigerin gleich, die das eiserne Gitter durchbrochen
Und des numidischen Walds plötzlich und schrecklich gedenkt,
Aufsteht mit des Verbrechens Wut und des Elends die Menschheit
Und in der Asche der Stadt sucht die verlorne Natur.
O, so öffnet euch, Mauren, und gebt den Gefangenen ledig,
Zu der verlassenen Flur kehr er gerettet zurück!
Aber wo bin ich? Es birgt sich der Pfad. Abschüssige Gründe
Hemmen mit gähnender Kluft hinter mir, vor mir den Schritt.
Hinter mir blieb der Gärten, der Hecken vertraute Begleitung,
Hinter mir jegliche Spur menschlicher Hände zurück.
Nur die Stoffe seh ich getürmt, aus welchen das Leben
Keimet, der rohe Basalt hofft auf die bildende Hand.
Brausend stürzt der Gießbach herab durch die Rinne des Felsen,
Unter den Wurzeln des Baums bricht er entrüstet sich Bahn.
Wild ist es hier und schauerlich öd. Im einsamen Luftraum
Hängt nur der Adler und knüpft an das Gewölke die Welt.
Hoch herauf bis zu mir trägt keines Windes Gefieder
Den verlorenen Schall menschlicher Mühen und Lust.
Bin ich wirklich allein? In deinen Armen, an deinem
Herzen wieder, Natur, ach! und es war nur ein Traum,
Der mich schaudernd ergriff mit des Lebens furchtbarem Bilde,
Mit dem stürzenden Tal stürzte der finstre hinab.

Reiner nehm ich mein Leben von deinem reinen Altare,
Nehme den fröhlichen Mut hoffender Jugend zurück!
Ewig wechselt der Wille den Zweck und die Regel, in ewig
Wiederholter Gestalt wälzen die Taten sich um.
Aber jugendlich immer, in immer veränderter Schöne
Ehrst du, fromme Natur, züchtig das alte Gesetz,
Immer dieselbe, bewahrst du in treuen Händen dem Manne,
Was dir das gaukelnde Kind, was dir der Jüngling vertraut,
Nährest an gleicher Brust die vielfach wechselnden Alter;
Unter demselben Blau, über dem nämlichen Grün
Wandeln die nahen und wandeln vereint die fernen Geschlechter,
Und die Sonne Homers, siehe! sie lächelt nach uns.

Die Teilung der Erde

»Nehmt hin die Welt!« rief Zeus von seinen Höhen
Den Menschen zu. »Nehmt, sie soll euer sein!
Euch schenk ich sie zum Erb und ewgen Lehen,
Doch teilt euch brüderlich darein.«

Da eilt, was Hände hat, sich einzurichten,
Es regte sich geschäftig jung und alt.
Der Ackermann griff nach des Feldes Früchten,
Der Junker pirschte durch den Wald.

Der Kaufmann nimmt, was seine Speicher fassen,
Der Abt wählt sich den edeln Firnewein,
Der König sperrt die Brücken und die Straßen
Und sprach: »Der Zehente ist mein.«

Ganz spät, nachdem die Teilung längst geschehen,
Naht der Poet, er kam aus weiter Fern;
Ach! da war überall nichts mehr zu sehen,
Und alles hatte seinen Herrn!

»Weh mir! so soll ich denn allein von allen
Vergessen sein, ich, dein getreuster Sohn?«
So ließ er laut der Klage Ruf erschallen
Und warf sich hin vor Jovis Thron.

»Wenn du im Land der Träume dich verweilet«,
Versetzt der Gott, »so hadre nicht mit mir.
Wo warst du denn, als man die Welt geteilet?«-
»Ich war«, sprach der Poet, »bei dir.

Mein Auge hing an deinem Angesichte,
An deines Himmels Harmonie mein Ohr –
Verzeih dem Geiste, der, von deinem Lichte

Berauscht, das Irdische verlor!«

»Was tun?« spricht Zeus. »Die Welt ist weggegeben,
Der Herbst, die Jagd, der Markt ist nicht mehr mein.
Willst du in meinem Himmel mit mir leben:
So oft du kommst, er soll dir offen sein.«

Die Weltweisen

Der Satz, durch welchen alles Ding
Bestand und Form empfangen,
Der Kloben, woran Zeus den Ring
Der Welt, die sonst in Scherben ging,
Vorsichtig aufgehangen,
Den nenn ich einen großen Geist,
Der mir ergründet, wie er heißt,
Wenn ich ihm nicht drauf helfe –
Er heißt: Zehn ist nicht Zwölfe.

Der Schnee macht kalt, das Feuer brennt,
Der Mensch geht auf zwei Füßen,
Die Sonne scheint am Firmament,
Das kann, wer auch nicht Logik kennt,
Durch seine Sinne wissen.
Doch wer Metaphysik studiert,
Der weiß, dass, wer verbrennt, nicht friert,
Weiß, dass das Nasse feuchtet
Und dass das Helle leuchtet.

Homerus singt sein Hochgedicht,
Der Held besteht Gefahren,
Der brave Mann tut seine Pflicht
Und tat sie, ich verhehl es nicht,
Eh noch Weltweise waren;
Doch hat Genie und Herz vollbracht,
Was Lock' und Descartes nie gedacht,
Sogleich wird auch von diesen
Die Möglichkeit bewiesen.

Im Leben gilt der Stärke Recht,
Dem Schwachen trotzt der Kühne,
Wer nicht gebieten kann, ist Knecht,
Sonst geht es ganz erträglich schlecht
Auf dieser Erdenbühne.
Doch wie es wäre, fing der Plan
Der Welt nur erst von vornen an,

Ist in Moralsystemen
Ausführlich zu vernehmen.

»Der Mensch bedarf des Menschen sehr
Zu seinem großen Ziele,
Nur in dem Ganzen wirket er,
Viel Tropfen geben erst das Meer,
Viel Wasser treibt die Mühle.
Drum flieht der wilden Wölfe Stand
Und knüpft des Staates daurend Band.«
So lehren vom Katheder
Herr Pufendorf und Feder.

Doch weil, was ein Professor spricht,
Nicht gleich zu allen dringet,
So übt Natur die Mutterpflicht
Und sorgt, dass nie die Kette bricht
Und dass der Reif nie springet.
Einstweilen, bis den Bau der Welt
Philosophie zusammenhält,
Erhält sie das Getriebe
Durch Hunger und durch Liebe.

Theophanie

Zeigt sich der Glückliche mir, ich vergesse die Götter des Himmels,
Aber sie stehn vor mir, wenn ich den Leidenden seh.

Einem jungen Freund, als er sich der Weltweisheit widmete

Schwere Prüfungen musste der griechische Jüngling bestehen,
Eh das Eleusische Haus nun den Bewährten empfing.
Bist du bereitet und reif, das Heiligtum zu betreten,
Wo den verdächtigen Schatz Pallas Athene verwahrt?
Weißt du schon, was deiner dort harrt? wie teuer du kaufest?
Dass du ein ungewiss Gut mit dem gewissen bezahlst?
Fühlst du dir Stärke genug, der Kämpfe schwersten zu kämpfen,
Wenn sich Verstand und Herz, Sinn und Gedanken entzwein,
Mut genug, mit des Zweifels unsterblicher Hydra zu ringen
Und dem Feind in dir selbst männlich entgegenzugehn,
Mit des Auges Gesundheit, des Herzens heiliger Unschuld
Zu entlarven den Trug, der dich als Wahrheit versucht?
Fliehe, bist du des Führers im eigenen Busen nicht sicher,
Fliehe den lockenden Rand, ehe der Schlund dich verschlingt.
Manche gingen nach Licht und stürzten in tiefere Nacht nur,

Sicher im Dämmerschein wandelt die Kindheit dahin.

Archimedes und der Schüler

Zu Archimedes kam ein wissbegieriger Jüngling,
»Weihe mich«, sprach er zu ihm, »ein in die göttliche Kunst,
Die so herrliche Frucht dem Vaterlande getragen
Und die Mauren der Stadt vor der Sambuca beschützt!«
»Göttlich nennst du die Kunst? Sie ists«, versetzte der Weise,
»Aber das war sie, mein Sohn, eh sie dem Staat noch gedient,
Willst du nur Früchte von ihr, die kann auch die Sterbliche zeugen;
Wer um die Göttin freit, suche in ihr nicht das Weib.«

Die Macht des Gesanges

Ein Regenstrom aus Felsenrissen,
Er kommt mit Donners Ungestüm,
Bergtrümmer folgen seinen Güssen,
Und Eichen stürzen unter ihm;
Erstaunt, mit wollustvollem Grausen,
Hört ihn der Wanderer und lauscht,
Er hört die Flut vom Felsen brausen,
Doch weiß er nicht, woher sie rauscht:
So strömen des Gesanges Wellen
Hervor aus nie entdeckten Quellen.

Verbündet mit den furchtbarn Wesen,
Die still des Lebens Faden drehn,
Wer kann des Sängers Zauber lösen,
Wer seinen Tönen widerstehn?
Wie mit dem Stab des Götterboten
Beherrscht er das bewegte Herz,
Er taucht es in das Reich der Toten,
Er hebt es staunend himmelwärts
Und wiegt es zwischen Ernst und Spiele
Auf schwanker Leiter der Gefühle.

Wie wenn auf einmal in die Kreise
Der Freude, mit Gigantenschritt,
Geheimnisvoll nach Geisterweise
Ein ungeheures Schicksal tritt.
Da beugt sich jede Erdengröße
Dem Fremdling aus der andern Welt,
Des Jubels nichtiges Getöse
Verstummt, und jede Larve fällt,

Und vor der Wahrheit mächtgem Siege
Verschwindet jedes Werk der Lüge.

So rafft von jeder eiteln Bürde,
Wenn des Gesanges Ruf erschallt,
Der Mensch sich auf zur Geisterwürde
Und tritt in heilige Gewalt;
Den hohen Göttern ist er eigen,
Ihm darf nichts Irdisches sich nahn,
Und jede andre Macht muss schweigen,
Und kein Verhängnis fällt ihn an,
Es schwinden jedes Kummers Falten,
Solang des Liedes Zauber walten.

Und wie nach hoffnungslosem Sehnen,
Nach langer Trennung bitterm Schmerz,
Ein Kind mit heißen Reuetränen
Sich stürzt an seiner Mutter Herz,
So führt zu seiner Jugend Hütten,
Zu seiner Unschuld reinem Glück,
Vom fernen Ausland fremder Sitten
Den Flüchtling der Gesang zurück,
In der Natur getreuen Armen
Von kalten Regeln zu erwarmen.

Das Kind in der Wiege

Glücklicher Säugling! Dir ist ein unendlicher Raum noch die Wiege,
Werde Mann, und dir wird eng die unendliche Welt.

Odysseus

Alle Gewässer durchkreuzt', die Heimat zu finden, Odysseus;
Durch der Scylla Gebell, durch der Charybde Gefahr,
Durch die Schrecken des feindlichen Meers, durch die Schrecken des Landes,
Selber in Aides' Reich führt ihn die irrende Fahrt.
Endlich trägt das Geschick ihn schlafend an Ithakas Küste,
Er erwacht und erkennt jammernd das Vaterland nicht.

Das Unwandelbare

»Unaufhaltsam enteilet die Zeit.« – Sie sucht das Beständge.
Sei getreu, und du legst ewige Fesseln ihr an.

Zeus zu Herkules

Nicht aus meinem Nektar hast du dir Gottheit getrunken;
Deine Götterkraft wars, die dir den Nektar errang.

Der Tanz

Siehe, wie schwebenden Schritts im Wellenschwung sich die Paare
Drehen, den Boden berührt kaum der geflügelte Fuß.
Seh ich flüchtige Schatten, befreit von der Schwere des Leibes?
Schlingen im Mondlicht dort Elfen den luftigen Reihn?
Wie, vom Zephir gewiegt, der leichte Rauch in die Luft fließt,
Wie sich leise der Kahn schaukelt auf silberner Flut,
Hüpft der gelehrige Fuß auf des Takts melodischer Woge,
Säuselndes Saitengetön hebt den ätherischen Leib.
Jetzt, als wollt es mit Macht durchreißen die Kette des Tanzes,
Schwingt sich ein mutiges Paar dort in den dichtesten Reihn.
Schnell vor ihm her entsteht ihm die Bahn, die hinter ihm schwindet,
Wie durch magische Hand öffnet und schließt sich der Weg.
Sieh! jetzt schwand es dem Blick, in wildem Gewirr durcheinander
Stürzt der zierliche Bau dieser beweglichen Welt.
Nein, dort schwebt es frohlockend herauf, der Knoten entwirrt sich,
Nur mit verändertem Reiz stellet die Regel sich her.
Ewig zerstört, es erzeugt sich ewig die drehende Schöpfung,
Und ein stilles Gesetz lenkt der Verwandlungen Spiel.
Sprich, wie geschiehts, dass rastlos erneut die Bildungen schwanken
Und die Ruhe besteht in der bewegten Gestalt?
Jeder ein Herrscher, frei, nur dem eigenen Herzen gehorchet
Und im eilenden Lauf findet die einzige Bahn?
Willst du es wissen? Es ist des Wohllauts mächtige Gottheit,
Die zum geselligen Tanz ordnet den tobenden Sprung,
Die, der Nemesis gleich, an des Rhythmus goldenem Zügel
Lenkt die brausende Lust und die verwilderte zähmt.
Und dir rauschen umsonst die Harmonien des Weltalls,
Dich ergreift nicht der Strom dieses erhabnen Gesangs,
Nicht der begeisternde Takt, den alle Wesen dir schlagen,
Nicht der wirbelnde Tanz, der durch den ewigen Raum
Leuchtende Sonnen schwingt in kühn gewundenen Bahnen?
Das du im Spiele doch ehrst, fliehst du im Handeln, das Maß.

Spruch des Konfuzius

Dreifach ist der Schritt der Zeit:
Zögernd kommt die Zukunft hergezogen,

Pfeilschnell ist das Jetzt entflogen,
Ewig still steht die Vergangenheit.

Keine Ungeduld beflügelt
Ihren Schritt, wenn sie verweilt.
Keine Furcht, kein Zweifeln zügelt
Ihren Lauf, wenn sie enteilt.
Keine Reu, kein Zaubersegen
Kann die Stehende bewegen.

Möchtest du beglückt und weise
Endigen des Lebens Reise,
Nimm die Zögernde zum Rat,
Nicht zum Werkzeug deiner Tat.
Wähle nicht die Fliehende zum Freund,
Nicht die Bleibende zum Feind.

Würden

Wie die Säule des Lichts auf des Baches Welle sich spiegelt,
Hell wie von eigener Glut flammt der vergoldete Saum,
Aber die Well entführet der Strom, durch die glänzende Straße
Drängt eine andre sich schon, schnell wie die erste zu fliehn:
So beleuchtet der Würden Glanz den sterblichen Menschen,
Nicht er selbst, nur der Ort, den er durchwandelte, glänzt.

Deutschland und seine Fürsten

Große Monarchen erzeugtest du und bist ihrer würdig,
Den Gebietenden macht nur der Gehorchende groß.
Aber versuch es, o Deutschland, und mach es deinen Beherrschern
Schwerer, als Könige groß, leichter, nur Menschen zu sein!

Pegasus im Joche

Auf einen Pferdemarkt – vielleicht zu Haymarket,
Wo andre Dinge noch in Ware sich verwandeln,
Bracht einst ein hungriger Poet
Der Musen Ross, es zu verhandeln.

Hell wieherte der Hippogryph
Und bäumte sich in prächtiger Parade;
Erstaunt blieb jeder stehn und rief:
»Das edle, königliche Tier! Nur schade,
Dass seinen schlanken Wuchs ein hässlich Flügelpaar
Entstellt! Den schönsten Postzug würd es zieren.

Die Rasse, sagen sie, sei rar,
Doch wer wird durch die Luft kutschieren?

Und keiner will sein Geld verlieren.«
Ein Pächter endlich fasste Mut.
»Die Flügel zwar«, spricht er, »die schaffen keinen Nutzen,
Doch die kann man ja binden oder stutzen,
Dann ist das Pferd zum Ziehen immer gut.
Ein zwanzig Pfund, die will ich wohl dran wagen.«
Der Täuscher, hochvergnügt, die Ware loszuschlagen,
Schlägt hurtig ein. »Ein Mann, ein Wort!«
Und Hans trabt frisch mit seiner Beute fort.

Das edle Tier wird eingespannt.
Doch fühlt es kaum die ungewohnte Bürde,
So rennt es fort mit wilder Flugbegierde
Und wirft, von edelm Grimm entbrannt,
Den Karren um an eines Abgrunds Rand.
»Schon gut«, denkt Hans. »Allein darf ich dem tollen Tiere
Kein Fuhrwerk mehr vertraun. Erfahrung macht schon klug.
Doch morgen fahr ich Passagiere,
Da stell ich es als Vorspann in den Zug.
Die muntre Krabbe soll zwei Pferde mir ersparen,
Der Koller gibt sich mit den Jahren.«

Der Anfang ging ganz gut. Das leichtbeschwingte Pferd
Belebt der Klepper Schritt, und pfeilschnell fliegt der Wagen.
Doch was geschieht? Den Blick den Wolken zugekehrt,
Und ungewohnt, den Grund mit festem Huf zu schlagen,
Verlässt es bald der Räder sichre Spur,
Und treu der stärkeren Natur,
Durchrennt es Sumpf und Moor, geackert Feld und Hecken;
Der gleiche Taumel fasst das ganze Postgespann,
Kein Rufen hilft, kein Zügel hält es an,
Bis endlich, zu der Wandrer Schrecken,
Der Wagen, wohlgerüttelt und zerschellt,
Auf eines Berges steilem Gipfel hält.

»Das geht nicht zu mit rechten Dingen«,
Spricht Hans mit sehr bedenklichem Gesicht.
»So wird es nimmermehr gelingen;
Lass sehn, ob wir den Tollwurm nicht
Durch magre Kost und Arbeit zwingen.«
Die Probe wird gemacht. Bald ist das schöne Tier,
Eh noch drei Tage hingeschwunden,
Zum Schatten abgezehrt. »Ich habs, ich habs gefunden!«

Ruft Hans. »Jetzt frisch, und spannt es mir
Gleich vor den Pflug mit meinem stärksten Stier.«

Gesagt, getan. In lächerlichem Zuge
Erblickt man Ochs und Flügelpferd am Pfluge.
Unwillig steigt der Greif und strengt die letzte Macht
Der Sehnen an, den alten Flug zu nehmen.
Umsonst, der Nachbar schreitet mit Bedacht,
Und Phöbus' stolzes Ross muss sich dem Stier bequemen,
Bis nun, vom langen Widerstand verzehrt,
Die Kraft aus allen Gliedern schwindet,
Von Gram gebeugt das edle Götterpferd
Zu Boden stürzt und sich im Staube windet.

»Verwünschtes Tier!« bricht endlich Hansens Grimm
Laut scheltend aus, indem die Hiebe flogen.
»So bist du denn zum Ackern selbst zu schlimm?
Mich hat ein Schelm mit dir betrogen.«

Indem er noch in seines Zornes Wut
Die Peitsche schwingt, kommt flink und wohlgemut
Ein lustiger Gesell die Straße hergezogen.
Die Zither klingt in seiner leichten Hand,
Und durch den blonden Schmuck der Haare
Schlingt zierlich sich ein goldnes Band.
»Wohin, Freund, mit dem wunderlichen Paare?«
Ruft er den Baur von weitem an.
»Der Vogel und der Ochs an einem Seile,
Ich bitte dich, welch ein Gespann!
Willst du auf eine kleine Weile
Dein Pferd zur Probe mir vertraun,
Gib acht, du sollst dein Wunder schaun!«

Der Hippogryph wird ausgespannt,
Und lächelnd schwingt sich ihm der Jüngling auf den Rücken.
Kaum fühlt das Tier des Meisters sichre Hand,
So knirscht es in des Zügels Band
Und steigt, und Blitze sprühn aus den beseelten Blicken,
Nicht mehr das vor'ge Wesen, königlich,
Ein Geist, ein Gott, erhebt es sich,
Entrollt mit einemmal in Sturmes Wehen
Der Schwingen Pracht, schießt brausend himmelan,
Und eh der Blick ihm folgen kann,
Entschwebt es zu den blauen Höhen.

Der spielende Knabe

Spiele, Kind, in der Mutter Schoß! Auf der heiligen Insel
Findet der trübe Gram, findet die Sorge dich nicht,
Liebend halten die Arme der Mutter dich über dem Abgrund,
Und in das flutende Grab lächelst du schuldlos hinab.
Spiele, liebliche Unschuld! Noch ist Arkadien um dich,
Und die freie Natur folgt nur dem fröhlichen Trieb,
Noch erschafft sich die üppige Kraft erdichtete Schranken,
Und dem willigen Mut fehlt noch die Pflicht und der Zweck.
Spiele, bald wird die Arbeit kommen, die hagre, die ernste,
Und der gebietenden Pflicht mangeln die Lust und der Mut.

Die Johanniter

Herrlich kleidet sie euch, des Kreuzes furchtbare Rüstung,
Wenn ihr, Löwen der Schlacht, Akkon und Rhodus beschützt,
Durch die syrische Wüste den bangen Pilgrim geleitet
Und mit der Cherubim Schwert steht vor dem heiligen Grab.
Aber ein schönerer Schmuck umgibt euch die Schürze des Wärters,
Wenn ihr, Löwen der Schlacht, Söhne des edelsten Stamms,
Dient an des Kranken Bett, dem Lechzenden Labung bereitet
Und die niedrige Pflicht christlicher Milde vollbringt.
Religion des Kreuzes, nur du verknüpftest, in einem
Kranze, der Demut und Kraft doppelte Palme zugleich!

Der Sämann

Siehe, voll Hoffnung vetraust du der Erde den goldenen Samen
Und erwartest im Lenz fröhlich die keimende Saat.
Nur in die Furche der Zeit bedenkst du dich Taten zu streuen,
Die, von der Weisheit gesät, still für die Ewigkeit blühn?

Die zwei Tugendwege

Zwei sind der Wege, auf welchen der Mensch zur Tugend emporstrebt,
Schließt sich der eine dir zu, tut sich der andre dir auf.
Handelnd erringt der Glückliche sie, der Leidende duldend.
Wohl ihm, den sein Geschick liebend auf beiden geführt.

Die Ideale

So willst du treulos von mir scheiden
Mit deinen holden Phantasien,

Mit deinen Schmerzen, deinen Freuden,
Mit allen unerbittlich fliehn?
Kann nichts dich, Fliehende, verweilen,
O! meines Lebens goldne Zeit?
Vergebens, deine Wellen eilen
Hinab ins Meer der Ewigkeit.

Erloschen sind die heitern Sonnen,
Die meiner Jugend Pfad erhellt,
Die Ideale sind zerronnen,
Die einst das trunkne Herz geschwellt,
Er ist dahin, der süße Glaube
An Wesen, die mein Traum gebar,
Der rauen Wirklichkeit zum Raube,
Was einst so schön, so göttlich war.

Wie einst mit flehendem Verlangen
Pygmalion den Stein umschloss,
Bis in des Marmors kalte Wangen
Empfindung glühend sich ergoss,
So schlang ich mich mit Liebesarmen
Um die Natur, mit Jugendlust,
Bis sie zu atmen, zu erwarmen
Begann an meiner Dichterbrust,

Und, teilend meine Flammentriebe,
Die Stumme eine Sprache fand,
Mir wiedergab den Kuss der Liebe
Und meines Herzens Klang verstand;
Da lebte mir der Baum, die Rose,
Mir sang der Quellen Silberfall,
Es fühlte selbst das Seelenlose
Von meines Lebens Widerhall.

Es dehnte mit allmächtgem Streben
Die enge Brust ein kreisend All,
Herauszutreten in das Leben
In Tat und Wort, in Bild und Schall.
Wie groß war diese Welt gestaltet,
Solang die Knospe sie noch barg,
Wie wenig, ach! hat sich entfaltet,
Dies wenige, wie klein und karg!

Wie sprang, von kühnem Mut beflügelt,
Beglückt in seines Traumes Wahn,
Von keiner Sorge noch gezügelt,
Der Jüngling in des Lebens Bahn.

Bis an des Äthers bleichste Sterne
Erhob ihn der Entwürfe Flug,
Nichts war so hoch und nichts so ferne,
Wohin ihr Flügel ihn nicht trug.

Wie leicht ward er dahingetragen,
Was war dem Glücklichen zu schwer!
Wie tanzte vor des Lebens Wagen
Die luftige Begleitung her!
Die Liebe mit dem süßen Lohne,
Das Glück mit seinem goldnen Kranz,
Der Ruhm mit seiner Sternenkrone,
Die Wahrheit in der Sonne Glanz!

Doch, ach! schon auf des Weges Mitte
Verloren die Begleiter sich,
Sie wandten treulos ihre Schritte,
Und einer nach dem andern wich.
Leichtfüßig war das Glück entflogen,
Des Wissens Durst blieb ungestillt,
Des Zweifels finstre Wetter zogen
Sich um der Wahrheit Sonnenbild.

Ich sah des Ruhmes heilge Kränze
Auf der gemeinen Stirn entweiht.
Ach, allzu schnell nach kurzem Lenze,
Entfloh die schöne Liebeszeit.
Und immer stiller wards und immer
Verlassner auf dem rauen Steg,
Kaum warf noch einen bleichen Schimmer
Die Hoffnung auf den finstern Weg.

Von all dem rauschenden Geleite,
Wer harrte liebend bei mir aus?
Wer steht mir tröstend noch zur Seite
Und folgt mir bis zum finstern Haus?
Du, die du alle Wunden heilest,
Der Freundschaft leise, zarte Hand,
Des Lebens Bürden liebend teilest,
Du, die ich frühe sucht' und fand,

Und du, die gern sich mit ihr gattet,
Wie sie der Seele Sturm beschwört,
Beschäftigung, die nie ermattet,
Die langsam schafft, doch nie zerstört,
Die zu dem Bau der Ewigkeiten
Zwar Sandkorn nur für Sandkorn reicht,

Doch von der großen Schuld der Zeiten
Minuten, Tage, Jahre streicht.

Der Kaufmann

Wohin segelt das Schiff? Es trägt sidonische Männer,
Die von dem frierenden Nord bringen den Bernstein, das Zinn.
Trag es gnädig, Neptun, und wiegt es schonend, ihr Winde,
In bewirtender Bucht rausch ihm ein trinkbarer Quell.
Euch, ihr Götter, gehört der Kaufmann. Güter zu suchen,
Geht er, doch an sein Schiff knüpfet das Gute sich an.

An die Proselytenmacher

»Nur ein weniges Erde beding ich mir außer der Erde«,
Sprach der göttliche Mann, »und ich bewege sie leicht.«
Einen Augenblick nur vergönnt mir, außer mir selber
Mich zu begeben, und schnell will ich der Eurige sein.

Der beste Staat

»Woran erkenn ich den besten Staat?« Woran du die beste
Frau kennst! daran, mein Freund, dass man von beiden nicht spricht.

Der Abend

Nach einem Gemälde

Senke, strahlender Gott, die Fluren dürsten
Nach erquickendem Tau, der Mensch verschmachtet,
Matter ziehen die Rosse,
Senke den Wagen hinab.

Siehe, wer aus des Meers kristallner Woge
Lieblich lächelnd dir winkt! Erkennt dein Herz sie?
Rascher fliegen die Rosse,
Tethys, die göttliche, winkt.

Schnell vom Wagen herab in ihre Arme
Springt der Führer, den Zaum ergreift Kupido,
Stille halten die Rosse,
Trinken die kühlende Flut.

An dem Himmel herauf mit leisen Schritten
Kommt die duftende Nacht; ihr folgt die süße
Liebe. Ruhet und liebet,
Phöbus, der liebende, ruht.

Der Metaphysiker

»Wie tief liegt unter mir die Welt,
Kaum seh ich noch die Menschlein unten wallen!
Wie trägt mich meine Kunst, die höchste unter allen,
So nahe an des Himmels Zelt!«
So ruft von seines Turmes Dache
Der Schieferdecker, so der kleine große Mann
Hans Metaphysikus in seinem Schreibgemache.
Sag an, du kleiner großer Mann,
Der Turm, von dem dein Blick so vornehm niederschauet,
Wovon ist er – worauf ist er erbauet.?
Wie kamst du selbst hinauf, – und seine kahlen Höhn,
Wozu sind sie dir nütz, als in das Tal zu sehn?

Kolumbus

Steure, mutiger Segler! Es mag der Witz dich verhöhnen,
Und der Schiffer am Steu'r senken die lässige Hand.
Immer, immer nach West! Dort muss die Küste sich zeigen,
Liegt sie doch deutlich und liegt schimmernd vor deinem Verstand.
Traue dem leitenden Gott und folge dem schweigenden Weltmeer,
Wär sie noch nicht, sie stieg' jetzt aus den Fluten empor.
Mit dem Genius steht die Natur in ewigem Bunde,
Was der eine verspricht, leistet die andre gewiss.

Würde der Frauen

Ehret die Frauen! sie flechten und weben
Himmlische Rosen ins irdische Leben,
Flechten der Liebe beglückendes Band,
Und in der Grazie züchtigem Schleier
Nähren sie wachsam das ewige Feuer
Schöner Gefühle mit heiliger Hand.

Ewig aus der Wahrheit Schranken
Schweift des Mannes wilde Kraft,
Unstet treiben die Gedanken
Auf dem Meer der Leidenschaft.
Gierig greift er in die Ferne,
Nimmer wird sein Herz gestillt,
Rastlos durch entlegne Sterne
Jagt er seines Traumes Bild.

Aber mit zauberisch fesselndem Blicke

Winken die Frauen den Flüchtling zurücke,
Warnend zurück in der Gegenwart Spur.
In der Mutter bescheidener Hütte
Sind sie geblieben mit schamhafter Sitte,
Treue Töchter der frommen Natur.

Feindlich ist des Mannes Streben,
Mit zermalmender Gewalt
Geht der wilde durch das Leben,
Ohne Rast und Aufenthalt.
Was er schuf, zerstört er wieder,
Nimmer ruht der Wünsche Streit,
Nimmer, wie das Haupt der Hyder
Ewig fällt und sich erneut.

Aber, zufrieden mit stillerem Ruhme,
Brechen die Frauen des Augenblicks Blume,
Nähren sie sorgsam mit liebendem Fleiß,
Freier in ihrem gebundenen Wirken,
Reicher als er in des Wissens Bezirken
Und in der Dichtung unendlichem Kreis.

Streng und stolz sich selbst genügend,
Kennt des Mannes kalte Brust,
Herzlich an ein Herz sich schmiegend,
Nicht der Liebe Götterlust,
Kennet nicht den Tausch der Seelen,
Nicht in Tränen schmilzt er hin,
Selbst des Lebens Kämpfe stählen
Härter seinen harten Sinn.

Aber, wie leise vom Zephir erschüttert
Schnell die äolische Harfe erzittert,
Also die fühlende Seele der Frau.
Zärtlich geängstigt vom Bilde der Qualen,
Wallet der liebende Busen, es strahlen
Perlend die Augen von himmlischem Tau.

In der Männer Herrschgebiete
Gilt der Stärke trotzig Recht,
Mit dem Schwert beweist der Scythe,
Und der Perser wird zum Knecht.
Es befehden sich im Grimme
Die Begierden wild und roh,
Und der Eris raue Stimme
Waltet, wo die Charis floh.

Aber mit sanft überredender Bitte

Führen die Frauen den Szepter der Sitte,
Löschen die Zwietracht, die tobend entglüht,
Lehren die Kräfte, die feindlich sich hassen,
Sich in der lieblichen Form zu umfassen,
Und vereinen, was ewig sich flieht.

Abschied vom Leser

Die Muse schweigt, mit jungfräulichen Wangen,
Erröten im verschämten Angesicht,
Tritt sie vor dich, ihr Urteil zu empfangen,
Sie achtet es, doch fürchtet sie es nicht.
Des Guten Beifall wünscht sie zu erlangen,
Den Wahrheit rührt, den Flimmer nicht besticht,
Nur wem ein Herz empfänglich für das Schöne
Im Busen schlägt, ist wert, dass er sie kröne.

Nicht länger wollen diese Lieder leben,
Als bis ihr Klang ein fühlend Herz erfreut,
Mit schönern Phantasien es umgeben,
Zu höheren Gefühlen es geweiht;
Zur fernen Nachwelt wollen sie nicht schweben,
Sie tönten, sie verhallen in der Zeit.
Des Augenblickes Lust hat sie geboren,
Sie fliehen fort im leichten Tanz der Horen.

Der Lenz erwacht, auf den erwärmten Triften
Schießt frohes Leben jugendlich hervor,
Die Staude würzt die Luft mit Nektardüften,
Den Himmel füllt ein muntrer Sängerchor,
Und jung und alt ergeht sich in den Lüften
Und freuet sich und schwelgt mit Aug und Ohr.
Der Lenz entflieht! Die Blume schießt in Samen,
Und keine bleibt von allen, welche kamen.

Menschliches Wissen

Weil du liesest in ihr, was du selber in sie geschrieben,
Weil du in Gruppen fürs Aug ihre Erscheinungen reihst,
Deine Schnüre gezogen auf ihrem unendlichen Felde,
Wähnst du, es fasse dein Geist ahnend die große Natur.
So beschreibt mit Figuren der Astronome den Himmel,
Dass in dem ewigen Raum leichter sich finde der Blick,
Knüpft entlegene Sonnen, durch Siriusfernen geschieden,
Aneinander im Schwan und in den Hörnern des Stiers.

Aber versteht er darum der Sphären mystische Tänze,
Weil ihm das Sternengewölb sein Planiglobium zeigt?

Die Sänger der Vorwelt

Sagt, wo sind die Vortrefflichen hin, wo find ich die Sänger,
Die mit dem lebenden Wort horchende Völker entzückt,
Die vom Himmel den Gott, zum Himmel den Menschen gesungen
Und getragen den Geist hoch auf den Flügeln des Lieds?
Ach, noch leben die Sänger, nur fehlen die Taten, die Lyra
Freudig zu wecken, es fehlt, ach! ein empfangendes Ohr.
Glückliche Dichter der glücklichen Welt! Von Munde zu Munde
Flog, von Geschlecht zu Geschlecht euer empfundenes Wort.
Wie man die Götter empfängt, so begrüßte jeder mit Andacht,
Was der Genius ihm, redend und bildend, erschuf.
An der Glut des Gesangs entflammten des Hörers Gefühle,
An des Hörers Gefühl nährte der Sänger die Glut.
Nährt' und reinigte sie! Der Glückliche, dem in des Volkes
Stimme noch hell zurück tönte die Seele des Lieds,
Dem noch von außen erschien, im Leben, die himmlische Gottheit,
Die der Neuere kaum, kaum noch im Herzen vernimmt.

Die Führer des Lebens

Zweierlei Genien sinds, die dich durchs Leben geleiten,
Wohl dir, wenn sie vereint helfend zur Seite dir stehn!
Mit erheiterndem Spiel verkürzt dir der eine die Reise,
Leichter an seinem Arm werden dir Schicksal und Pflicht.
Unter Scherz und Gespräch begleitet er bis an die Kluft dich,
Wo an der Ewigkeit Meer schaudernd der Sterbliche steht.
Hier empfängt dich entschlossen und ernst und schweigend der andre,
Trägt mit gigantischem Arm über die Tiefe dich hin.
Nimmer widme dich einem allein. Vertraue dem erstern
Deine Würde nicht an, nimmer dem andern dein Glück.

Der Skrupel

Was vor züchtigen Ohren dir laut zu sagen erlaubt sei?
Was ein züchtiges Herz leise zu tun dir erlaubt!

Karthago

Ausgeartetes Kind der bessern menschlichen Mutter,
Das mit des Römers Gewalt paaret des Tyriers List!

Aber jener beherrschte mit Kraft die eroberte Erde,
Dieser belehrte die Welt, die er mit Klugheit bestahl.
Sprich, was rühmt die Geschichte von dir, Wie der Römer erwarbst du
Mit dem Eisen, was du tyrisch mit Golde regierst.

Die idealische Freiheit

Aus dem Leben heraus sind der Wege zwei dir geöffnet:
Zum Ideale führt einer, der andre zum Tod.
Siehe, dass du bei Zeiten noch frei auf dem ersten entspringest,
Ehe die Parze mit Zwang dich auf dem andern entführt.

Der Dichter an seine Kunstrichterin

Zürne nicht auf mein fröhliches Lied, weil die Wange dir brennet!
Nicht was ich las – was du denkst, hat sie mit Purpur gefärbt.

Das Mädchen aus der Fremde

In einem Tal bei armen Hirten
Erschien mit jedem jungen Jahr,
Sobald die ersten Lerchen schwirrten,
Ein Mädchen, schön und wunderbar.

Sie war nicht in dem Tal geboren,
Man wusste nicht, woher sie kam,
Und schnell war ihre Spur verloren,
Sobald das Mädchen Abschied nahm.

Beseligend war ihre Nähe,
Und alle Herzen wurden weit,
Doch eine Würde, eine Höhe
Entfernte die Vertraulichkeit.

Sie brachte Blumen mit und Früchte,
Gereift auf einer andern Flur,
In einem andern Sonnenlichte,
In einer glücklichern Natur.

Und teilte jedem eine Gabe,
Dem Früchte, jenem Blumen aus,
Der Jüngling und der Greis am Stabe,
Ein jeder ging beschenkt nach Haus.

Willkommen waren alle Gäste,
Doch nahte sich ein liebend Paar,
Dem reichte sie der Gaben beste,

Der Blumen allerschönste dar.

Pompeji und Herkulanum

Welches Wunder begibt sich? Wir flehten um trinkbare Quellen,
Erde! dich an, und was sendet dein Schoß uns herauf!
Lebt es im Abgrund auch? Wohnt unter der Lava verborgen
Noch ein neues Geschlecht? Kehrt das entflohne zurück?
Griechen, Römer, o kommt! o seht, das alte Pompeji
Findet sich wieder, aufs Neu' bauet sich Herkules' Stadt.
Giebel an Giebel steigt, der räumige Portikus öffnet
Seine Hallen, o eilt, ihn zu beleben, herbei!
Aufgetan ist das weite Theater, es stürze durch seine
Sieben Mündungen sich flutend die Menge herein.
Mimen, wo bleibt ihr? Hervor! Das bereitete Opfer vollende
Atreus' Sohn, dem Orest folge der grausende Chor.
Wohin führet der Bogen des Siegs? Erkennt ihr das Forum?
Was für Gestalten sind das auf dem kurulischen Stuhl?
Traget, Liktoren, die Beile voran! Den Sessel besteige
Richtend der Prätor, der Zeug' trete, der Kläger vor ihn.
Reinliche Gassen breiten sich aus, mit erhöhetem Pflaster
Ziehet der schmälere Weg neben den Häusern sich hin.
Schützend springen die Dächer hervor, die zierlichen Zimmer
Reihn um den einsamen Hof heimlich und traulich sich her.
Öffnet die Läden geschwind und die lange verschütteten Türen,
In die schaudrigte Nacht falle der lustige Tag.
Siehe, wie rings um den Rand die netten Bänke sich dehnen,
Wie von buntem Gestein schimmernd das Estrich sich hebt!
Frisch noch erglänzt die Wand von heiter brennenden Farben,
Wo ist der Künstler? Er warf eben den Pinsel hinweg.
Schwellender Früchte voll und lieblich geordneter Blumen
Fasset der muntre Feston reizende Bildungen ein.
Mit beladenem Korb schlüpft hier ein Amor vorüber,
Emsige Genien dort keltern den purpurnen Wein,
Hochauf springt die Bacchantin im Tanz, dort ruhet sie schlummernd,
Und der lauschende Faun hat sich nicht satt noch gesehn.
Flüchtig tummelt sie hier den raschen Zentauren, auf einem
Knie nur schwebend, und treibt frisch mit dem Thyrsus ihn an.
Knaben! Was säumt ihr? Herbei! Da stehn noch die schönen Geschirre,
Frisch, ihr Mädchen, und schöpft in den etrurischen Krug.
Steht nicht der Dreifuß hier auf schön geflügelten Sphinxen?
Schüret das Feuer! Geschwind, Sklaven! Bestellet den Herd!
Kauft, hier geb ich euch Münzen, vom mächtigen Titus geprägt,
Auch noch die Waage liegt hier, sehet, es fehlt kein Gewicht.

Stecket das brennende Licht auf den zierlich gebildeten Leuchter,
Und mit glänzendem Öl fülle die Lampe sich an.
Was verwahret dies Kästchen? O seht, was der Bräutigam sendet,
Mädchen! Spangen von Gold, glänzende Pasten zum Schmuck!
Führet die Braut in das duftende Bad, hier stehn noch die Salben,
Schminke find ich noch hier in dem gehöhlten Kristall.
Aber wo bleiben die Männer? die Alten? Im ernsten Museum
Liegt noch ein köstlicher Schatz seltener Rollen gehäuft.
Griffel findet ihr hier zum Schreiben, wächserne Tafeln,
Nichts ist verloren, getreu hat es die Erde bewahrt.
Auch die Penaten, sie stellen sich ein, es finden sich alle
Götter wieder, warum bleiben die Priester nur aus?
Den Caduceus schwingt der zierlich geschenkelte Hermes,
Und die Viktoria fliegt leicht aus der haltenden Hand.
Die Altäre, sie stehen noch da, o kommet, o zündet,
Lang schon entbehrte der Gott, zündet die Opfer ihm an!

Politische Lehre

Alles sei recht, was du tust, doch dabei lass es bewenden,
Freund, und enthalte dich ja, alles, was recht ist, zu tun.
Wahrem Eifer genügt, dass das Vorhandne vollkommen
Sei; der falsche will stets, dass das Vollkommene sei.

Die beste Staatsverfassung

Diese nur kann ich dafür erkennen, die jedem erleichtert,
Gut zu denken, doch nie, dass er so denke, bedarf.

An die Gesetzgeber

Setzet immer voraus, dass der Mensch im Ganzen das Rechte
Will, im Einzelnen nur rechnet mir niemals darauf.

Würde des Menschen

Nichts mehr davon, ich bitt euch. Zu essen gebt ihm, zu wohnen,
Habt ihr die Blöße bedeckt, gibt sich die Würde von selbst.

Majestas populi

Majestät der Menschennatur! Dich soll ich beim Haufen
Suchen? Bei wenigen nur hast du von jeher gewohnt.
Einzelne wenige zählen, die übrigen alle sind blinde

Nieten, ihr leeres Gewühl hüllet die Treffer nur ein.

Das Ehrwürdige

Ehret ihr immer das Ganze, ich kann nur Einzelne achten,
Immer in Einzelnen nur hab ich das Ganze erblickt.

Klage der Ceres

Ist der holde Lenz erschienen?
Hat die Erde sich verjüngt?
Die besonnten Hügel grünen,
Und des Eises Rinde springt.
Aus der Ströme blauem Spiegel
Lacht der unbewölkte Zeus,
Milder wehen Zephirs Flügel,
Augen treibt das junge Reis.
In dem Hain erwachen Lieder,
Und die Oreade spricht:
Deine Blumen kehren wieder,
Deine Tochter kehret nicht.

Ach! wie lang ists, dass ich walle
Suchend durch der Erde Flur,
Titan, deine Strahlen alle
Sandt ich nach der teuren Spur;
Keiner hat mir noch verkündet
Von dem lieben Angesicht,
Und der Tag, der alles findet,
Die Verlorne fand er nicht.
Hast du, Zeus! sie mir entrissen,
Hat, von ihrem Reiz gerührt,
Zu des Orkus schwarzen Flüssen
Pluto sie hinabgeführt?

Wer wird nach dem düstern Strande
Meines Grames Bote sein?
Ewig stößt der Kahn vom Lande,
Doch nur Schatten nimmt er ein.
Jedem selgen Aug verschlossen
Bleibt das nächtliche Gefild,
Und solang der Styx geflossen,
Trug er kein lebendig Bild.
Nieder führen tausend Steige,
Keiner führt zum Tag zurück,

Ihre Tränen bringt kein Zeuge
Vor der bangen Mutter Blick.

Mütter, die aus Pyrrhas Stamme
Sterbliche geboren sind,
Dürfen durch des Grabes Flamme
Folgen dem geliebten Kind,
Nur was Jovis Haus bewohnet,
Nahet nicht dem dunkeln Strand,
Nur die Seligen verschonet,
Parzen, eure strenge Hand.
Stürzt mich in die Nacht der Nächte
Aus des Himmels goldnem Saal,
Ehret nicht der Göttin Rechte,
Ach! sie sind der Mutter Qual!

Wo sie mit dem finstern Gatten
Freudlos thronet, stieg' ich hin,
Träte mit den leisen Schatten
Leise vor die Herrscherin.
Ach, ihr Auge, feucht von Zähren,
Sucht umsonst das goldne Licht,
Irret nach entfernten Sphären,
Auf die Mutter fällt es nicht,
Bis die Freude sie entdecket,
Bis sich Brust mit Brust vereint,
Und zum Mitgefühl erwecket,
Selbst der raue Orkus weint.

Eitler Wunsch! Verlorne Klagen!
Ruhig in dem gleichen Gleis
Rollt des Tages sichrer Wagen,
Ewig steht der Schluss des Zeus.
Weg von jenen Finsternissen
Wandt er sein beglücktes Haupt,
Einmal in die Nacht gerissen,
Bleibt sie ewig mir geraubt,
Bis des dunkeln Stromes Welle
Von Aurorens Farben glüht,
Iris mitten durch die Hölle
Ihren schönen Bogen zieht.

Ist mir nichts von ihr geblieben,
Nicht ein süß erinnernd Pfand,
Dass die Fernen sich noch lieben,
Keine Spur der teuren Hand?

Knüpfet sich kein Liebesknoten
Zwischen Kind und Mutter an?
Zwischen Lebenden und Toten
Ist kein Bündnis aufgetan?
Nein, nicht ganz ist sie entflohen,
Nein, wir sind nicht ganz getrennt!
Haben uns die ewig Hohen
Eine Sprache doch vergönnt!

Wenn des Frühlings Kinder sterben,
Wenn von Nordes kaltem Hauch
Blatt und Blume sich entfärben,
Traurig steht der nackte Strauch,
Nehm ich mir das höchste Leben
Aus Vertumnus' reichem Horn,
Opfernd es dem Styx zu geben,
Mir des Samens goldnes Korn.
Traurend senk ichs in die Erde,
Leg es an des Kindes Herz,
Dass es eine Sprache werde
Meiner Liebe, meinem Schmerz.

Führt der gleiche Tanz der Horen
Freudig nun den Lenz zurück,
Wird das Tote neu geboren
Von der Sonne Lebensblick!
Keime, die dem Auge starben
In der Erde kaltem Schoß,
In das heitre Reich der Farben
Ringen sie sich freudig los.
Wenn der Stamm zum Himmel eilet,
Sucht die Wurzel scheu die Nacht,
Gleich in ihre Pflege teilet
Sich des Styx, des Äthers Macht.

Halb berühren sie der Toten,
Halb der Lebenden Gebiet,
Ach, sie sind mir teure Boten,
Süße Stimmen vom Cocyt!
Hält er gleich sie selbst verschlossen
In dem schauervollen Schlund,
Aus des Frühlings jungen Sprossen
Redet mir der holde Mund,
Dass auch fern vom goldnen Tage,
Wo die Schatten traurig ziehn,
Liebend noch der Busen schlage,

Zärtlich noch die Herzen glühn.

O so lasst euch froh begrüßen,
Kinder der verjüngten Au,
Euer Kelch soll überfließen
Von des Nektars reinstem Tau.
Tauchen will ich euch in Strahlen,
Mit der Iris schönstem Licht
Will ich eure Blätter malen,
Gleich Aurorens Angesicht.
In des Lenzes heiterm Glanze
Lese jede zarte Brust,
In des Herbstes welkem Kranze
Meinen Schmerz und meine Lust.

Jetzige Generation

War es immer wie jetzt? Ich kann das Geschlecht nicht begreifen.
Nur das Alter ist jung, ach! und die Jugend ist alt.

Falscher Studiertrieb

O wie viel neue Feinde der Wahrheit! Mir blutet die Seele,
Seh ich das Eulengeschlecht, das zu dem Lichte sich drängt.

Jugend

Einer Charis erfreuet sich jeder im Leben, doch flüchtig,
Hält nicht die himmlische sie, eilet die irdische fort.

Quelle der Verjüngung

Glaubt mir, es ist kein Märchen, die Quelle der Jugend, sie rinnet
Wirklich und immer. Ihr fragt, wo? In der dichtenden Kunst.

Der Aufpasser

Strenge wie mein Gewissen bemerkst du, wo ich gefehlet,
Darum hab ich dich stets wie – mein Gewissen geliebt.

Die Geschlechter

Sieh in dem zarten Kind zwei liebliche Blumen vereinigt,
Jungfrau und Jüngling, sie deckt beide die Knospe noch zu.
Leise löst sich das Band, es entzwein sich zart die Naturen,

168

Und von der holden Scham trennet sich feurig die Kraft.
Gönne dem Knaben zu spielen, in wilder Begierde zu toben:
Nur die gesättigte Kraft kehret zur Anmut zurück.
Aus der Knospe beginnt die doppelte Blume zu streben,
Köstlich ist jede, doch stillt keine dein sehnendes Herz.
Reizende Fülle schwellt der Jungfrau blühende Glieder,
Aber der Stolz bewacht streng wie der Gürtel den Reiz.
Scheu wie das zitternde Reh, das ihr Horn durch die Wälder verfolget,
Flieht sie im Mann nur den Feind, hasset noch, weil sie nicht liebt.
Trotzig schauet und kühn aus finstern Wimpern der Jüngling,
Und, gehärtet zum Kampf, spannet die Sehne sich an.
Fern in der Speere Gewühl und auf die stäubende Rennbahn
Ruft ihn der lockende Ruhm, reißt ihn der brausende Mut.
Jetzt beschütze dein Werk, Natur! Auseinander auf immer
Fliehet, wenn du nicht vereinst, feindlich, was ewig sich sucht.
Aber da bist du, du Mächtige, schon, aus dem wildesten Streite
Rufst du der Harmonie göttlichen Frieden hervor.
Tief verstummet die lärmende Jagd, des rauschenden Tages
Tosen verhallet, und leis sinken die Sterne herab.
Seufzend flüstert das Rohr, sanft murmelnd gleiten die Bäche,
Und mit melodischem Lied füllt Philomela den Hain.
Was erreget zu Seufzern der Jungfrau steigenden Busen?
Jüngling, was füllet den Blick schwellend mit Tränen dir an?
Ach, sie suchet umsonst, was sie sanft anschmiegend umfasse,
Und die schwellende Frucht beuget zur Erde die Last.
Ruhelos strebend verzehrt sich in eigenen Flammen der Jüngling,
Ach, der brennenden Glut wehet kein lindernder Hauch.
Siehe, da finden sie sich, es führet sie Amor zusammen,
Und dem geflügelten Gott folgt der geflügelte Sieg.
Göttliche Liebe, du bists, die der Menschheit Blumen vereinigt,
Ewig getrennt, sind sie doch ewig verbunden durch dich.

Der Naturkreis

Alles, du Ruhige, schließt sich in deinem Reiche, so kehret
Auch zum Kinde der Greis, kindisch und kindlich, zurück.

Der epische Hexameter

Schwindelnd trägt er dich fort auf rastlos strömenden Wogen,
Hinter dir siehst du, du siehst vor dir nur Himmel und Meer.

Das Distichon

Im Hexameter steigt des Springquells flüssige Säule,
Im Pentameter drauf fällt sie melodisch herab.

Die achtzeilige Stanze

Stanze, dich schuf die Liebe, die zärtlich schmachtende – dreimal
Fliehest du schamhaft und kehrst dreimal verlangend zurück.

Das Geschenk

Ring und Stab, o seid mir auf Rheinweinflaschen willkommen,
Ja, wer die Schafe so tränket, der heißt mir ein Hirt.
Dreimal gesegneter Trank! Dich gewann mir die Muse, die Muse
Schickt dich, die Kirche selbst drückte das Siegel dir auf.

Grabschrift

Freust du dich deines Lebens, o Wandrer, so soll es mir lieb sein,
Auch ich lebte, auch ich hab mich des Lebens gefreut.

Der Homeruskopf als Siegel

Treuer alter Homer! Dir vertrau ich das zarte Geheimnis,
Um der Liebenden Glück wisse der Sänger allein.

Der Genius mit der umgekehrten Fackel

Lieblich sieht er zwar aus mit seiner erloschenen Fackel,
Aber, ihr Herren, der Tod ist so ästhetisch doch nicht.

Macht des Weibes

Mächtig seid ihr, ihr seids durch der Gegenwart ruhigen Zauber,
Was die stille nicht wirkt, wirket die rauschende nie.
Kraft erwart ich vom Mann, des Gesetzes Würde behaupt er,
Aber durch Anmut allein herrschet und herrsche das Weib.
Manche zwar haben geherrscht durch des Geistes Macht und der Taten,
Aber dann haben sie dich, höchste der Kronen, entbehrt.
Wahre Königin ist nur des Weibes weibliche Schönheit,
Wo sie sich zeige, sie herrscht, herrschet bloß, weil sie sich zeigt.

Tugend des Weibes

Tugenden brauchet der Mann, er stützet sich wagend ins Leben,
Tritt mit dem stärkeren Glück in den bedenklichen Kampf.
Eine Tugend genüget dem Weib, sie ist da, sie erscheinet,
Lieblich dem Herzen, dem Aug lieblich erscheine sie stets.

Weibliches Urteil

Männer richten nach Gründen, des Weibes Urteil ist seine
Liebe; wo es nicht liebt, hat schon gerichtet das Weib.

Forum des Weibes

Frauen, richtet mir nie des Mannes einzelne Taten,
Aber über den Mann sprechet das richtende Wort.

Das weibliche Ideal
An Amanda

Überall weichet das Weib dem Manne, nur in dem Höchsten
Weichet dem weiblichsten Weib immer der männlichste Mann.
Was das Höchste mir sei? Des Sieges ruhige Klarheit,
Wie sie von deiner Stirn, holde Amanda, mir strahlt.
Schwimmt auch die Wolke des Grams um die heiter glänzende Scheibe,
Schöner nur malt sich das Bild auf dem vergoldeten Duft.
Dünke der Mann sich frei! Du bist es, denn ewig notwendig
Weißt du von keiner Wahl, keiner Notwendigkeit mehr.
Was du auch gibst, stets gibst du dich ganz, du bist ewig nur Eines,
Auch dein zärtester Laut ist dein harmonisches Selbst.
Hier ist ewige Jugend bei niemals versiegender Fülle,
Und mit der Blume zugleich brichst du die goldene Frucht.

Die schönste Erscheinung

Sahest du nie die Schönheit im Augenblicke des Leidens,
Niemals hast du die Schönheit gesehn.
Sahst du die Freude nie in einem schönen Gesichte,
Niemals hast du die Freude gesehn!

An die Astronomen

Schwatzet mir nicht so viel von Nebelflecken und Sonnen,
Ist die Natur nur groß, weil sie zu zählen euch gibt?

Euer Gegenstand ist der erhabenste freilich im Raume,
Aber, Freunde, im Raum wohnt das Erhabene nicht.

Inneres und Äußeres

»Gott nur siehet das Herz.« – Drum eben, weil Gott nur das Herz sieht,
Sorge, dass wir doch auch etwas Erträgliches sehn.

Freund und Feind

Teuer ist mir der Freund, doch auch den Feind kann ich nützen,
Zeigt mir der Freund, was ich kann, lehrt mich der Feind, was ich soll.

Der griechische Genius
An Meyer in Italien

Tausend andern verstummt, die mit taubem Herzen ihn fragen,
Dir, dem Verwandten und Freund, redet vertraulich der Geist.

Erwartung und Erfüllung

In den Ozean schifft mit tausend Masten der Jüngling,
Still, auf gerettetem Boot treibt in den Hafen der Greis.

Das gemeinsame Schicksal

Siehe, wir hassen, wir streiten, es trennet uns Neigung und Meinung,
Aber es bleichet indes dir sich die Locke wie mir.

Menschliches Wirken

An dem Eingang der Bahn liegt die Unendlichkeit offen,
Doch mit dem engsten Kreis höret der Weiseste auf.

Der Vater

Wirke, so viel du willst, du stehest doch ewig allein da,
Bis an das All die Natur dich, die gewaltige, knüpft.

Dithyrambe

Nimmer, das glaubt mir,
Erscheinen die Götter,
Nimmer allein.

Kaum dass ich Bacchus, den lustigen, habe,
Kommt auch schon Amor, der lächelnde Knabe,
Phöbus der Herrliche findet sich ein.
Sie nahen, sie kommen
Die Himmlischen alle,
Mit Göttern erfüllt sich
Die irdische Halle.

Sagt, wie bewirt ich,
Der Erdegeborne,
Himmlischen Chor?
Schenket mir euer unsterbliches Leben,
Götter! Was kann euch der Sterbliche geben?
Hebet zu eurem Olymp mich empor!
Die Freude, sie wohnt nur
In Jupiters Saale,
O füllet mit Nektar,
O reicht mir die Schale!

Reich ihm die Schale!
Schenke dem Dichter,
Hebe, nur ein.
Netz ihm die Augen mit himmlischem Taue,
Dass er den Styx, den verhassten, nicht schaue,
Einer der Unsern sich dünke zu sein.
Sie rauschet, sie perlet,
Die himmlische Quelle,
Der Busen wird ruhig,
Das Auge wird helle.

Liebe und Begierde

Recht gesagt, Schlosser! Man liebt, was man hat, man begehrt, was man nicht hat,
Denn nur das reiche Gemüt liebt, nur das arme begehrt.

Güte und Größe

Nur zwei Tugenden gibts, o wären sie immer vereinigt,
Immer die Güte auch groß, immer die Größe auch gut!

Der Fuchs und der Kranich

An F. Nicolai

Den philosophschen Verstand lud einst der gemeine zu Tische,
Schüsseln, sehr breit und flach, setzt' er dem Hungrigen vor.

173

Hungrig verließ die Tafel der Gast, nur dürftige Bisslein
Fasste der Schnabel, der Wirt schluckte die Speise allein.
Den gemeinen Verstand lud nun der abstrakte zu Weine,
Einen enghalsigten Krug setzt' er dem Durstigen vor.
»Trink nun, Bester!« So sprach und mächtig schlürfte der Langhals,
Aber vergebens am Rand schnuppert das tierische Maul.

Die Sachmänner

»Geistreich nennt man dies Werk? Wir können ja nichts daraus schöpfen.«
Toren ihr! Wär es denn Geist, fing man in Eimern es auf.
Euch ist alles ein Nichts, was man mit Scheffeln nicht misset,
Was man in Bündel nicht packt, was man in Speichern nicht häuft.

Der Ring des Polykrates

Er stand auf seines Daches Zinnen,
Er schaute mit vergnügten Sinnen
Auf das beherrschte Samos hin.
»Dies alles ist mir untertänig«,
Begann er zu Ägyptens König,
»Gestehe, dass ich glücklich bin.«

»Du hast der Götter Gunst erfahren!
Die vormals deinesgleichen waren,
Sie zwingt jetzt deines Szepters Macht.
Doch einer lebt noch, sie zu rächen,
Dich kann mein Mund nicht glücklich sprechen,
Solang des Feindes Auge wacht.«

Und eh der König noch geendet,
Da stellt sich, von Milet gesendet,
Ein Bote dem Tyrannen dar:
»Lass, Herr! des Opfers Düfte steigen
Und mit des Lorbeers muntern Zweigen
Bekränze dir dein festlich Haar.

Getroffen sank dein Feind vom Speere,
Mich sendet mit der frohen Märe
Dein treuer Feldherr Polydor –«
Und nimmt aus einem schwarzen Becken,
Noch blutig, zu der beiden Schrecken,
Ein wohlbekanntes Haupt hervor.

Der König tritt zurück mit Grauen:
»Doch warn ich dich, dem Glück zu trauen«,
Versetzt er mit besorgtem Blick.

»Bedenk, auf ungetreuen Wellen,
Wie leicht kann sie der Sturm zerschellen,
Schwimmt deiner Flotte zweifelnd Glück.«

Und eh er noch das Wort gesprochen,
Hat ihn der Jubel unterbrochen,
Der von der Reede jauchzend schallt.
Mit fremden Schätzen reich beladen,
Kehrt zu den heimischen Gestaden
Der Schiffe mastenreicher Wald.

Der königliche Gast erstaunet:
»Dein Glück ist heute gut gelaunet,
Doch fürchte seinen Unbestand.
Der Kreter waffenkundge Scharen
Bedräuen dich mit Kriegsgefahren,
Schon nahe sind sie diesem Strand.«

Und eh ihm noch das Wort entfallen,
Da sieht mans von den Schiffen wallen,
Und tausend Stimmen rufen: »Sieg!
Von Feindesnot sind wir befreiet,
Die Kreter hat der Sturm zerstreuet,
Vorbei, geendet ist der Krieg.«

Das hört der Gastfreund mit Entsetzen:
»Fürwahr, ich muss dich glücklich schätzen,
Doch«, spricht er, »zittr ich für dein Heil.
Mir grauet vor der Götter Neide,
Des Lebens ungemischte Freude
Ward keinem Irdischen zuteil.

Auch mir ist alles wohlgeraten,
Bei allen meinen Herrschertaten
Begleitet mich des Himmels Huld,
Doch hatt ich einen teuren Erben,
Den nahm mir Gott, ich sah ihn sterben,
Dem Glück bezahlt' ich meine Schuld.

Drum, willst du dich vor Leid bewahren,
So flehe zu den Unsichtbaren,
Dass sie zum Glück den Schmerz verleihn.
Noch keinen sah ich fröhlich enden,
Auf den mit immer vollen Händen
Die Götter ihre Gaben streun.

Und wenns die Götter nicht gewähren,
So acht auf eines Freundes Lehren

Und rufe selbst das Unglück her,
Und was von allen deinen Schätzen
Dein Herz am höchsten mag ergötzen,
Das nimm und wirfs in dieses Meer.«

Und jener spricht, von Furcht beweget:
»Von allem, was die Insel heget,
Ist dieser Ring mein höchstes Gut.
Ihn will ich den Erinnyen weihen,
Ob sie mein Glück mir dann verzeihen.«
Und wirft das Kleinod in die Flut.

Und bei des nächsten Morgens Lichte,
Da tritt mit fröhlichem Gesichte
Ein Fischer vor den Fürsten hin:
»Herr, diesen Fisch hab ich gefangen,
Wie keiner noch ins Netz gegangen,
Dir zum Geschenke bring ich ihn.«

Und als der Koch den Fisch zerteilet,
Kommt er bestürzt herbeigeeilet
Und ruft mit hocherstauntem Blick:
»Sieh, Herr, den Ring, den du getragen,
Ihn fand ich in des Fisches Magen,
O, ohne Grenzen ist dein Glück!«

Hier wendet sich der Gast mit Grausen:
»So kann ich hier nicht ferner hausen,
Mein Freund kannst du nicht weiter sein.
Die Götter wollen dein Verderben,
Fort eil ich, nicht mit dir zu sterben.«
Und sprachs und schiffte schnell sich ein.

Der Handschuh

Vor seinem Löwengarten,
Das Kampfspiel zu erwarten,
Saß König Franz,
Und um ihn die Großen der Krone,
Und rings auf hohem Balkone
Die Damen in schönem Kranz.

Und wie er winkt mit dem Finger,
Auf tut sich der weite Zwinger,
Und hinein mit bedächtigem Schritt
Ein Löwe tritt,
Und sieht sich stumm

Rings um,
Mit langem Gähnen,
Und schüttelt die Mähnen,
Und streckt die Glieder,
Und legt sich nieder.

Und der König winkt wieder,
Da öffnet sich behend
Ein zweites Tor,
Daraus rennt
Mit wildem Sprunge
Ein Tiger hervor.
Wie der den Löwen erschaut,
Brüllt er laut,
Schlägt mit dem Schweif
Einen furchtbaren Reif,
Und recket die Zunge,
Und im Kreise scheu
Umgeht er den Leu
Grimmig schnurrend;
Drauf streckt er sich murrend
Zur Seite nieder.
Und der König winkt wieder,
Da speit das doppelt geöffnete Haus
Zwei Leoparden auf einmal aus,
Die stürzen mit mutiger Kampfbegier
Auf das Tigertier,
Das packt sie mit seinen grimmigen Tatzen,
Und der Leu mit Gebrüll
Richtet sich auf, da wirds still,
Und herum im Kreis,
Von Mordsucht heiß,
Lagern die greulichen Katzen.

Da fällt von des Altans Rand
Ein Handschuh von schöner Hand
Zwischen den Tiger und den Leun
Mitten hinein.

Und zu Ritter Delorges spottenderweis
Wendet sich Fräulein Kunigund:
»Herr Ritter, ist Eure Lieb so heiß,
Wie Ihr mirs schwört zu jeder Stund,
Ei, so hebt mir den Handschuh auf.«

Und der Ritter in schnellem Lauf

Steigt hinab in den furchtbarn Zwinger
Mit festem Schritte,
Und aus der Ungeheuer Mitte
Nimmt er den Handschuh mit keckem Finger.

Und mit Erstaunen und mit Grauen
Sehens die Ritter und Edelfrauen,
Und gelassen bringt er den Handschuh zurück.
Da schallt ihm sein Lob aus jedem Munde,
Aber mit zärtlichem Liebesblick –
Er verheißt ihm sein nahes Glück –
Empfängt ihn Fräulein Kunigunde.
Und er wirft ihr den Handschuh ins Gesicht:
»Den Dank, Dame, begehr ich nicht«,
Und verlässt sie zur selben Stunde.

Ritter Toggenburg

»Ritter, treue Schwesterliebe
Widmet Euch dies Herz,
Fordert keine andre Liebe,
Denn es macht mir Schmerz.
Ruhig mag ich Euch erscheinen,
Ruhig gehen sehn.
Eurer Augen stilles Weinen
Kann ich nicht verstehn.«

Und er hörts mit stummem Harme,
Reißt sich blutend los,
Presst sie heftig in die Arme,
Schwingt sich auf sein Ross,
Schickt zu seinen Mannen allen
In dem Lande Schweiz,
Nach dem Heilgen Grab sie wallen,
Auf der Brust das Kreuz.

Große Taten dort geschehen
Durch der Helden Arm,
Ihres Helmes Büsche wehen
In der Feinde Schwarm,
Und des Toggenburgers Name
Schreckt den Muselmann,
Doch das Herz von seinem Grame
Nicht genesen kann.

Und ein Jahr hat ers getragen,

Trägts nicht länger mehr,
Ruhe kann er nicht erjagen
Und verlässt das Heer,
Sieht ein Schiff an Joppes Strande,
Das die Segel bläht,
Schiffet heim zum teuren Lande,
Wo ihr Atem weht.

Und an ihres Schlosses Pforte
Klopft der Pilger an,
Ach! und mit dem Donnerworte
Wird sie aufgetan:
»Die Ihr suchet, trägt den Schleier,
Ist des Himmels Braut,
Gestern war des Tages Feier,
Der sie Gott getraut.«

Da verlässet er auf immer
Seiner Väter Schloss,
Seine Waffen sieht er nimmer,
Noch sein treues Ross,
Von der Toggenburg hernieder
Steigt er unbekannt,
Denn es deckt die edeln Glieder
Härenes Gewand.

Und erbaut sich eine Hütte
Jener Gegend nah,
Wo das Kloster aus der Mitte
Düstrer Linden sah;
Harrend von des Morgens Lichte
Bis zu Abends Schein,
Stille Hoffnung im Gesichte,
Saß er da allein.

Blickte nach dem Kloster drüben,
Blickte stundenlang
Nach dem Fenster seiner Lieben,
Bis das Fenster klang,
Bis die Liebliche sich zeigte,
Bis das teure Bild
Sich ins Tal herunterneigte
Ruhig, engelmild.

Und dann legt' er froh sich nieder,
Schlief getröstet ein,
Still sich freuend, wenn es wieder

Morgen würde sein.
Und so saß er viele Tage,
Saß viel Jahre lang,
Harrend ohne Schmerz und Klage,
Bis das Fenster klang.

Bis die Liebliche sich zeigte,
Bis das teure Bild
Sich ins Tal herunterneigte,
Ruhig, engelmild.
Und so saß er, eine Leiche,
Eines Morgens da,
Nach dem Fenster noch das bleiche,
Stille Antlitz sah.

An Emma

Weit in nebelgrauer Ferne
Liegt mir das vergangne Glück,
Nur an einem schönen Sterne
Weilt mit Liebe noch der Blick.
Aber wie des Sternes Pracht
Ist es nur ein Schein der Nacht.

Deckte dir der lange Schlummer,
Dir der Tod die Augen zu,
Dich besäße doch mein Kummer,
Meinem Herzen lebtest du.
Aber ach! du lebst im Licht,
Meiner Liebe lebst du nicht.

Kann der Liebe süß Verlangen,
Emma, kanns vergänglich sein?
Was dahin ist und vergangen,
Emma, kanns die Liebe sein?
Ihrer Flamme Himmelsglut,
Stirbt sie wie ein irdisch Gut?

Der Taucher

»Wer wagt es, Rittersmann oder Knapp,
Zu tauchen in diesen Schlund?
Einen goldnen Becher werf ich hinab,
Verschlungen schon hat ihn der schwarze Mund.
Wer mir den Becher kann wieder zeigen,
Er mag ihn behalten, er ist sein eigen.«

Der König spricht es und wirft von der Höh
Der Klippe, die schroff und steil
Hinaushängt in die unendliche See,
Den Becher in der Charybde Geheul.
»Wer ist der Beherzte, ich frage wieder,
Zu tauchen in diese Tiefe nieder?«

Und die Ritter, die Knappen um ihn her
Vernehmens und schweigen still,
Sehen hinab in das wilde Meer,
Und keiner den Becher gewinnen will.
Und der König zum dritten Mal wieder fraget:
»Ist keiner, der sich hinunterwaget?«

Doch alles noch stumm bleibt wie zuvor,
Und ein Edelknecht, sanft und keck,
Tritt aus der Knappen zagendem Chor,
Und den Gürtel wirft er, den Mantel weg,
Und alle die Männer umher und Frauen
Auf den herrlichen Jüngling verwundert schauen.

Und wie er tritt an des Felsen Hang
Und blickt in den Schlund hinab,
Die Wasser, die sie hinunterschlang,
Die Charybde jetzt brüllend wiedergab,
Und wie mit des fernen Donners Getose
Entstürzen sie schäumend dem finstern Schoße.

Und es wallet und siedet und brauset und zischt,
Wie wenn Wasser mit Feuer sich mengt,
Bis zum Himmel spritzet der dampfende Gischt,
Und Flut auf Flut sich ohn Ende drängt,
Und will sich nimmer erschöpfen und leeren,
Als wollte das Meer noch ein Meer gebären.

Doch endlich, da legt sich die wilde Gewalt,
Und schwarz aus dem weißen Schaum
Klafft hinunter ein gähnender Spalt,
Grundlos, als gings in den Höllenraum,
Und reißend sieht man die brandenden Wogen
Hinab in den strudelnden Trichter gezogen.

Jetzt schnell, eh die Brandung wiederkehrt,
Der Jüngling sich Gott befiehlt,
Und – ein Schrei des Entsetzens wird rings gehört,
Und schon hat ihn der Wirbel hinweggespült,
Und geheimnisvoll über dem kühnen Schwimmer
Schließt sich der Rachen, er zeigt sich nimmer.

Und stille wirds über dem Wasserschlund,
In der Tiefe nur brauset es hohl,
Und bebend hört man von Mund zu Mund:
»Hochherziger Jüngling, fahre wohl!«
Und hohler und hohler hört mans heulen,
Und es harrt noch mit bangem, mit schrecklichem Weilen.

Und wärfst du die Krone selber hinein
Und sprächst: Wer mir bringet die Kron,
Er soll sie tragen und König sein,
Mich gelüstete nicht nach dem teuren Lohn.
Was die heulende Tiefe da unten verhehle,
Das erzählt keine lebende glückliche Seele.

Wohl manches Fahrzeug, vom Strudel gefasst,
Schoss jäh in die Tiefe hinab,
Doch zerschmettert nur rangen sich Kiel und Mast
Hervor aus dem alles verschlingenden Grab. –
Und heller und heller wie Sturmes Sausen
Hört mans näher und immer näher brausen.

Und es wallet und siedet und brauset und zischt,
Wie wenn Wasser mit Feuer sich mengt,
Bis zum Himmel spritzet der dampfende Gischt,
Und Well auf Well sich ohn Ende drängt,
Und wie mit des fernen Donners Getose
Entstürzt es brüllend dem finstern Schoße.

Und sieh! aus dem finster flutenden Schoß
Da hebet sichs schwanenweiß,
Und ein Arm und ein glänzender Nacken wird bloß,
Und es rudert mit Kraft und mit emsigem Fleiß,
Und er ists, und hoch in seiner Linken
Schwingt er den Becher mit freudigem Winken.

Und atmete lang und atmete tief
Und begrüßte das himmlische Licht.
Mit Frohlocken es einer dem andern rief:
»Er lebt! Er ist da! Es behielt ihn nicht.
Aus dem Grab, aus der strudelnden Wasserhöhle
Hat der Brave gerettet die lebende Seele.«

Und er kommt, es umringt ihn die jubelnde Schar,
Zu des Königs Füßen er sinkt,
Den Becher reicht er ihm kniend dar,
Und der König der lieblichen Tochter winkt,
Die füllt ihn mit funkelndem Wein bis zum Rande,
Und der Jüngling sich also zum König wandte:

»Lang lebe der König! Es freue sich,
Wer da atmet im rosigten Licht!
Da unten aber ists fürchterlich,
Und der Mensch versuche die Götter nicht
Und begehre nimmer und nimmer zu schauen,
Was sie gnädig bedecken mit Nacht und Grauen.

Es riss mich hinunter blitzesschnell,
Da stürzt' mir aus felsigem Schacht
Wildflutend entgegen ein reißender Quell,
Mich packte des Doppelstroms wütende Macht,
Und wie einen Kreisel mit schwindelndem Drehen
Trieb michs um, ich konnte nicht widerstehen.

Da zeigte mir Gott, zu dem ich rief
In der höchsten schrecklichen Not,
Aus der Tiefe ragend ein Felsenriff,
Das erfasst' ich behend und entrann dem Tod,
Und da hing auch der Becher an spitzen Korallen,
Sonst wär er ins Bodenlose gefallen.

Denn unter mir lags noch, bergetief,
In purpurner Finsternis da,
Und obs hier dem Ohre gleich ewig schlief,
Das Auge mit Schaudern hinuntersah,
Wie's von Salamandern und Molchen und Drachen
Sich regt' in dem furchtbaren Höllenrachen.

Schwarz wimmelten da, in grausem Gemisch,
Zu scheußlichen Klumpen geballt,
Der stachlige Rochen, der Klippenfisch,
Des Hammers greuliche Ungestalt,
Und dräuend wies mir die grimmigen Zähne
Der entsetzliche Hai, des Meeres Hyäne.

Und da hing ich und wars mir mit Grausen bewusst,
Von der menschlichen Hilfe so weit,
Unter Larven die einzige fühlende Brust,
Allein in der grässlichen Einsamkeit,
Tief unter dem Schall der menschlichen Rede
Bei den Ungeheuern der traurigen Öde.

Und schaudernd dacht ichs, da krochs heran,
Regte hundert Gelenke zugleich,
Will schnappen nach mir; in des Schreckens Wahn
Lass ich los der Koralle umklammerten Zweig,
Gleich fasst mich der Strudel mit rasendem Toben,
Doch es war mir zum Heil, er riss mich nach oben.«

Der König darob sich verwundert schier
Und spricht: »Der Becher ist dein,
Und diesen Ring noch bestimm ich dir,
Geschmückt mit dem köstlichsten Edelgestein,
Versuchst dus noch einmal und bringst mir Kunde,
Was du sahst auf des Meeres tiefunterstem Grunde.«

Das hörte die Tochter mit weichem Gefühl,
Und mit schmeichelndem Munde sie fleht:
»Lasst, Vater, genug sein das grausame Spiel,
Er hat Euch bestanden, was keiner besteht,
Und könnt Ihr des Herzens Gelüsten nicht zähmen,
So mögen die Ritter den Knappen beschämen.«

Drauf der König greift nach dem Becher schnell,
In den Strudel ihn schleudert hinein:
»Und schaffst du den Becher mir wieder zur Stell,
So sollst du der trefflichste Ritter mir sein
Und sollst sie als Ehgemahl heut noch umarmen,
Die jetzt für dich bittet mit zartem Erbarmen.«

Da ergreifts ihm die Seele mit Himmelsgewalt,
Und es blitzt aus den Augen ihm kühn,
Und er siehet erröten die schöne Gestalt
Und sieht sie erbleichen und sinken hin,
Da treibts ihn, den köstlichen Preis zu erwerben,
Und stürzt hinunter auf Leben und Sterben.

Wohl hört man die Brandung, wohl kehrt sie zurück,
Sie verkündigt der donnernde Schall,
Da bückt sichs hinunter mit liebendem Blick,
Es kommen, es kommen die Wasser all,
Sie rauschen herauf, sie rauschen nieder,
Den Jüngling bringt keines wieder.

Reiterlied

Wohlauf, Kameraden, aufs Pferd, aufs Pferd!
Ins Feld, in die Freiheit gezogen!
Im Felde, da ist der Mann noch was wert,
Da wird das Herz noch gewogen.
Da tritt kein anderer für ihn ein,
Auf sich selber steht er da ganz allein.

Aus der Welt die Freiheit verschwunden ist,
Man sieht nur Herren und Knechte,
Die Falschheit herrschet, die Hinterlist

Bei dem feigen Menschengeschlechte.
Der dem Tod ins Angesicht schauen kann,
Der Soldat allein ist der freie Mann.

Des Lebens Ängste, er wirft sie weg,
Hat nicht mehr zu fürchten, zu sorgen,
Er reitet dem Schicksal entgegen keck,
Trifft's heute nicht, trifft es doch morgen,
Und trifft es morgen, so lasset uns heut
Noch schlürfen die Neige der köstlichen Zeit.

Von dem Himmel fällt ihm sein lustig Los,
Brauchts nicht mit Müh zu erstreben,
Der Fröner, der sucht in der Erde Schoß,
Da meint er den Schatz zu erheben.
Er gräbt und schaufelt, solang er lebt,
Und gräbt, bis er endlich sein Grab sich gräbt.

Der Reiter und sein geschwindes Ross,
Sie sind gefürchtete Gäste;
Es flimmern die Lampen im Hochzeitschloss,
Ungeladen kommt er zum Feste.
Er wirbt nicht lange, er zeiget nicht Gold,
Im Sturm erringt er den Minnesold.

Warum weint die Dirn und zergrämet sich schier?
Lass fahren dahin, lass fahren!
Er hat auf Erden kein bleibend Quartier,
Kann treue Lieb nicht bewahren.
Das rasche Schicksal, es treibt ihn fort,
Seine Ruh lässt er an keinem Ort.

Drum frisch, Kameraden, den Rappen gezäumt,
Die Brust im Gefechte gelüftet!
Die Jugend brauset, das Leben schäumt,
Frisch auf! eh der Geist noch verdüftet.
Und setzet ihr nicht das Leben ein,
Nie wird euch das Leben gewonnen sein.

Die Urne und das Skelett

In das Grab hinein pflanzte der menschliche Grieche noch Leben,
Und du töricht Geschlecht stellst in das Leben den Tod.

Das Regiment

Das Gesetz sei der Mann in des Staats geordnetem Haushalt,
Aber mit weiblicher Huld herrsche die Sitte darin.

Die Worte des Glaubens

Drei Worte nenn ich euch, inhaltschwer,
Sie gehen von Munde zu Munde,
Doch stammen sie nicht von außen her,
Das Herz nur gibt davon Kunde.
Dem Menschen ist aller Wert geraubt,
Wenn er nicht mehr an die drei Worte glaubt.

Der Mensch ist frei geschaffen, ist frei,
Und würd er in Ketten geboren,
Lasst euch nicht irren des Pöbels Geschrei,
Nicht den Missbrauch rasender Toren.
Vor dem Sklaven, wenn er die Kette bricht,
Vor dem freien Menschen erzittert nicht.

Und die Tugend, sie ist kein leerer Schall,
Der Mensch kann sie üben im Leben,
Und sollt er auch straucheln überall,
Er kann nach der göttlichen streben,
Und was kein Verstand der Verständigen sieht,
Das übet in Einfalt ein kindlich Gemüt.

Und ein Gott ist, ein heiliger Wille lebt,
Wie auch der menschliche wanke,
Hoch über der Zeit und dem Raume webt
Lebendig der höchste Gedanke,
Und ob alles in ewigem Wechsel kreist,
Es beharret im Wechsel ein ruhiger Geist.

Die drei Worte bewahret euch, inhaltsschwer,
Sie pflanzet von Munde zu Munde,
Und stammen sie gleich nicht von außen her,
Euer Innres gibt davon Kunde,
Dem Menschen ist nimmer sein Wert geraubt,
Solang er noch an die drei Worte glaubt.

Nadowessische Totenklage

Seht! da sitzt er auf der Matte,
Aufrecht sitzt er da,
Mit dem Anstand, den er hatte,

186

Als er's Licht noch sah.

Doch wo ist die Kraft der Fäuste,
Wo des Atems Hauch,
Der noch jüngst zum großen Geiste
Blies der Pfeife Rauch?

Wo die Augen, falkenhelle,
Die des Rentiers Spur
Zählten auf des Grases Welle,
Auf dem Tau der Flur?

Diese Schenkel, die behender
Flohen durch den Schnee
Als der Hirsch, der Zwanzigender,
Als des Berges Reh?

Diese Arme, die den Bogen
Spannten streng und straff!
Seht, das Leben ist entflogen,
Seht, sie hängen schlaff!

Wohl ihm! er ist hingegangen,
Wo kein Schnee mehr ist,
Wo mit Mais die Felder prangen,
Der von selber sprießt.

Wo mit Vögeln alle Sträuche,
Wo der Wald mit Wild,
Wo mit Fischen alle Teiche
Lustig sind gefüllt.

Mit den Geistern speist er droben,
Ließ uns hier allein,
Dass wir seine Taten loben
Und ihn scharren ein.

Bringet her die letzten Gaben,
Stimmt die Totenklag!
Alles sei mit ihm begraben,
Was ihn freuen mag.

Legt ihm unters Haupt die Beile,
Die er tapfer schwang,
Auch des Bären fette Keule,
Denn der Weg ist lang.

Auch das Messer scharf geschliffen,
Das vom Feindeskopf
Rasch mit drei geschickten Griffen
Schälte Haut und Schopf.

Farben auch, den Leib zu malen,
Steckt ihm in die Hand,
Dass er rötlich möge strahlen
In der Seelen Land.

Der Obelisk

Aufgerichtet hat mich auf hohem Gestelle der Meister.
Stehe! sprach er, und ich steh ihm mit Kraft und mit Lust.

Der Triumphbogen

Fürchte nicht, sagte der Meister, des Himmels Bogen, ich stelle
Dich unendlich wie ihn in die Unendlichkeit hin.

Die schöne Brücke

Unter mir, über mir rennen die Wellen, die Wagen, und gütig
Gönnte der Meister mir selbst, auch mit hinüber zu gehn.

Das Tor

Schmeichelnd locke das Tor den Wilden herein zum Gesetze,
Froh in die freie Natur führ es den Bürger heraus.

Die Peterskirche

Suchst du das Unermessliche hier, du hast dich geirret,
Meine Größe ist die, größer zu machen dich selbst.

Licht und Wärme

Der bessre Mensch tritt in die Welt
Mit fröhlichem Vertrauen,
Er glaubt, was ihm die Seele schwellt,
Auch außer sich zu schauen,
Und weiht, von edlem Eifer warm,
Der Wahrheit seinen treuen Arm.

Doch alles ist so klein, so eng,
Hat er es erst erfahren,
Da sucht er in dem Weltgedräng
Sich selbst nur zu bewahren,
Das Herz in kalter stolzer Ruh
Schließt endlich sich der Liebe zu.

Sie geben, ach! nicht immer Glut,
Der Wahrheit helle Strahlen.
Wohl denen, die des Wissens Gut
Nicht mit dem Herzen zahlen!
Drum paart, zu eurem schönsten Glück,
Mit Schwärmers Ernst des Weltmanns Blick.

Breite und Tiefe

Es glänzen viele in der Welt,
Sie wissen von allem zu sagen,
Und wo was reizet und wo was gefällt,
Man kann es bei ihnen erfragen,
Man dächte, hört man sie reden laut,
Sie hätten wirklich erobert die Braut.

Doch gehn sie aus der Welt ganz still,
Ihr Leben war verloren.
Wer etwas Treffliches leisten will,
Hätt gern was Großes geboren,
Der sammle still und unerschlafft
Im kleinsten Punkte die höchste Kraft.

Der Stamm erhebt sich in die Luft
Mit üppig prangenden Zweigen,
Die Blätter glänzen und hauchen Duft,
Doch können sie Früchte nicht zeugen,
Der Kern allein im schmalen Raum
Verbirgt den Stolz des Waldes, den Baum.

Die Kraniche des Ibykus

Zum Kampf der Wagen und Gesänge,
Der auf Korinthus' Landesenge
Der Griechen Stämme froh vereint,
Zog Ibykus, der Götterfreund.
Ihm schenkte des Gesanges Gabe,
Der Lieder süßen Mund Apoll,
So wandert' er, an leichtem Stabe,
Aus Rhegium, des Gottes voll.

Schon winkt auf hohem Bergesrücken
Akrokorinth des Wandrers Blicken,
Und in Poseidons Fichtenhain
Tritt er mit frommem Schauder ein.
Nichts regt sich um ihn her, nur Schwärme

Von Kranichen begleiten ihn,
Die fernhin nach des Südens Wärme
In graulichtem Geschwader ziehn.

»Seid mir gegrüßt, befreundte Scharen!
Die mir zur See Begleiter waren,
Zum guten Zeichen nehm ich euch,
Mein Los, es ist dem euren gleich.
Von fernher kommen wir gezogen
Und flehen um ein wirtlich Dach.
Sei uns der Gastliche gewogen,
Der von dem Fremdling wehrt die Schmach!«

Und munter fördert er die Schritte
Und sieht sich in des Waldes Mitte,
Da sperren, auf gedrangem Steg,
Zwei Mörder plötzlich seinen Weg.
Zum Kampfe muss er sich bereiten,
Doch bald ermattet sinkt die Hand,
Sie hat der Leier zarte Saiten,
Doch nie des Bogens Kraft gespannt.

Er ruft die Menschen an, die Götter,
Sein Flehen dringt zu keinem Retter,
Wie weit er auch die Stimme schickt,
Nichts Lebendes wird hier erblickt.
»So muss ich hier verlassen sterben,
Auf fremdem Boden, unbeweint,
Durch böser Buben Hand verderben,
Wo auch kein Rächer mir erscheint!«

Und schwer getroffen sinkt er nieder,
Da rauscht der Kraniche Gefieder,
Er hört, schon kann er nicht mehr sehn,
Die nahen Stimmen furchtbar krähn.
»Von euch, ihr Kraniche dort oben!
Wenn keine andre Stimme spricht,
Sei meines Mordes Klag erhoben!«
Er ruft es, und sein Auge bricht.

Der nackte Leichnam wird gefunden,
Und bald, obgleich entstellt von Wunden,
Erkennt der Gastfreund in Korinth
Die Züge, die ihm teuer sind.
»Und muss ich so dich wiederfinden,
Und hoffte mit der Fichte Kranz
Des Sängers Schläfe zu umwinden,

Bestrahlt von seines Ruhmes Glanz!«

Und jammernd hörens alle Gäste,
Versammelt bei Poseidons Feste,
Ganz Griechenland ergreift der Schmerz,
Verloren hat ihn jedes Herz.
Und stürmend drängt sich zum Prytanen
Das Volk, es fordert seine Wut,
Zu rächen des Erschlagnen Manen,
Zu sühnen mit des Mörders Blut.

Doch wo die Spur, die aus der Menge,
Der Völker flutendem Gedränge,
Gelocket von der Spiele Pracht,
Den schwarzen Täter kenntlich macht?
Sinds Räuber, die ihn feig erschlagen?
Tats neidisch ein verborgner Feind?
Nur Helios vermags zu sagen,
Der alles Irdische bescheint.

Er geht vielleicht mit frechem Schritte
Jetzt eben durch der Griechen Mitte,
Und während ihn die Rache sucht,
Genießt er seines Frevels Frucht.
Auf ihres eignen Tempels Schwelle
Trotzt er vielleicht den Göttern, mengt
Sich dreist in jene Menschenwelle,
Die dort sich zum Theater drängt.

Denn Bank an Bank gedränget sitzen,
Es brechen fast der Bühne Stützen,
Herbeigeströmt von fern und nah,
Der Griechen Völker wartend da,
Dumpfbrausend wie des Meeres Wogen;
Von Menschen wimmelnd, wächst der Bau
In weiter stets geschweiftem Bogen
Hinauf bis in des Himmels Blau.

Wer zählt die Völker, nennt die Namen,
Die gastlich hier zusammenkamen?
Von Theseus' Stadt, von Aulis Strand,
Von Phokis, vom Spartanerland,
Von Asiens entlegner Küste,
Von allen Inseln kamen sie
Und horchen von dem Schaugerüste
Des Chores grauser Melodie,

Der streng und ernst, nach alter Sitte,

Mit langsam abgemessnem Schritte,
Hervortritt aus dem Hintergrund,
Umwandelnd des Theaters Rund.
So schreiten keine irdschen Weiber,
Die zeugete kein sterblich Haus!
Es steigt das Riesenmaß der Leiber
Hoch über menschliches hinaus.

Ein schwarzer Mantel schlägt die Lenden,
Sie schwingen in entfleischten Händen
Der Fackel düsterrote Glut,
In ihren Wangen fließt kein Blut.
Und wo die Haare lieblich flattern,
Um Menschenstirnen freundlich wehn,
Da sieht man Schlangen hier und Nattern
Die giftgeschwollnen Bäuche blähn.

Und schauerlich gedreht im Kreise
Beginnen sie des Hymnus Weise,
Der durch das Herz zerreißend dringt,
Die Bande um den Sünder schlingt.
Besinnungraubend, herzbetörend
Schallt der Erinnyen Gesang,
Er schallt, des Hörers Mark verzehrend,
Und duldet nicht der Leier Klang:

»Wohl dem, der frei von Schuld und Fehle
Bewahrt die kindlich reine Seele!
Ihm dürfen wir nicht rächend nahn,
Er wandelt frei des Lebens Bahn.
Doch wehe, wehe, wer verstohlen
Des Mordes schwere Tat vollbracht,
Wir heften uns an seine Sohlen,
Das furchtbare Geschlecht der Nacht!

Und glaubt er fliehend zu entspringen,
Geflügelt sind wir da, die Schlingen
Ihm werfend um den flüchtgen Fuß,
Dass er zu Boden fallen muss.
So jagen wir ihn, ohn Ermatten,
Versöhnen kann uns keine Reu,
Ihn fort und fort bis zu den Schatten,
Und geben ihn auch dort nicht frei.«

So singend, tanzen sie den Reigen,
Und Stille wie des Todes Schweigen
Liegt überm ganzen Hause schwer,

Als ob die Gottheit nahe wär.
Und feierlich, nach alter Sitte
Umwandelnd des Theaters Rund
Mit langsam abgemessnem Schritte,
Verschwinden sie im Hintergrund.

Und zwischen Trug und Wahrheit schwebet
Noch zweifelnd jede Brust und bebet
Und huldiget der furchtbarn Macht,
Die richtend im Verborgnen wacht,
Die unerforschlich, unergründet
Des Schicksals dunkeln Knäuel flicht,
Dem tiefen Herzen sich verkündet,
Doch fliehet vor dem Sonnenlicht.

Da hört man auf den höchsten Stufen
Auf einmal eine Stimme rufen:
»Sieh da! Sieh da, Timotheus,
Die Kraniche des Ibykus!« –
Und finster plötzlich wird der Himmel,
Und über dem Theater hin
Sieht man in schwärzlichtem Gewimmel
Ein Kranichheer vorüberziehn.

»Des Ibykus!« – Der teure Name
Rührt jede Brust mit neuem Grame,
Und, wie im Meere Well auf Well,
So läufts von Mund zu Munde schnell:
»Des Ibykus, den wir beweinen,
Den eine Mörderhand erschlug!
Was ists mit dem? Was kann er meinen?
Was ists mit diesem Kranichzug?« –

Und lauter immer wird die Frage,
Und ahnend fliegts mit Blitzesschlage
Durch alle Herzen. »Gebet acht!
Das ist der Eumeniden Macht!
Der fromme Dichter wird gerochen,
Der Mörder bietet selbst sich dar!
Ergreift ihn, der das Wort gesprochen,
Und ihn, an dens gerichtet war.«

Doch dem war kaum das Wort entfahren,
Möcht ers im Busen gern bewahren;
Umsonst, der schreckenbleiche Mund
Macht schnell die Schuldbewussten kund.
Man reißt und schleppt sie vor den Richter,

Die Szene wird zum Tribunal,
Und es gestehn die Bösewichter,
Getroffen von der Rache Strahl.

Das Geheimnis

Sie konnte mir kein Wörtchen sagen,
Zu viele Lauscher waren wach,
Den Blick nur durft ich schüchtern fragen,
Und wohl verstand ich, was er sprach.
Leis komm ich her in deine Stille,
Du schön belaubtes Buchenzelt,
Verbirg in deiner grünen Hülle
Die Liebenden dem Aug der Welt.

Von ferne mit verworrnem Sausen
Arbeitet der geschäftge Tag,
Und durch der Stimmen hohles Brausen
Erkenn ich schwerer Hämmer Schlag.
So sauer ringt die kargen Lose
Der Mensch dem harten Himmel ab,
Doch leicht erworben, aus dem Schoße
Der Götter fällt das Glück herab.

Dass ja die Menschen nie es hören,
Wie treue Lieb uns still beglückt!
Sie können nur die Freude stören,
Weil Freude nie sie selbst entzückt.
Die Welt wird nie das Glück erlauben,
Als Beute wird es nur gehascht,
Entwenden musst dus oder rauben,
Eh dich die Missgunst überrascht.

Leis auf den Zehen kommts geschlichen,
Die Stille liebt es und die Nacht,
Mit schnellen Füßen ists entwichen,
Wo des Verräters Auge wacht.
O schlinge dich, du sanfte Quelle,
Ein breiter Strom um uns herum,
Und drohend mit empörter Welle
Verteidige dies Heiligtum!

Der Gang nach dem Eisenhammer

Ein frommer Knecht war Fridolin
Und in der Furcht des Herrn

Ergeben der Gebieterin,
Der Gräfin von Savern.
Sie war so sanft, sie war so gut,
Doch auch der Launen Übermut
Hätt er geeifert zu erfüllen,
Mit Freudigkeit, um Gottes willen.

Früh von des Tages erstem Schein,
Bis spät die Vesper schlug,
Lebt' er nur ihrem Dienst allein,
Tat nimmer sich genug.
Und sprach die Dame: »Mach dirs leicht!«
Da wurd ihm gleich das Auge feucht,
Und meinte seiner Pflicht zu fehlen,
Durft er sich nicht im Dienste quälen.

Drum vor dem ganzen Dienertross
Die Gräfin ihn erhob,
Aus ihrem schönen Munde floss
Sein unerschöpftes Lob.
Sie hielt ihn nicht als ihren Knecht,
Es gab sein Herz ihm Kindesrecht,
Ihr klares Auge mit Vergnügen
Hing an den wohlgestalten Zügen.

Darob entbrennt in Roberts Brust,
Des Jägers, giftger Groll,
Dem längst von böser Schadenlust
Die schwarze Seele schwoll.
Und trat zum Grafen, rasch zur Tat
Und offen des Verführers Rat,
Als einst vom Jagen heim sie kamen,
Streut' ihm ins Herz des Argwohns Samen.

»Wie seid Ihr glücklich, edler Graf«,
Hub er voll Arglist an,
»Euch raubet nicht den goldnen Schlaf
Des Zweifels giftger Zahn.
Denn Ihr besitzt ein edles Weib,
Es gürtet Scham den keuschen Leib,
Die fromme Treue zu berücken,
Wird nimmer dem Versucher glücken.«

Da rollt der Graf die finstern Brau'n:
»Was redst du mir, Gesell?
Werd ich auf Weibestugend baun,
Beweglich wie die Well?

Leicht locket sie des Schmeichlers Mund,
Mein Glaube steht auf festerm Grund,
Vom Weib des Grafen von Saverne
Bleibt, hoff ich, der Versucher ferne.«

Der andre spricht: »So denkt Ihr recht.
Nur Euren Spott verdient
Der Tor, der, ein geborner Knecht,
Ein solches sich erkühnt
Und zu der Frau, die ihm gebeut,
Erhebt der Wünsche Lüsternheit.« –
»Was?« fällt ihm jener ein und bebet,
»Redst du von einem, der da lebet?«

»Ja doch, was aller Mund erfüllt,
Das bärg sich meinem Herrn?
Doch, weil Ihrs denn mit Fleiß verhüllt,
So unterdrück ichs gern.« –
»Du bist des Todes, Bube, sprich!«
Ruft jener streng und fürchterlich.
»Wer hebt das Aug zu Kunigonden?«
»Nun ja, ich spreche von dem Blonden.

Er ist nicht hässlich von Gestalt«,
Fährt er mit Arglist fort,
Indems den Grafen heiß und kalt
Durchrieselt bei dem Wort.
»Ists möglich, Herr? Ihr saht es nie,
Wie er nur Augen hat für sie?
Bei Tafel Eurer selbst nicht achtet,
An ihren Stuhl gefesselt schmachtet?

Seht da die Verse, die er schrieb
Und seine Glut gesteht –«
»Gesteht!« – »Und sie um Gegenlieb,
Der freche Bube! fleht.
Die gnädge Gräfin, sanft und weich,
Aus Mitleid wohl verbarg sies Euch,
Mich reuet jetzt, dass mirs entfahren,
Denn, Herr, was habt Ihr zu befahren?«

Da ritt in seines Zornes Wut
Der Graf ins nahe Holz,
Wo ihm in hoher Öfen Glut
Die Eisenstufe schmolz.
Hier nährten früh und spat den Brand
Die Knechte mit geschäfter Hand,

Der Funke sprüht, die Bälge blasen,
Als gält es, Felsen zu verglasen.

Des Wassers und des Feuers Kraft
Verbündet sieht man hier,
Das Mühlrad, von der Flut gerafft,
Umwälzt sich für und für.
Die Werke klappern Nacht und Tag,
Im Takte pocht der Hämmer Schlag,
Und bildsam von den mächtgen Streichen
Muss selbst das Eisen sich erweichen.

Und zweien Knechten winket er,
Bedeutet sie und sagt:
»Den ersten, den ich sende her,
Und der euch also fragt:
›Habt ihr befolgt des Herren Wort?‹
Den werft mir in die Hölle dort,
Dass er zu Asche gleich vergehe
Und ihn mein Aug nicht weiter sehe«.

Des freut sich das entmenschte Paar
Mit roher Henkerslust,
Denn fühllos wie das Eisen war
Das Herz in ihrer Brust.
Und frischer mit der Bälge Hauch
Erhitzen sie des Ofens Bauch
Und schicken sich mit Mordverlangen,
Das Todesopfer zu empfangen.

Drauf Robert zum Gesellen spricht
Mit falschem Heuchelschein:
»Frisch auf, Gesell, und säume nicht,
Der Herr begehret dein.«
Der Herr, der spricht zu Fridolin:
»Musst gleich zum Eisenhammer hin,
Und frage mir die Knechte dorten,
Ob sie getan nach meinen Worten.«

Und jener spricht: »Es soll geschehn«,
Und macht sich flugs bereit.
Doch sinnend bleibt er plötzlich stehn:
»Ob sie mir nichts gebeut?«
Und vor die Gräfin stellt er sich:
»Hinaus zum Hammer schickt man mich,
So sag, was kann ich dir verrichten?
Denn dir gehören meine Pflichten.«

Darauf die Dame von Savern
Versetzt mit sanftem Ton:
»Die heilge Messe hört ich gern,
Doch liegt mir krank der Sohn.
So gehe denn, mein Kind, und sprich
In Andacht ein Gebet für mich,
Und denkst du reuig deiner Sünden,
So lass auch mich die Gnade finden.«

Und froh der vielwillkommnen Pflicht
Macht er im Flug sich auf,
Hat noch des Dorfes Ende nicht
Erreicht im schnellen Lauf,
Da tönt ihm von dem Glockenstrang
Hellschlagend des Geläutes Klang,
Das alle Sünder, hochbegnadet,
Zum Sakramente festlich ladet.

»Dem lieben Gotte weich nicht aus,
Findst du ihn auf dem Weg!« –
Er sprichts und tritt ins Gotteshaus,
Kein Laut ist hier noch reg.
Denn um die Ernte wars, und heiß
Im Felde glüht' der Schnitter Fleiß,
Kein Chorgehilfe war erschienen,
Die Messe kundig zu bedienen.

Entschlossen ist er alsobald
Und macht den Sakristan.
»Das«, spricht er, »ist kein Aufenthalt,
Was fördert himmelan.«
Die Stola und das Zingulum
Hängt er dem Priester dienend um,
Bereitet hurtig die Gefäße,
Geheiliget zum Dienst der Messe.

Und als er dies mit Fleiß getan,
Tritt er als Ministrant
Dem Priester zum Altar voran,
Das Messbuch in der Hand,
Und knieet rechts und knieet links
Und ist gewärtig jedes Winks,
Und als des Sanktus Worte kamen,
Da schellt er dreimal bei dem Namen.

Drauf als der Priester fromm sich neigt
Und, zum Altar gewandt,

Den Gott, den gegenwärtgen, zeigt
In hocherhabner Hand,
Da kündet es der Sakristan
Mit hellem Glöcklein klingend an,
Und alles kniet und schlägt die Brüste,
Sich fromm bekreuzend vor dem Christe.

So übt er jedes pünktlich aus
Mit schnell gewandtem Sinn,
Was Brauch ist in dem Gotteshaus,
Er hat es alles inn',
Und wird nicht müde bis zum Schluss,
Bis beim Vobiscum Dominus
Der Priester zur Gemein' sich wendet,
Die heilge Handlung segnend endet.

Da stellt er jedes wiederum
In Ordnung säuberlich,
Erst reinigt er das Heiligtum,
Und dann entfernt er sich
Und eilt in des Gewissens Ruh
Den Eisenhütten heiter zu,
Spricht unterwegs, die Zahl zu füllen,
Zwölf Paternoster noch im Stillen.

Und als er rauchen sieht den Schlot
Und sieht die Knechte stehn,
Da ruft er: »Was der Graf gebot,
Ihr Knechte, ists geschehn?«
Und grinsend zerren sie den Mund
Und deuten in des Ofens Schlund:
»Der ist besorgt und aufgehoben,
Der Graf wird seine Diener loben.«

Die Antwort bringt er seinem Herrn
In schnellem Lauf zurück.
Als der ihn kommen sieht von fern,
Kaum traut er seinem Blick.
»Unglücklicher! wo kommst du her?«
»Vom Eisenhammer.« – »Nimmermehr!
So hast du dich im Lauf verspätet?«
»Herr, nur so lang, bis ich gebetet.

Denn als von Eurem Angesicht
Ich heute ging, verzeiht,
Da fragt ich erst, nach meiner Pflicht,
Bei der, die mir gebeut.

Die Messe, Herr, befahl sie mir
Zu hören, gern gehorcht ich ihr
Und sprach der Rosenkränze viere
Für Euer Heil und für das ihre.«

In tiefes Staunen sinket hier
Der Graf, entsetzet sich:
»Und welche Antwort wurde dir
Am Eisenhammer? Sprich!«
»Herr, dunkel war der Rede Sinn,
Zum Ofen wies man lachend hin:
›Der ist besorgt und aufgehoben,
Der Graf wird seine Diener loben.‹«

»Und Robert?« fällt der Graf ihm ein,
Es überläuft ihn kalt,
»Sollt er dir nicht begegnet sein?
Ich sandt ihn doch zum Wald.«
»Herr, nicht im Wald, nicht in der Flur
Fand ich von Robert eine Spur.« –
»Nun«, ruft der Graf und steht vernichtet,
»Gott selbst im Himmel hat gerichtet!«

Und gütig, wie er nie gepflegt,
Nimmt er des Dieners Hand,
Bringt ihn der Gattin, tiefbewegt,
Die nichts davon verstand.
»Dies Kind, kein Engel ist so rein,
Lassts Eurer Huld empfohlen sein,
Wie schlimm wir auch beraten waren,
Mit dem ist Gott und seine Scharen.«

Hoffnung

Es reden und träumen die Menschen viel
Von bessern künftigen Tagen,
Nach einem glücklichen goldenen Ziel
Sieht man sie rennen und jagen.
Die Welt wird alt und wird wieder jung,
Doch der Mensch hofft immer Verbesserung.

Die Hoffnung führt ihn ins Leben ein,
Sie umflattert den fröhlichen Knaben,
Den Jüngling locket ihr Zauberschein,
Sie wird mit dem Greis nicht begraben,
Denn beschließt er im Grabe den müden Lauf,

Noch am Grabe pflanzt er – die Hoffnung auf.
Es ist kein leerer schmeichelnder Wahn,
Erzeugt im Gehirne des Toren,
Im Herzen kündet es laut sich an:
Zu was Besserm sind wir geboren!
Und was die innere Stimme spricht,
Das täuscht die hoffende Seele nicht.

Die Begegnung

Noch seh ich sie, umringt von ihren Frauen,
Die herrlichste von allen stand sie da,
Wie eine Sonne war sie anzuschauen,
Ich stand von fern und wagte mich nicht nah,
Es fasste mich mit wollustvollem Grauen,
Als ich den Glanz vor mir verbreitet sah,
Doch schnell, als hätten Flügel mich getragen,
Ergriff es mich, die Saiten anzuschlagen.

Was ich in jenem Augenblick empfunden
Und was ich sang, vergebens sinn ich nach,
Ein neu Organ hatt ich in mir gefunden,
Das meines Herzens heilge Regung sprach,
Die Seele wars, die, jahrelang gebunden,
Durch alle Fesseln jetzt auf einmal brach
Und Töne fand in ihren tiefsten Tiefen,
Die ungeahnt und göttlich in ihr schliefen.

Und als die Saiten lange schon geschwiegen,
Die Seele endlich mir zurücke kam,
Da sah ich in den engelgleichen Zügen
Die Liebe ringen mit der holden Scham,
Und alle Himmel glaubt' ich zu erfliegen,
Als ich das leise süße Wort vernahm –
O droben nur in selger Geister Chören
Werd ich des Tones Wohllaut wieder hören!

»Das treue Herz, das trostlos sich verzehrt
Und still bescheiden nie gewagt zu sprechen,
Ich kenne den ihm selbst verborgenen Wert,
Am rohen Glück will ich das Edle rächen.
Dem Armen sei das schönste Los beschert,
Nur Liebe darf der Liebe Blume brechen.
Der schönste Schatz gehört dem Herzen an,
Das ihn erwidern und empfinden kann.«

Das Glück

Selig, welchen die Götter, die gnädigen, vor der Geburt schon
Liebten, welchen als Kind Venus im Arme gewiegt,
Welchem Phöbus die Augen, die Lippen Hermes gelöset,
Und das Siegel der Macht Zeus auf die Stirne gedrückt!
Ein erhabenes Los, ein göttliches, ist ihm gefallen,
Schon vor des Kampfes Beginn sind ihm die Schläfen bekränzt.
Ihm ist, eh er es lebte, das volle Leben gerechnet,
Eh er die Mühe bestand, hat er die Charis erlangt.
Groß zwar nenn ich den Mann, der, sein eigner Bildner und Schöpfer,
Durch der Tugend Gewalt selber die Parze bezwingt,
Aber nicht erzwingt er das Glück, und was ihm die Charis
Neidisch geweigert, erringt nimmer der strebende Mut.
Vor Unwürdigem kann dich der Wille, der ernste, bewahren,
Alles Höchste, es kommt frei von den Göttern herab.
Wie die Geliebte dich liebt, so kommen die himmlischen Gaben,
Oben in Jupiters Reich herrscht wie in Amors die Gunst.
Neigungen haben die Götter, sie lieben der grünenden Jugend
Lockigte Scheitel, es zieht Freude die Fröhlichen an.
Nicht der Sehende wird von ihrer Erscheinung beseligt,
Ihrer Herrlichkeit Glanz hat nur der Blinde geschaut;
Gern erwählen sie sich der Einfalt kindliche Seele,
In das bescheidne Gefäß schließen sie Göttliches ein.
Ungehofft sind sie da und täuschen die stolze Erwartung,
Keines Bannes Gewalt zwinget die Freien herab.
Wem er geneigt, dem sendet der Vater der Menschen und Götter
Seinen Adler herab, trägt ihn zu himmlischen Höhn,
Unter die Menge greift er mit Eigenwillen, und welches
Haupt ihm gefället, um das flicht er mit liebender Hand
Jetzt den Lorbeer und jetzt die herrschaftgebende Binde;
Krönte doch selber den Gott nur das gewogene Glück.
Vor dem Glücklichen her tritt Phöbus, der pythische Sieger,
Und der die Herzen bezwingt, Amor, der lächelnde Gott.
Vor ihm ebnet Poseidon das Meer, sanft gleitet des Schiffes
Kiel, das den Cäsar führt und sein allmächtiges Glück.
Ihm zu Füßen legt sich der Leu, das brausende Delphin
Steigt aus den Tiefen, und fromm beut es den Rücken ihm an.
Zürne dem Glücklichen nicht, dass den leichten Sieg ihm die Götter
Schenken, dass aus der Schlacht Venus den Liebling entrückt.
Ihn, den die lächelnde rettet, den Göttergeliebten beneid ich,
Jenen nicht, dem sie mit Nacht deckt den verdunkelten Blick.
War er weniger herrlich, Achilles, weil ihm Hephästos
Selbst geschmiedet den Schild und das verderbliche Schwert,

Weil um den sterblichen Mann der große Olymp sich beweget?
Das verherrlichet ihn, dass ihn die Götter geliebt,
Dass sie sein Zürnen geehrt und, Ruhm dem Liebling zu geben,
Hellas' bestes Geschlecht stürzten zum Orkus hinab.
Zürne der Schönheit nicht, dass sie schön ist, dass sie verdienstlos
Wie der Lilie Kelch prangt durch der Venus Geschenk,
Lass sie die Glückliche sein, du schaust sie, du bist der Beglückte,
Wie sie ohne Verdienst glänzt, so entzücket sie dich.
Freue dich, dass die Gabe des Lieds vom Himmel herabkommt,
Dass der Sänger dir singt, was ihn die Muse gelehrt,
Weil der Gott ihn beseelt, so wird er dem Hörer zum Gotte,
Weil er der Glückliche ist, kannst du der Selige sein.
Auf dem geschäftigen Markt, da führe Themis die Waage,
Und es messe der Lohn streng an der Mühe sich ab;
Aber die Freude ruft nur ein Gott auf sterbliche Wangen,
Wo kein Wunder geschieht, ist kein Beglückter zu sehn.
Alles Menschliche muss erst werden und wachsen und reifen,
Und von Gestalt zu Gestalt führt es die bildende Zeit,
Aber das Glückliche siehest du nicht, das Schöne nicht werden,
Fertig von Ewigkeit her steht es vollendet vor dir.
Jede irdische Venus ersteht wie die erste des Himmels,
Eine dunkle Geburt aus dem unendlichen Meer;
Wie die erste Minerva, so tritt mit der Ägis gerüstet
Aus des Donnerers Haupt jeder Gedanke des Lichts.

Der Kampf mit dem Drachen

Was rennt das Volk, was wälzt sich dort
Die langen Gassen brausend fort?
Stürzt Rhodus unter Feuers Flammen?
Es rottet sich im Sturm zusammen,
Und einen Ritter, hoch zu Ross,
Gewahr ich aus dem Menschentross,
Und hinter ihm, welch Abenteuer!
Bringt man geschleppt ein Ungeheuer,
Ein Drache scheint es von Gestalt,
Mit weitem Krokodilesrachen,
Und alles blickt verwundert bald
Den Ritter an und bald den Drachen.

Und tausend Stimmen werden laut:
»Das ist der Lindwurm, kommt und schaut!
Der Hirt und Herden uns verschlungen,
Das ist der Held, der ihn bezwungen!

Viel andre zogen vor ihm aus,
Zu wagen den gewaltgen Strauß,
Doch keinen sah man wiederkehren,
Den kühnen Ritter soll man ehren!«
Und nach dem Kloster geht der Zug,
Wo Sankt Johanns des Täufers Orden,
Die Ritter des Spitals, im Flug
Zu Rate sind versammelt worden.

Und vor den edeln Meister tritt
Der Jüngling mit bescheidnem Schritt,
Nachdrängt das Volk, mit wildem Rufen,
Erfüllend des Geländers Stufen.
Und jener nimmt das Wort und spricht:
»Ich hab erfüllt die Ritterpflicht,
Der Drache, der das Land verödet,
Er liegt von meiner Hand getötet,
Frei ist dem Wanderer der Weg,
Der Hirte treibe ins Gefilde,
Froh walle auf dem Felsensteg
Der Pilger zu dem Gnadenbilde.«

Doch strenge blickt der Fürst ihn an
Und spricht: »Du hast als Held getan,
Der Mut ists, der den Ritter ehret,
Du hast den kühnen Geist bewähret.
Doch sprich! Was ist die erste Pflicht
Des Ritters, der für Christum ficht,
Sich schmücket mit des Kreuzes Zeichen?«
Und alle ringsherum erbleichen.
Doch er, mit edelm Anstand, spricht,
Indem er sich errötend neiget:
»Gehorsam ist die erste Pflicht,
Die ihn des Schmuckes würdig zeiget.«

»Und diese Pflicht, mein Sohn«, versetzt
Der Meister, »hast du frech verletzt,
Den Kampf, den das Gesetz versaget,
Hast du mit frevlem Mut gewaget!« –
»Herr, richte, wenn du alles weißt«,
Spricht jener mit gesetztem Geist,
»Denn des Gesetzes Sinn und Willen
Vermeint ich treulich zu erfüllen,
Nicht unbedachtsam zog ich hin,
Das Ungeheuer zu bekriegen,
Durch List und kluggewandten Sinn

Versucht ichs, in dem Kampf zu siegen.

Fünf unsers Ordens waren schon,
Die Zierden der Religion,
Des kühnen Mutes Opfer worden,
Da wehrtest du den Kampf dem Orden.
Doch an dem Herzen nagte mir
Der Unmut und die Streitbegier,
Ja selbst im Traum der stillen Nächte
Fand ich mich keuchend im Gefechte,
Und wenn der Morgen dämmernd kam
Und Kunde gab von neuen Plagen,
Da fasste mich ein wilder Gram,
Und ich beschloss, es frisch zu wagen.

Und zu mir selber sprach ich dann:
Was schmückt den Jüngling, ehrt den Mann,
Was leisteten die tapfern Helden,
Von denen uns die Lieder melden?
Die zu der Götter Glanz und Ruhm
Erhub das blinde Heidentum?
Sie reinigten von Ungeheuern
Die Welt in kühnen Abenteuern,
Begegneten im Kampf dem Leun
Und rangen mit dem Minotauren,
Die armen Opfer zu befrein,
Und ließen sich das Blut nicht dauren.

Ist nur der Sarazen es wert,
Dass ihn bekämpft des Christen Schwert?
Bekriegt er nur die falschen Götter?
Gesandt ist er der Welt zum Retter,
Von jeder Not und jedem Harm
Befreien muss sein starker Arm,
Doch seinen Mut muss Weisheit leiten,
Und List muss mit der Stärke streiten.
So sprach ich oft und zog allein,
Des Raubtiers Fährte zu erkunden,
Da flößte mir der Geist es ein,
Froh rief ich aus: Ich habs gefunden!

Und trat zu dir und sprach dies Wort:
›Mich zieht es nach der Heimat fort.‹
Du, Herr, willfahrtest meinen Bitten,
Und glücklich war das Meer durchschnitten.
Kaum stieg ich aus am heimschen Strand,

Gleich ließ ich durch des Künstlers Hand,
Getreu den wohlbemerkten Zügen,
Ein Drachenbild zusammenfügen.
Auf kurzen Füßen wird die Last
Des langen Leibes aufgetürmet,
Ein schuppigt Panzerhemd umfasst
Den Rücken, den es furchtbar schirmet.

Lang strecket sich der Hals hervor,
Und grässlich wie ein Höllentor,
Als schnappt' es gierig nach der Beute,
Eröffnet sich des Rachens Weite,
Und aus dem schwarzen Schlunde dräun
Der Zähne stacheligten Reihn,
Die Zunge gleicht des Schwertes Spitze,
Die kleinen Augen sprühen Blitze,
In einer Schlange endigt sich
Des Rückens ungeheure Länge,
Rollt um sich selber fürchterlich,
Dass es um Mann und Ross sich schlänge.

Und alles bild ich nach genau
Und kleid es in ein scheußlich Grau,
Halb Wurm erschiens, halb Molch und Drache,
Gezeuget in der giftgen Lache.
Und als das Bild vollendet war,
Erwähl ich mir ein Doggenpaar,
Gewaltig, schnell, von flinken Läufen,
Gewohnt, den wilden Ur zu greifen.
Die hetz ich auf den Lindwurm an,
Erhitze sie zu wildem Grimme,
Zu fassen ihn mit scharfem Zahn,
Und lenke sie mit meiner Stimme.

Und wo des Bauches weiches Vlies
Den scharfen Bissen Blöße ließ,
Da reiz ich sie, den Wurm zu packen,
Die spitzen Zähne einzuhacken.
Ich selbst, bewaffnet mit Geschoss,
Besteige mein arabisch Ross,
Von adeliger Zucht entstammet,
Und als ich seinen Zorn entflammet,
Rasch auf den Drachen spreng ichs los
Und stachl es mit den scharfen Sporen
Und werfe zielend mein Geschoss,
Als wollt ich die Gestalt durchbohren.

Ob auch das Ross sich grauend bäumt
Und knirscht und in den Zügel schäumt,
Und meine Doggen ängstlich stöhnen,
Nicht rast ich, bis sie sich gewöhnen.
So üb ichs aus mit Emsigkeit,
Bis dreimal sich der Mond erneut,
Und als sie jedes recht begriffen,
Führ ich sie her auf schnellen Schiffen.
Der dritte Morgen ist es nun,
Dass mirs gelungen, hier zu landen,
Den Gliedern gönnt ich kaum zu ruhn,
Bis ich das große Werk bestanden.

Denn heiß erregte mir das Herz
Des Landes frisch erneuter Schmerz,
Zerissen fand man jüngst die Hirten,
Die nach dem Sumpfe sich verirrten,
Und ich beschließe rasch die Tat,
Nur von dem Herzen nehm ich Rat.
Flugs unterricht ich meine Knappen,
Besteige den versuchten Rappen,
Und von dem edeln Doggenpaar
Begleitet, auf geheimen Wegen,
Wo meiner Tat kein Zeuge war,
Reit ich dem Feinde frisch entgegen.

Das Kirchlein kennst du, Herr, das hoch
Auf eines Felsenberges Joch,
Der weit die Insel überschauet,
Des Meisters kühner Geist erbauet.
Verächtlich scheint es, arm und klein,
Doch ein Mirakel schließt es ein,
Die Mutter mit dem Jesusknaben,
Den die drei Könige begaben.
Auf dreimal dreißig Stufen steigt
Der Pilgrim nach der steilen Höhe,
Doch hat er schwindelnd sie erreicht,
Erquickt ihn seines Heilands Nähe.

Tief in den Fels, auf dem es hängt,
Ist eine Grotte eingesprengt,
Vom Tau des nahen Moors befeuchtet,
Wohin des Himmels Strahl nicht leuchtet,
Hier hausete der Wurm und lag,
Den Raub erspähend, Nacht und Tag.
So hielt er wie der Höllendrache

Am Fuß des Gotteshauses Wache,
Und kam der Pilgrim hergewallt
Und lenkte in die Unglücksstraße,
Hervorbrach aus dem Hinterhalt
Der Feind und trug ihn fort zum Fraße.

Den Felsen stieg ich jetzt hinan,
Eh ich den schweren Strauß begann,
Hin kniet ich vor dem Christuskinde
Und reinigte mein Herz von Sünde,
Drauf gürt ich mir im Heiligtum
Den blanken Schmuck der Waffen um,
Bewehre mit dem Spieß die Rechte,
Und nieder steig ich zum Gefechte.
Zurücke bleibt der Knappen Tross,
Ich gebe scheidend die Befehle
Und schwinge mich behend aufs Ross,
Und Gott empfehl ich meine Seele.

Kaum seh ich mich im ebnen Plan,
Flugs schlagen meine Doggen an,
Und bang beginnt das Ross zu keuchen
Und bäumet sich und will nicht weichen,
Denn nahe liegt, zum Knäul geballt,
Des Feindes scheußliche Gestalt
Und sonnet sich auf warmem Grunde.
Auf jagen ihn die flinken Hunde,
Doch wenden sie sich pfeilgeschwind,
Als es den Rachen gähnend teilet
Und von sich haucht den giftgen Wind
Und winselnd wie der Schakal heulet.

Doch schnell erfrisch ich ihren Mut,
Sie fassen ihren Feind mit Wut,
Indem ich nach des Tieres Lende
Aus starker Faust den Speer versende,
Doch machtlos wie ein dünner Stab
Prallt er vom Schuppenpanzer ab,
Und eh ich meinen Wurf erneuet,
Da bäumet sich mein Ross und scheuet
An seinem Basiliskenblick
Und seines Atems giftgen Wehen,
Und mit Entsetzen springts zurück,
Und jetzo wars um mich geschehen –
Da schwing ich mich behend vom Ross,

Schnell ist des Schwertes Schneide bloß,
Doch alle Streiche sind verloren,
Den Felsenharnisch zu durchbohren,
Und wütend mit des Schweifes Kraft
Hat es zur Erde mich gerafft,
Schon seh ich seinen Rachen gähnen,
Es haut nach mir mit grimmen Zähnen,
Als meine Hunde wutentbrannt
An seinen Bauch mit grimmgen Bissen
Sich warfen, dass es heulend stand,
Von ungeheurem Schmerz zerrissen.

Und eh es ihren Bissen sich
Entwindet, rasch erheb ich mich,
Erspähe mir des Feindes Blöße
Und stoße tief ihm ins Gekröse
Nachbohrend bis ans Heft den Stahl,
Schwarzquellend springt des Blutes Strahl,
Hin sinkt es und begräbt im Falle
Mich mit des Leibes Riesenballe,
Dass schnell die Sinne mir vergehn.
Und als ich neugestärkt erwache,
Seh ich die Knappen um mich stehn,
Und tot im Blute liegt der Drache.« –

Des Beifalls lang gehemmte Lust
Befreit jetzt aller Hörer Brust,
Sowie der Ritter dies gesprochen,
Und zehnfach am Gewölb gebrochen
Wälzt der vermischten Stimmen Schall
Sich brausend fort im Widerhall,
Laut fordern selbst des Ordens Söhne,
Dass man die Heldenstirne kröne,
Und dankbar im Triumphgepräng
Will ihn das Volk dem Volke zeigen,
Da faltet seine Stirne streng
Der Meister und gebietet Schweigen.

Und spricht: »Den Drachen, der dies Land
Verheert, schlugst du mit tapfrer Hand,
Ein Gott bist du dem Volke worden,
Ein Feind kommst du zurück dem Orden,
Und einen schlimmern Wurm gebar
Dein Herz, als dieser Drache war.
Die Schlange, die das Herz vergiftet,
Die Zwietracht und Verderben stiftet,

Das ist der widerspenstge Geist,
Der gegen Zucht sich frech empöret,
Der Ordnung heilig Band zerreißt,
Denn der ists, der die Welt zerstöret.
Mut zeiget auch der Mameluck,
Gehorsam ist des Christen Schmuck;
Denn wo der Herr in seiner Größe
Gewandelt hat in Knechtes Blöße,
Da stifteten, auf heilgem Grund,
Die Väter dieses Ordens Bund,
Der Pflichten schwerste zu erfüllen:
Zu bändigen den eignen Willen!
Dich hat der eitle Ruhm bewegt,
Drum wende dich aus meinen Blicken,
Denn wer des Herren Joch nicht trägt,
Darf sich mit seinem Kreuz nicht schmücken.«

Da bricht die Menge tobend aus,
Gewaltger Sturm bewegt das Haus,
Um Gnade flehen alle Brüder,
Doch schweigend blickt der Jüngling nieder,
Still legt er von sich das Gewand
Und küsst des Meisters strenge Hand
Und geht. Der folgt ihm mit dem Blicke,
Dann ruft er liebend ihn zurücke
Und spricht: »Umarme mich, mein Sohn!
Dir ist der härtre Kampf gelungen.
Nimm dieses Kreuz: es ist der Lohn
Der Demut, die sich selbst bezwungen.«

Die Bürgschaft

Zu Dionys, dem Tyrannen, schlich
Damon, den Dolch im Gewande;
Ihn schlugen die Häscher in Bande.
»Was wolltest du mit dem Dolche, sprich!«
Entgegnet ihm finster der Wüterich.
»Die Stadt vom Tyrannen befreien!«
»Das sollst du am Kreuze bereuen.«

»Ich bin«, spricht jener, »zu sterben bereit
Und bitte nicht um mein Leben,
Doch willst du Gnade mir geben,
Ich flehe dich um drei Tage Zeit,
Bis ich die Schwester dem Gatten gefreit,

Ich lasse den Freund dir als Bürgen,
Ihn magst du, entrinn ich, erwürgen.«

Da lächelt der König mit arger List
Und spricht nach kurzem Bedenken:
»Drei Tage will ich dir schenken.
Doch wisse! Wenn sie verstrichen, die Frist,
Eh du zurück mir gegeben bist,
So muss er statt deiner erblassen,
Doch dir ist die Strafe erlassen.«

Und er kommt zum Freunde: »Der König gebeut,
Dass ich am Kreuz mit dem Leben
Bezahle das frevelnde Streben,
Doch will er mir gönnen drei Tage Zeit,
Bis ich die Schwester dem Gatten gefreit,
So bleib du dem König zum Pfande,
Bis ich komme, zu lösen die Bande.«

Und schweigend umarmt ihn der treue Freund
Und liefert sich aus dem Tyrannen,
Der andere ziehet von dannen.
Und ehe das dritte Morgenrot scheint,
Hat er schnell mit dem Gatten die Schwester vereint,
Eilt heim mit sorgender Seele,
Damit er die Frist nicht verfehle.

Da gießt unendlicher Regen herab,
Von den Bergen stürzen die Quellen,
Und die Bäche, die Ströme schwellen.
Und er kommt ans Ufer mit wanderndem Stab,
Da reißet die Brücke der Strudel hinab,
Und donnernd sprengen die Wogen
Des Gewölbes krachenden Bogen.

Und trostlos irrt er an Ufers Rand,
Wie weit er auch spähet und blicket
Und die Stimme, die rufende, schicket,
Da stößet kein Nachen vom sichern Strand,
Der ihn setze an das gewünschte Land,
Kein Schiffer lenket die Fähre,
Und der wilde Strom wird zum Meere.

Da sinkt er ans Ufer und weint und fleht,
Die Hände zum Zeus erhoben:
»O hemme des Stromes Toben!
Es eilen die Stunden, im Mittag steht
Die Sonne, und wenn sie niedergeht

Und ich kann die Stadt nicht erreichen,
So muss der Freund mir erbleichen.«

Doch wachsend erneut sich des Stromes Wut,
Und Welle auf Welle zerrinnet,
Und Stunde an Stunde entrinnet.
Da treibt ihn die Angst, da fasst er sich Mut
Und wirft sich hinein in die brausende Flut
Und teilt mit gewaltigen Armen
Den Strom, und ein Gott hat Erbarmen.

Und gewinnt das Ufer und eilet fort
Und danket dem rettenden Gotte,
Da stürzet die raubende Rotte
Hervor aus des Waldes nächtlichem Ort,
Den Pfad ihm sperrend, und schnaubet Mord
Und hemmet des Wanderers Eile
Mit drohend geschwungener Keule.

»Was wollt ihr?« ruft er, für Schrecken bleich,
»Ich habe nichts als mein Leben,
Das muss ich dem Könige geben!«
Und entreißt die Keule dem nächsten gleich:
»Um des Freundes willen erbarmet euch!«
Und drei mit gewaltigen Streichen
Erlegt er, die andern entweichen.

Und die Sonne versendet glühenden Brand,
Und von der unendlichen Mühe
Ermattet sinken die Kniee.
»O hast du mich gnädig aus Räubershand,
Aus dem Strom mich gerettet ans heilige Land,
Und soll hier verschmachtend verderben,
Und der Freund mir, der liebende, sterben!«

Und horch! da sprudelt es silberhell,
Ganz nahe, wie rieselndes Rauschen,
Und stille hält er, zu lauschen,
Und sieh, aus dem Felsen, geschwätzig, schnell,
Springt murmelnd hervor ein lebendiger Quell,
Und freudig bückt er sich nieder
Und erfrischet die brennenden Glieder.

Und die Sonne blickt durch der Zweige Grün
Und malt auf den glänzenden Matten
Der Bäume gigantische Schatten;
Und zwei Wanderer sieht er die Straße ziehn,
Will eilenden Laufes vorüberfliehn,

Da hört er die Worte sie sagen:
»Jetzt wird er ans Kreuz geschlagen.«
Und die Angst beflügelt den eilenden Fuß,
Ihn jagen der Sorge Qualen,
Da schimmern in Abendrots Strahlen
Von ferne die Zinnen von Syrakus,
Und entgegen kommt ihm Philostratus,
Des Hauses redlicher Hüter,
Der erkennet entsetzt den Gebieter:

»Zurück! du rettest den Freund nicht mehr,
So rette das eigene Leben!
Den Tod erleidet er eben.
Von Stunde zu Stunde gewartet' er
Mit hoffender Seele der Wiederkehr,
Ihm konnte den mutigen Glauben
Der Hohn des Tyrannen nicht rauben.«

»Und ist es zu spät, und kann ich ihm nicht
Ein Retter willkommen erscheinen,
So soll mich der Tod ihm vereinen.
Des rühme der blutge Tyrann sich nicht,
Dass der Freund dem Freunde gebrochen die Pflicht,
Er schlachte der Opfer zweie
Und glaube an Liebe und Treue.«

Und die Sonne geht unter, da steht er am Tor
Und sieht das Kreuz schon erhöhet,
Das die Menge gaffend umstehet,
An dem Seile schon zieht man den Freund empor,
Da zertrennt er gewaltig den dichten Chor:
»Mich, Henker!« ruft er, »erwürget!
Da bin ich, für den er gebürget!«

Und Erstaunen ergreifet das Volk umher,
In den Armen liegen sich beide
Und weinen für Schmerzen und Freude.
Da sieht man kein Auge tränenleer,
Und zum Könige bringt man die Wundermär,
Der fühlt ein menschliches Rühren,
Lässt schnell vor den Thron sie führen.

Und blicket sie lange verwundert an.
Drauf spricht er: »Es ist euch gelungen,
Ihr habt das Herz mir bezwungen,
Und die Treue, sie ist doch kein leerer Wahn,
So nehmet auch mich zum Genossen an,

Ich sei, gewährt mir die Bitte,
In eurem Bunde der Dritte.«

Das Eleusische Fest

Windet zum Kranze die goldenen Ähren,
Flechtet auch blaue Cyanen hinein!
Freude soll jedes Auge verklären,
Denn die Königin ziehet ein,
Die Bezähmerin wilder Sitten,
Die den Menschen zum Menschen gesellt
Und in friedliche feste Hütten
Wandelte das bewegliche Zelt.

Scheu in des Gebirges Klüften
Barg der Troglodyte sich,
Der Nomade ließ die Triften
Wüste liegen, wo er strich,
Mit dem Wurfspieß, mit dem Bogen
Schritt der Jäger durch das Land,
Weh dem Fremdling, den die Wogen
Warfen an den Unglücksstrand!

Und auf ihrem Pfad begrüßte,
Irrend nach des Kindes Spur,
Ceres die verlassne Küste,
Ach, da grünte keine Flur!
Dass sie hier vertraulich weile,
Ist kein Obdach ihr gewährt,
Keines Tempels heitre Säule
Zeuget, dass man Götter ehrt.

Keine Frucht der süßen Ähren
Lädt zum reinen Mahl sie ein,
Nur auf grässlichen Altären
Dorret menschliches Gebein.
Ja, so weit sie wandernd kreiste,
Fand sie Elend überall,
Und in ihrem großen Geiste
Jammert sie des Menschen Fall.

»Find ich so den Menschen wieder,
Dem wir unser Bild geliehn,
Dessen schöngestalte Glieder
Droben im Olympus blühn?
Gaben wir ihm zum Besitze

Nicht der Erde Götterschoß,
Und auf seinem Königsitze
Schweift er elend, heimatlos?

Fühlt kein Gott mit ihm Erbarmen,
Keiner aus der Selgen Chor
Hebet ihn mit Wunderarmen
Aus der tiefen Schmach empor?
In des Himmels selgen Höhen
Rühret sie nicht fremder Schmerz,
Doch der Menschheit Angst und Wehen
Fühlet mein gequältes Herz.

Dass der Mensch zum Menschen werde,
Stift er einen ewgen Bund
Gläubig mit der frommen Erde,
Seinem mütterlichen Grund,
Ehre das Gesetz der Zeiten
Und der Monde heilgen Gang,
Welche still gemessen schreiten
Im melodischen Gesang.«

Und den Nebel teilt sie leise,
Der den Blicken sie verhüllt,
Plötzlich in der Wilden Kreise
Steht sie da, ein Götterbild.
Schwelgend bei dem Siegesmahle
Findet sie die rohe Schar,
Und die blutgefüllte Schale
Bringt man ihr zum Opfer dar.

Aber schaudernd, mit Entsetzen
Wendet sie sich weg und spricht:
»Blutge Tigermahle netzen
Eines Gottes Lippen nicht.
Reine Opfer will er haben,
Früchte, die der Herbst beschert,
Mit des Feldes frommen Gaben
Wird der Heilige verehrt.«

Und sie nimmt die Wucht des Speeres
Aus des Jägers rauer Hand,
Mit dem Schaft des Mordgewehres
Furchet sie den leichten Sand,
Nimmt von ihres Kranzes Spitze
Einen Kern, mit Kraft gefüllt,
Senkt ihn in die zarte Ritze,

Und der Trieb des Keimes schwillt.

Und mit grünen Halmen schmücket
Sich der Boden alsobald,
Und so weit das Auge blicket,
Wogt es wie ein goldner Wald.
Lächelnd segnet sie die Erde,
Flicht der ersten Garbe Bund,
Wählt den Feldstein sich zum Herde,
Und es spricht der Göttin Mund:

»Vater Zeus, der über alle
Götter herrscht in Äthers Höhn!
Dass dies Opfer dir gefalle,
Lass ein Zeichen jetzt geschehn!
Und dem unglückselgen Volke,
Das dich, Hoher, noch nicht nennt,
Nimm hinweg des Auges Wolke,
Dass es seinen Gott erkennt!«

Und es hört der Schwester Flehen
Zeus auf seinem hohen Sitz,
Donnernd aus den blauen Höhen
Wirft er den gezackten Blitz.
Prasselnd fängt es an zu lohen,
Hebt sich wirbelnd vom Altar,
Und darüber schwebt in hohen
Kreisen sein geschwinder Aar.

Und gerührt zu der Herrscherin Füßen
Stürzt sich der Menge freudig Gewühl,
Und die rohen Seelen zerfließen
In der Menschlichkeit erstem Gefühl,
Werfen von sich die blutige Wehre,
Öffnen den düstergebundenen Sinn
Und empfangen die göttliche Lehre
Aus dem Munde der Königin.

Und von ihren Thronen steigen
Alle Himmlischen herab,
Themis selber führt den Reigen,
Und mit dem gerechten Stab
Misst sie jedem seine Rechte,
Setzet selbst der Grenze Stein,
Und des Styx verborgne Mächte
Ladet sie zu Zeugen ein.

Und es kommt der Gott der Esse,

Zeus' erfindungsreicher Sohn,
Bildner künstlicher Gefäße,
Hochgelehrt in Erz und Ton.
Und er lehrt die Kunst der Zange
Und der Blasebälge Zug,
Unter seines Hammers Zwange
Bildet sich zuerst der Pflug.

Und Minerva, hoch vor allen
Ragend mit gewichtgem Speer,
Lässt die Stimme mächtig schallen
Und gebeut dem Götterheer.
Feste Mauren will sie gründen,
Jedem Schutz und Schirm zu sein,
Die zerstreute Welt zu binden
In vertraulichem Verein.

Und sie lenkt die Herrscherschritte
Durch des Feldes weiten Plan,
Und an ihres Fußes Tritte
Heftet sich der Grenzgott an,
Messend führet sie die Kette
Um des Hügels grünen Saum,
Auch des wilden Stromes Bette
Schließt sie in den heilgen Raum.

Alle Nymphen, Oreaden,
Die der schnellen Artemis
Folgen auf des Berges Pfaden,
Schwingend ihren Jägerspieß,
Alle kommen, alle legen
Hände an, der Jubel schallt,
Und von ihrer Äxte Schlägen
Krachend stürzt der Fichtenwald.

Auch aus seiner grünen Welle
Steigt der schilfbekränzte Gott,
Wälzt den schweren Floß zur Stelle
Auf der Göttin Machtgebot,
Und die leichtgeschürzten Stunden
Fliegen ans Geschäft, gewandt,
Und die rauen Stämme runden
Zierlich sich in ihrer Hand.

Auch den Meergott sieht man eilen,
Rasch mit des Tridentes Stoß
Bricht er die granitnen Säulen

Aus dem Erdgerippe los,
Schwingt sie in gewaltgen Händen
Hoch wie einen leichten Ball,
Und mit Hermes, dem behenden,
Türmet er der Mauren Wall.

Aber aus den goldnen Saiten
Lockt Apoll die Harmonie
Und das holde Maß der Zeiten
Und die Macht der Melodie.
Mit neunstimmigem Gesange
Fallen die Kamönen ein,
Leise nach des Liedes Klange
Füget sich der Stein zum Stein.

Und der Tore weite Flügel
Setzet mit erfahrner Hand
Cybele und fügt die Riegel
Und der Schlösser festes Band.
Schnell durch rasche Götterhände
Ist der Wunderbau vollbracht,
Und der Tempel heitre Wände
Glänzen schon in Festespracht.

Und mit einem Kranz von Myrten
Naht die Götterkönigin,
Und sie führt den schönsten Hirten
Zu der schönsten Hirtin hin.
Venus mit dem holden Knaben
Schmücket selbst das erste Paar,
Alle Götter bringen Gaben
Segnend den Vermählten dar.

Und die neuen Bürger ziehen,
Von der Götter selgem Chor
Eingeführt, mit Harmonien
In das gastlich offne Tor,
Und das Priesteramt verwaltet
Ceres am Altar des Zeus,
Segnend ihre Hand gefaltet
Spricht sie zu des Volkes Kreis:

»Freiheit liebt das Tier der Wüste,
Frei im Äther herrscht der Gott,
Ihrer Brust gewaltge Lüste
Zähmet das Naturgebot;
Doch der Mensch, in ihrer Mitte,

Soll sich an den Menschen reihn,
Und allein durch seine Sitte
Kann er frei und mächtig sein.«

Windet zum Kranze die goldenen Ähren,
Flechtet auch blaue Cyanen hinein!
Freude soll jedes Auge verklären,
Denn die Königin ziehet ein,
Die uns die süße Heimat gegeben,
Die den Menschen zum Menschen gesellt,
Unser Gesang soll sie festlich erheben,
Die beglückende Mutter der Welt.

Poesie des Lebens

An ***

»Wer möchte sich an Schattenbildern weiden,
Die mit erborgtem Schein das Wesen überkleiden,
Mit trügrischem Besitz die Hoffnung hintergehn?
Entblößt muss ich die Wahrheit sehn.
Soll gleich mit meinem Wahn mein ganzer Himmel schwinden,
Soll gleich den freien Geist, den der erhabne Flug
Ins grenzenlose Reich der Möglichkeiten trug,
Die Gegenwart mit strengen Fesseln binden,
Er lernt sich selber überwinden,
Ihn wird das heilige Gebot
Der Pflicht, das furchtbare der Not
Nur desto unterwürfger finden.
Wer schon der Wahrheit milde Herrschaft scheut,
Wie trägt er die Notwendigkeit?« –

So rufst du aus und blickst, mein strenger Freund,
Aus der Erfahrung sicherm Porte
Verwerfend hin auf alles, was nur scheint.
Erschreckt von deinem ernsten Worte
Entflieht der Liebesgötter Schar,
Der Musen Spiel verstummt, es ruhn der Horen Tänze,
Still traurend nehmen ihre Kränze
Die Schwestergöttinnen vom schön gelockten Haar,
Apoll zerbricht die goldne Leier,
Und Hermes seinen Wunderstab,
Des Traumes rosenfarbner Schleier
Fällt von des Lebens bleichem Antlitz ab,
Die Welt scheint, was sie ist, ein Grab.
Von seinen Augen nimmt die zauberische Binde

Cytherens Sohn, die Liebe sieht,
Sie sieht in ihrem Götterkinde
Den Sterblichen, erschrickt und flieht,
Der Schönheit Jugendbild veraltet,
Auf deinen Lippen selbst erkaltet
Der Liebe Kuss, und in der Freude Schwung
Ergreift dich die Versteinerung.

Des Mädchens Klage

Der Eichwald brauset,
Die Wolken ziehn,
Das Mägdlein sitzet
An Ufers Grün,
Es bricht sich die Welle mit Macht, mit Macht,
Und sie seufzt hinaus in die finstre Nacht,
Das Auge vom Weinen getrübet.

»Das Herz ist gestorben,
Die Welt ist leer,
Und weiter gibt sie
Dem Wunsche nichts mehr.
Du Heilige, rufe dein Kind zurück,
Ich habe genossen das irdische Glück,
Ich habe gelebt und geliebet!«

Es rinnet der Tränen
Vergeblicher Lauf,
Die Klage, sie wecket
Die Toten nicht auf,
Doch nenne, was tröstet und heilet die Brust
Nach der süßen Liebe verschwundener Lust,
Ich, die himmlische, wills nicht versagen.

»Lass rinnen der Tränen
Vergeblichen Lauf,
Es wecke die Klage
Den Toten nicht auf,
Das süßeste Glück für die traurende Brust,
Nach der schönen Liebe verschwundener Lust,
Sind der Liebe Schmerzen und Klagen.«

Spruch des Konfuzius

Dreifach ist des Raumes Maß:
Rastlos fort ohn Unterlass
Strebt die Länge, fort ins Weite
Endlos gießet sich die Breite,
Grundlos senkt die Tiefe sich.

Dir ein Bild sind sie gegeben:
Rastlos vorwärts musst du streben,
Nie ermüdet stille stehn,
Willst du die Vollendung sehn;
Musst ins Breite dich entfalten,
Soll sich dir die Welt gestalten;
In die Tiefe musst du steigen,
Soll sich dir das Wesen zeigen.
Nur Beharrung führt zum Ziel,
Nur die Fülle führt zur Klarheit,
Und im Abgrund wohnt die Wahrheit.

Die Erwartung

Hör ich das Pförtchen nicht gehen?
Hat nicht der Riegel geklirrt?
Nein, es war des Windes Wehen,
Der durch diese Pappeln schwirrt.

O schmücke dich, du grün belaubtes Dach,
Du sollst die Anmutstrahlende empfangen,
Ihr Zweige, baut ein schattendes Gemach,
Mit holder Nacht sie heimlich zu umfangen,
Und all ihr Schmeichellüfte, werdet wach
Und scherzt und spielt um ihre Rosenwangen,
Wenn seine schöne Bürde, leicht bewegt,
Der zarte Fuß zum Sitz der Liebe trägt.

Stille, was schlüpft durch die Hecken
Raschelnd mit eilendem Lauf?
Nein, es scheuchte nur der Schrecken
Aus dem Busch den Vogel auf.

O! lösche deine Fackel, Tag! Hervor,
Du geistge Nacht, mit deinem holden Schweigen,
Breit um uns her den purpurroten Flor,
Umspinn uns mit geheimnisvollen Zweigen,
Der Liebe Wonne flieht des Lauschers Ohr,
Sie flieht des Strahles unbescheidnen Zeugen!

Nur Hesper, der verschwiegene, allein
Darf still herblickend ihr Vertrauter sein.

Rief es von ferne nicht leise,
Flüsternden Stimmen gleich?
Nein, der Schwan ists, der die Kreise
Ziehet durch den Silberteich.

Mein Ohr umtönt ein Harmonienfluss,
Der Springquell fällt mit angenehmem Rauschen,
Die Blume neigt sich bei des Westes Kuss,
Und alle Wesen seh ich Wonne tauschen,
Die Traube winkt, die Pfirsche zum Genuss,
Die üppig schwellend hinter Blättern lauschen,
Die Luft, getaucht in der Gewürze Flut,
Trinkt von der heißen Wange mir die Glut.

Hör ich nicht Tritte erschallen?
Rauschts nicht den Laubgang daher?
Nein, die Frucht ist dort gefallen,
Von der eignen Fülle schwer.

Des Tages Flammenauge selber bricht
In süßem Tod und seine Farben blassen,
Kühn öffnen sich im holden Dämmerlicht
Die Kelche schon, die seine Gluten hassen,
Still hebt der Mond sein strahlend Angesicht,
Die Welt zerschmilzt in ruhig große Massen,
Der Gürtel ist von jedem Reiz gelöst,
Und alles Schöne zeigt sich mir entblößt.

Seh ich nichts Weißes dort schimmern?
Glänzts nicht wie seidnes Gewand?
Nein, es ist der Säule Flimmern
An der dunkeln Taxuswand.

O! sehnend Herz, ergötze dich nicht mehr,
Mit süßen Bildern wesenlos zu spielen,
Der Arm, der sie umfassen will, ist leer,
Kein Schattenglück kann diesen Busen kühlen;
O! führe mir die Lebende daher,
Lass ihre Hand, die zärtliche, mich fühlen,
Den Schatten nur von ihres Mantels Saum,
Und in das Leben tritt der hohle Traum.

Und leis, wie aus himmlischen Höhen
Die Stunde des Glückes erscheint,
So war sie genaht, ungesehen,

Und weckte mit Küssen den Freund.

Das Lied von der Glocke

Vivos voco
Mortuos plango
Fulgura frango

Fest gemauert in der Erden
Steht die Form, aus Lehm gebrannt.
Heute muss die Glocke werden,
Frisch, Gesellen, seid zur Hand.
Von der Stirne heiß
Rinnen muss der Schweiß,
Soll das Werk den Meister loben,
Doch der Segen kommt von oben.

Zum Werke, das wir ernst bereiten,
Geziemt sich wohl ein ernstes Wort;
Wenn gute Reden sie begleiten,
Dann fließt die Arbeit munter fort.
So lasst uns jetzt mit Fleiß betrachten,
Was durch die schwache Kraft entspringt,
Den schlechten Mann muss man verachten,
Der nie bedacht, was er vollbringt.
Das ists ja, was den Menschen zieret,
Und dazu ward ihm der Verstand,
Dass er im innern Herzen spüret,
Was er erschafft mit seiner Hand.

Nehmet Holz vom Fichtenstamme,
Doch recht trocken lasst es sein,
Dass die eingepresste Flamme
Schlage zu dem Schwalch hinein.
Kocht des Kupfers Brei,
Schnell das Zinn herbei,
Dass die zähe Glockenspeise
Fließe nach der rechten Weise.

Was in des Dammes tiefer Grube
Die Hand mit Feuers Hilfe baut,
Hoch auf des Turmes Glockenstube
Da wird es von uns zeugen laut.
Noch dauern wirds in späten Tagen
Und rühren vieler Menschen Ohr
Und wird mit dem Betrübten klagen
Und stimmen zu der Andacht Chor.

Was unten tief dem Erdensohne
Das wechselnde Verhängnis bringt,
Das schlägt an die metallne Krone,
Die es erbaulich weiterklingt.

Weiße Blasen seh ich springen,
Wohl! die Massen sind im Fluss.
Lassts mit Aschensalz durchdringen,
Das befördert schnell den Guss.
Auch von Schaume rein
Muss die Mischung sein,
Dass vom reinlichen Metalle
Rein und voll die Stimme schalle.

Denn mit der Freude Feierklange
Begrüßt sie das geliebte Kind
Auf seines Lebens erstem Gange,
Den es in Schlafes Arm beginnt;
Ihm ruhen noch im Zeitenschoße
Die schwarzen und die heitern Lose,
Der Mutterliebe zarte Sorgen
Bewachen seinen goldnen Morgen. –
Die Jahre fliehen pfeilgeschwind.
Vom Mädchen reißt sich stolz der Knabe,
Er stürmt ins Leben wild hinaus,
Durchmisst die Welt am Wanderstabe.
Fremd kehrt er heim ins Vaterhaus,
Und herrlich, in der Jugend Prangen,
Wie ein Gebild aus Himmelshöhn,
Mit züchtigen, verschämten Wangen
Sieht er die Jungfrau vor sich stehn.
Da fasst ein namenloses Sehnen
Des Jünglings Herz, er irrt allein,
Aus seinen Augen brechen Tränen,
Er flieht der Brüder wilden Reihn.
Errötend folgt er ihren Spuren
Und ist von ihrem Gruß beglückt,
Das Schönste sucht er auf den Fluren,
Womit er seine Liebe schmückt.
O! zarte Sehnsucht, süßes Hoffen,
Der ersten Liebe goldne Zeit,
Das Auge sieht den Himmel offen,
Es schwelgt das Herz in Seligkeit.
O! dass sie ewig grünen bliebe,
Die schöne Zeit der jungen Liebe!

Wie sich schon die Pfeifen bräunen!
Dieses Stäbchen tauch ich ein,
Sehn wirs überglast erscheinen,
Wirds zum Gusse zeitig sein.
Jetzt, Gesellen, frisch!
Prüft mir das Gemisch,
Ob das Spröde mit dem Weichen
Sich vereint zum guten Zeichen.

Denn wo das Strenge mit dem Zarten,
Wo Starkes sich und Mildes paarten,
Da gibt es einen guten Klang.
Drum prüfe, wer sich ewig bindet,
Ob sich das Herz zum Herzen findet!
Der Wahn ist kurz, die Reu ist lang.
Lieblich in der Bräute Locken
Spielt der jungfräuliche Kranz,
Wenn die hellen Kirchenglocken
Laden zu des Festes Glanz.
Ach! des Lebens schönste Feier
Endigt auch den Lebensmai,
Mit dem Gürtel, mit dem Schleier
Reißt der schöne Wahn entzwei.
Die Leidenschaft flieht!
Die Liebe muss bleiben,
Die Blume verblüht,
Die Frucht muss treiben.
Der Mann muss hinaus
Ins feindliche Leben,
Muss wirken und streben
Und pflanzen und schaffen,
Erlisten, erraffen,
Muss wetten und wagen,
Das Glück zu erjagen.
Da strömet herbei die unendliche Gabe,
Es füllt sich der Speicher mit köstlicher Habe,
Die Räume wachsen, es dehnt sich das Haus.
Und drinnen waltet
Die züchtige Hausfrau,
Die Mutter der Kinder,
Und herrschet weise
Im häuslichen Kreise,
Und lehret die Mädchen
Und wehret den Knaben,

Und reget ohn Ende
Die fleißigen Hände,
Und mehrt den Gewinn
Mit ordnendem Sinn.
Und füllet mit Schätzen die duftenden Laden,
Und dreht um die schnurrende Spindel den Faden,
Und sammelt im reinlich geglätteten Schrein
Die schimmernde Wolle, den schneeigten Lein,
Und füget zum Guten den Glanz und den Schimmer,
Und ruhet nimmer.

Und der Vater mit frohem Blick
Von des Hauses weitschauendem Giebel
Überzählet sein blühend Glück,
Siehet der Pfosten ragende Bäume
Und der Scheunen gefüllte Räume
Und die Speicher, vom Segen gebogen,
Und des Kornes bewegte Wogen,
Rühmt sich mit stolzem Mund:
Fest, wie der Erde Grund,
Gegen des Unglücks Macht
Steht mir des Hauses Pracht!
Doch mit des Geschickes Mächten
Ist kein ewger Bund zu flechten,
Und das Unglück schreitet schnell.

Wohl! Nun kann der Guss beginnen,
Schön gezacket ist der Bruch.
Doch, bevor wirs lassen rinnen,
Betet einen frommen Spruch!
Stoßt den Zapfen aus!
Gott bewahr das Haus.
Rauchend in des Henkels Bogen
Schießts mit feuerbraunen Wogen.

Wohltätig ist des Feuers Macht,
Wenn sie der Mensch bezähmt, bewacht,
Und was er bildet, was er schafft,
Das dankt er dieser Himmelskraft,
Doch furchtbar wird die Himmelskraft,
Wenn sie der Fessel sich entrafft,
Einhertritt auf der eignen Spur
Die freie Tochter der Natur.
Wehe, wenn sie losgelassen
Wachsend ohne Widerstand
Durch die volkbelebten Gassen

Wälzt den ungeheuren Brand!
Denn die Elemente hassen
Das Gebild der Menschenhand.
Aus der Wolke
Quillt der Segen,
Strömt der Regen,
Aus der Wolke, ohne Wahl,
Zuckt der Strahl!
Hört ihrs wimmern hoch vom Turm?
Das ist Sturm!
Rot wie Blut
Ist der Himmel,
Das ist nicht des Tages Glut!
Welch Getümmel
Straßen auf!
Dampf wallt auf!
Flackernd steigt die Feuersäule,
Durch der Straße lange Zeile
Wächst es fort mit Windeseile,
Kochend wie aus Ofens Rachen
Glühn die Lüfte, Balken krachen,
Pfosten stürzen, Fenster klirren,
Kinder jammern, Mütter irren,
Tiere wimmern
Unter Trümmern,
Alles rennet, rettet, flüchtet,
Taghell ist die Nacht gelichtet,
Durch der Hände lange Kette
Um die Wette
Fliegt der Eimer, hoch im Bogen
Sprützen Quellen, Wasserwogen.
Heulend kommt der Sturm geflogen,
Der die Flamme brausend sucht.
Prasselnd in die dürre Frucht
Fällt sie, in des Speichers Räume,
In der Sparren dürre Bäume,
Und als wollte sie im Wehen
Mit sich fort der Erde Wucht
Reißen, in gewaltger Flucht,
Wächst sie in des Himmels Höhen
Rießengroß!
Hoffnungslos
Weicht der Mensch der Götterstärke,
Müßig sieht er seine Werke

Und bewundernd untergehen.

Leergebrannt
Ist die Stätte,
Wilder Stürme raues Bette,
In den öden Fensterhöhlen
Wohnt das Grauen,
Und des Himmels Wolken schauen
Hoch hinein.

Einen Blick
Nach dem Grabe
Seiner Habe
Sendet noch der Mensch zurück –
Greift fröhlich dann zum Wanderstabe,
Was Feuers Wut ihm auch geraubt,
Ein süßer Trost ist ihm geblieben,
Er zählt die Häupter seiner Lieben,
Und sieh! ihm fehlt kein teures Haupt.

In die Erd ists aufgenommen,
Glücklich ist die Form gefüllt,
Wirds auch schön zutage kommen,
Dass es Fleiß und Kunst vergilt?
Wenn der Guss misslang?
Wenn die Form zersprang?
Ach! vielleicht, indem wir hoffen,
Hat uns Unheil schon getroffen.

Dem dunkeln Schoß der heilgen Erde
Vertrauen wir der Hände Tat,
Vertraut der Sämann seine Saat
Und hofft, dass sie entkeimen werde
Zum Segen, nach des Himmels Rat.
Noch köstlicheren Samen bergen
Wir traurend in der Erde Schoß
Und hoffen, dass er aus den Särgen
Erblühen soll zu schönerm Los.

Von dem Dome,
Schwer und bang,
Tönt die Glocke
Grabgesang.
Ernst begleiten ihre Trauerschläge
Einen Wandrer auf dem letzten Wege.

Ach! die Gattin ists, die teure,
Ach! es ist die treue Mutter,

Die der schwarze Fürst der Schatten
Wegführt aus dem Arm des Gatten,
Aus der zarten Kinder Schar,
Die sie blühend ihm gebar,
Die sie an der treuen Brust
Wachsen sah mit Mutterlust –
Ach! des Hauses zarte Bande
Sind gelöst auf immerdar,
Denn sie wohnt im Schattenlande,
Die des Hauses Mutter war,
Denn es fehlt ihr treues Walten,
Ihre Sorge wacht nicht mehr,
An verwaister Stätte schalten
Wird die Fremde, liebeleer.

Bis die Glocke sich verkühlet,
Lasst die strenge Arbeit ruhn,
Wie im Laub der Vogel spielet,
Mag sich jeder gütlich tun.
Winkt der Sterne Licht,
Ledig aller Pflicht
Hört der Pursch die Vesper schlagen,
Meister muss sich immer plagen.

Munter fördert seine Schritte
Fern im wilden Forst der Wandrer
Nach der lieben Heimathütte.
Blökend ziehen
Heim die Schafe,
Und der Rinder
Breitgestirnte, glatte Scharen
Kommen brüllend,
Die gewohnten Ställe füllend.
Schwer herein
Schwankt der Wagen,
Kornbeladen,
Bunt von Farben
Auf den Garben
Liegt der Kranz,
Und das junge Volk der Schnitter
Fliegt zum Tanz.
Markt und Straße werden stiller,
Um des Lichts gesellge Flamme
Sammeln sich die Hausbewohner,
Und das Stadttor schließt sich knarrend.

Schwarz bedecket
Sich die Erde,
Doch den sichern Bürger schrecket
Nicht die Nacht,
Die den Bösen grässlich wecket,
Denn das Auge des Gesetzes wacht.

Heilge Ordnung, segenreiche
Himmelstochter, die das Gleiche
Frei und leicht und freudig bindet,
Die der Städte Bau gegründet,
Die herein von den Gefilden
Rief den ungesellgen Wilden,
Eintrat in der Menschen Hütten,
Sie gewöhnt zu sanften Sitten
Und das teuerste der Bande
Wob, den Trieb zum Vaterlande!

Tausend fleißge Hände regen,
Helfen sich in munterm Bund,
Und in feurigem Bewegen
Werden alle Kräfte kund.
Meister rührt sich und Geselle
In der Freiheit heilgem Schutz.
Jeder freut sich seiner Stelle,
Bietet dem Verächter Trutz.
Arbeit ist des Bürgers Zierde,
Segen ist der Mühe Preis,
Ehrt den König seine Würde,
Ehret uns der Hände Fleiß.

Holder Friede,
Süße Eintracht,
Weilet, weilet
Freundlich über dieser Stadt!
Möge nie der Tag erscheinen,
Wo des rauen Krieges Horden
Dieses stille Tal durchtoben,
Wo der Himmel,
Den des Abends sanfte Röte
Lieblich malt,
Von der Dörfer, von der Städte
Wildem Brande schrecklich strahlt!

Nun zerbrecht mir das Gebäude,
Seine Absicht hats erfüllt,

Dass sich Herz und Auge weide
An dem wohlgelungnen Bild.
Schwingt den Hammer, schwingt,
Bis der Mantel springt,
Wenn die Glock soll auferstehen,
Muss die Form in Stücken gehen.

Der Meister kann die Form zerbrechen
Mit weiser Hand, zur rechten Zeit,
Doch wehe, wenn in Flammenbächen
Das glühnde Erz sich selbst befreit!
Blindwütend mit des Donners Krachen
Zersprengt es das geborstne Haus,
Und wie aus offnem Höllenrachen
Speit es Verderben zündend aus;
Wo rohe Kräfte sinnlos walten,
Da kann sich kein Gebild gestalten,
Wenn sich die Völker selbst befrein,
Da kann die Wohlfahrt nicht gedeihn.

Weh, wenn sich in dem Schoß der Städte
Der Feuerzunder still gehäuft,
Das Volk, zerreißend seine Kette,
Zur Eigenhilfe schrecklich greift!
Da zerret an der Glocke Strängen
Der Aufruhr, dass sie heulend schallt
Und, nur geweiht zu Friedensklängen,
Die Losung anstimmt zur Gewalt.

Freiheit und Gleichheit! hört man schallen,
Der ruhge Bürger greift zur Wehr,
Die Straßen füllen sich, die Hallen,
Und Würgerbanden ziehn umher,
Da werden Weiber zu Hyänen
Und treiben mit Entsetzen Scherz,
Noch zuckend, mit des Panthers Zähnen,
Zerreißen sie des Feindes Herz.
Nichts Heiliges ist mehr, es lösen
Sich alle Bande frommer Scheu,
Der Gute räumt den Platz dem Bösen,
Und alle Laster walten frei.
Gefährlich ists, den Leu zu wecken,
Verderblich ist des Tigers Zahn,
Jedoch der schrecklichste der Schrecken,
Das ist der Mensch in seinem Wahn.
Weh denen, die dem Ewigblinden

Des Lichtes Himmelsfackel leihn!
Sie strahlt ihm nicht, sie kann nur zünden
Und äschert Städt' und Länder ein.

Freude hat mir Gott gegeben!
Sehet! wie ein goldner Stern
Aus der Hülse, blank und eben,
Schält sich der metallne Kern.
Von dem Helm zum Kranz
Spielts wie Sonnenglanz,
Auch des Wappens nette Schilder
Loben den erfahrnen Bilder.

Herein! herein!
Gesellen alle, schließt den Reihen,
Dass wir die Glocke taufend weihen,
Concordia soll ihr Name sein,
Zur Eintracht, zu herzinnigem Vereine
Versammle sie die liebende Gemeine.

Und dies sei fortan ihr Beruf,
Wozu der Meister sie erschuf!
Hoch überm niedern Erdenleben
Soll sie in blauem Himmelszelt
Die Nachbarin des Donners schweben
Und grenzen an die Sternenwelt,
Soll eine Stimme sein von oben,
Wie der Gestirne helle Schar,
Die ihren Schöpfer wandelnd loben
Und führen das bekränzte Jahr.
Nur ewigen und ernsten Dingen
Sei ihr metallner Mund geweiht,
Und stündlich mit den schnellen Schwingen
Berühr im Fluge sie die Zeit,
Dem Schicksal leihe sie die Zunge,
Selbst herzlos, ohne Mitgefühl,
Begleite sie mit ihrem Schwunge
Des Lebens wechselvolles Spiel.
Und wie der Klang im Ohr vergehet,
Der mächtig tönend ihr entschallt,
So lehre sie, dass nichts bestehet,
Das alles Irdische verhallt.

Jetzo mit der Kraft des Stranges
Wiegt die Glock' mir aus der Gruft,
Dass sie in das Reich des Klanges

Steige, in die Himmelsluft.
Ziehet, ziehet, hebt!
Sie bewegt sich, schwebt,
Freude dieser Stadt bedeute,
Friede sei ihr erst Geläute.

An Goethe
als er den ›Mahomet‹ von Voltaire auf die Bühne brachte

Du selbst, der uns von falschem Regelzwange
Zu Wahrheit und Natur zurückgeführt,
Der, in der Wiege schon ein Held, die Schlange
Erstickt, die unsern Genius umschnürt,
Du, den die Kunst, die göttliche, schon lange
Mit ihrer reinen Priesterbinde ziert,
Du opferst auf zertrümmerten Altären
Der Aftermuse, die wir nicht mehr ehren?

Einheimscher Kunst ist dieser Schauplatz eigen,
Hier wird nicht fremden Götzen mehr gedient,
Wir können mutig einen Lorbeer zeigen,
Der auf dem deutschen Pindus selbst gegrünt.
Selbst in der Künste Heiligtum zu steigen,
Hat sich der deutsche Genius erkühnt,
Und auf der Spur des Griechen und des Briten
Ist er dem bessern Ruhme nachgeschritten.

Denn dort, wo Sklaven knien, Despoten walten,
Wo sich die eitle Aftergröße bläht,
Da kann die Kunst das Edle nicht gestalten,
Von keinem Ludwig wird es ausgesät,
Aus eigner Fülle muss es sich entfalten,
Es borget nicht von irdscher Majestät,
Nur mit der Wahrheit wird es sich vermählen,
Und seine Glut durchflammt nur freie Seelen.

Drum nicht, in alte Fesseln uns zu schlagen,
Erneuerst du dies Spiel der alten Zeit,
Nicht, uns zurückzuführen zu den Tagen
Charakterloser Minderjährigkeit.
Es wär ein eitel und vergeblich Wagen,
Zu fallen ins bewegte Rad der Zeit,
Geflügelt fort entführen es die Stunden,
Das Neue kommt, das Alte ist verschwunden.

Erweitert jetzt ist des Theaters Enge,

In seinem Raume drängt sich eine Welt,
Nicht mehr der Worte rechnerisch Gepränge,
Nur der Natur getreues Bild gefällt,
Verbannet ist der Sitten falsche Strenge,
Und menschlich handelt, menschlich fühlt der Held,
Die Leidenschaft erhebt die freien Töne,
Und in der Wahrheit findet man das Schöne.

Doch leicht gezimmert nur ist Thespis' Wagen,
Und er ist gleich dem acherontschen Kahn,
Nur Schatten und Idole kann er tragen,
Und drängt das rohe Leben sich heran,
So droht das leichte Fahrzeug umzuschlagen,
Das nur die flüchtgen Geister fassen kann.
Der Schein soll nie die Wirklichkeit erreichen,
Und siegt Natur, so muss die Kunst entweichen.

Denn auf dem bretternen Gerüst der Szene
Wird eine Idealwelt aufgetan,
Nichts sei hier wahr und wirklich als die Träne,
Die Rührung ruht auf keinem Sinnenwahn,
Aufrichtig ist die wahre Melpomene,
Sie kündigt nichts als eine Fabel an
Und weiß durch tiefe Wahrheit zu entzücken,
Die falsche stellt sich wahr, um zu berücken.

Es droht die Kunst vom Schauplatz zu verschwinden,
Ihr wildes Reich behauptet Phantasie,
Die Bühne will sie wie die Welt entzünden,
Das Niedrigste und Höchste menget sie.
Nur bei dem Franken war noch Kunst zu finden,
Erschwang er gleich ihr hohes Urbild nie,
Gebannt in unveränderlichen Schranken
Hält er sie fest, und nimmer darf sie wanken.

Ein heiliger Bezirk ist ihm die Szene,
Verbannt aus ihrem festlichen Gebiet
Sind der Natur nachlässig rohe Töne,
Die Sprache selbst erhebt sich ihm zum Lied,
Es ist ein Reich des Wohllauts und der Schöne,
In edler Ordnung greifet Glied in Glied,
Zum ernsten Tempel füget sich das Ganze,
Und die Bewegung borget Reiz vom Tanze.

Nicht Muster zwar darf uns der Franke werden,
Aus seiner Kunst spricht kein lebendger Geist,
Des falschen Anstands prunkende Gebärden

Verschmäht der Sinn, der nur das Wahre preist,
Ein Führer nur zum Bessern soll er werden,
Er komme wie ein abgeschiedner Geist,
Zu reinigen die oft entweihte Szene
Zum würdgen Sitz der alten Melpomene.

Die Götter Griechenlands

Da ihr noch die schöne Welt regieret,
An der Freude leichtem Gängelband
Selige Geschlechter noch geführet,
Schöne Wesen aus dem Fabelland!
Ach, da euer Wonnedienst noch glänzte,
Wie ganz anders, anders war es da!
Da man deine Tempel noch bekränzte,
Venus Amathusia!

Da der Dichtung zauberische Hülle
Sich noch lieblich um die Wahrheit wand –
Durch die Schöpfung floss da Lebensfülle,
Und was nie empfinden wird, empfand.
An der Liebe Busen sie zu drücken,
Gab man höhern Adel der Natur,
Alles wies den eingeweihten Blicken,
Alles eines Gottes Spur.

Wo jetzt nur, wie unsre Weisen sagen,
Seelenlos ein Feuerball sich dreht,
Lenkte damals seinen goldnen Wagen
Helios in stiller Majestät.
Diese Höhen füllten Oreaden,
Eine Dryas lebt' in jenem Baum,
Aus den Urnen lieblicher Najaden
Sprang der Ströme Silberschaum.

Jener Lorbeer wand sich einst um Hilfe,
Tantals Tochter schweigt in diesem Stein,
Syrinx' Klage tönt' aus jenem Schilfe,
Philomelas Schmerz aus diesem Hain.
Jener Bach empfing Demeters Zähre,
Die sie um Persephonen geweint,
Und von diesem Hügel rief Cythere,
Ach umsonst! dem schönen Freund.

Zu Deukalions Geschlechte stiegen
Damals noch die Himmlischen herab,

Pyrrhas schöne Töchter zu besiegen,
Nahm der Leto Sohn den Hirtenstab.
Zwischen Menschen, Göttern und Heroen
Knüpfte Amor einen schönen Bund,
Sterbliche mit Göttern und Heroen
Huldigten in Amathunt.

Finstrer Ernst und trauriges Entsagen
War aus eurem heitern Dienst verbannt,
Glücklich sollten alle Herzen schlagen,
Denn euch war der Glückliche verwandt.
Damals war nichts heilig als das Schöne,
Keiner Freude schämte sich der Gott,
Wo die keusch errötende Kamöne,
Wo die Grazie gebot.

Eure Tempel lachten gleich Palästen,
Euch verherrlichte das Heldenspiel
An des Isthmus kronenreichen Festen,
Und die Wagen donnerten zum Ziel.
Schön geschlungne seelenvolle Tänze
Kreisten um den prangenden Altar,
Eure Schläfe schmückten Siegeskränze,
Kronen euer duftend Haar.

Das Evoë muntrer Thyrsusschwinger
Und der Panther prächtiges Gespann
Meldeten den großen Freudebringer,
Faun und Satyr taumeln ihm voran,
Um ihn springen rasende Mänaden,
Ihre Tänze loben seinen Wein,
Und des Wirtes braune Wangen laden
Lustig zu dem Becher ein.

Damals trat kein grässliches Gerippe
Vor das Bett des Sterbenden. Ein Kuss
Nahm das letzte Leben von der Lippe,
Seine Fackel senkt' ein Genius.
Selbst des Orkus strenge Richterwaage
Hielt der Enkel einer Sterblichen,
Und des Thrakers seelenvolle Klage
Rührte die Erinnyen.

Seine Freuden traf der frohe Schatten
In Elysiens Hainen wieder an,
Treue Liebe fand den treuen Gatten
Und der Wagenlenker seine Bahn,

Linus' Spiel tönt die gewohnten Lieder,
In Alcestens Arme sinkt Admet,
Seinen Freund erkennt Orestes wieder,
Seine Pfeile Philoktet.

Höhre Preise stärkten da den Ringer
Auf der Tugend arbeitsvoller Bahn,
Großer Taten herrliche Vollbringer
Klimmten zu den Seligen hinan.
Vor dem Wiederforderer der Toten
Neigte sich der Götter stille Schar;
Durch die Fluten leuchtet dem Piloten
Vom Olymp das Zwillingspaar.

Schöne Welt, wo bist du? Kehre wieder,
Holdes Blütenalter der Natur!
Ach, nur in dem Feenland der Lieder
Lebt noch deine fabelhafte Spur.
Ausgestorben trauert das Gefilde,
Keine Gottheit zeigt sich meinem Blick,
Ach, von jenem lebenwarmen Bilde
Blieb der Schatten nur zurück.

Alle jene Blüten sind gefallen
Von des Nordes schauerlichem Wehn,
Einen zu bereichern unter allen,
Musste diese Götterwelt vergehn.
Traurig such ich an dem Sternenbogen,
Dich, Selene, find ich dort nicht mehr,
Durch die Wälder ruf ich, durch die Wogen,
Ach, sie widerhallen leer!

Unbewusst der Freuden, die sie schenket,
Nie entzückt von ihrer Herrlichkeit,
Nie gewahr des Geistes, der sie lenket,
Selger nie durch meine Seligkeit,
Fühllos selbst für ihres Künstlers Ehre,
Gleich dem toten Schlag der Pendeluhr,
Dient sie knechtisch dem Gesetz der Schwere,
Die entgötterte Natur.

Morgen wieder neu sich zu entbinden,
Wühlt sie heute sich ihr eignes Grab,
Und an ewig gleicher Spindel winden
Sich von selbst die Monde auf und ab.
Müßig kehrten zu dem Dichterlande
Heim die Götter, unnütz einer Welt,

Die, entwachsen ihrem Gängelbande,
Sich durch eignes Schweben hält.

Ja, sie kehrten heim, und alles Schöne,
Alles Hohe nahmen sie mit fort,
Alle Farben, alle Lebenstöne,
Und uns blieb nur das entseelte Wort.
Aus der Zeitflut weggerissen, schweben
Sie gerettet auf des Pindus Höhn,
Was unsterblich im Gesang soll leben,
Muss im Leben untergehn.

Die Worte des Wahns

Drei Worte hört man, bedeutungsschwer,
Im Munde der Guten und Besten;
Sie schallen vergeblich, ihr Klang ist leer,
Sie können nicht helfen und trösten.
Verscherzt ist dem Menschen des Lebens Frucht,
Solang er die Schatten zu haschen sucht.

Solang er glaubt an die Goldene Zeit,
Wo das Rechte, das Gute wird siegen, –
Das Rechte, das Gute führt ewig Streit,
Nie wird der Feind ihm erliegen,
Und erstickst du ihn nicht in den Lüften frei,
Stets wächst ihm die Kraft auf der Erde neu.

Solang er glaubt, dass das buhlende Glück
Sich dem Edeln vereinigen werde –
Dem Schlechten folgt es mit Liebesblick,
Nicht dem Guten gehöret die Erde.
Er ist ein Fremdling, er wandert aus
Und suchet ein unvergänglich Haus.

Solang er glaubt, dass dem irdschen Verstand
Die Wahrheit je wird erscheinen,
Ihren Schleier hebt keine sterbliche Hand,
Wir können nur raten und meinen.
Du kerkerst den Geist in ein tönend Wort,
Doch der freie wandelt im Sturme fort.

Drum, edle Seele, entreiß dich dem Wahn
Und den himmlischen Glauben bewahre!
Was kein Ohr vernahm, was die Augen nicht sahn,
Es ist dennoch, das Schöne, das Wahre!
Es ist nicht draußen, da sucht es der Tor,

Es ist in dir, du bringst es ewig hervor.

Hektors Abschied

Andromache

Will sich Hektor ewig von mir wenden,
Wo Achill mit den unnahbarn Händen
Dem Patroklus schrecklich Opfer bringt?
Wer wird künftig deinen Kleinen lehren
Speere werfen und die Götter ehren,
Wenn der finstre Orkus dich verschlingt?

Hektor

Teures Weib, gebiete deinen Tränen,
Nach der Feldschlacht ist mein feurig Sehnen,
Diese Arme schützen Pergamus.
Kämpfend für den heilgen Herd der Götter
Fall ich, und des Vaterlandes Retter
Steig ich nieder zu dem stygschen Fluss.

Andromache

Nimmer lausch ich deiner Waffen Schalle,
Müßig liegt dein Eisen in der Halle,
Priams großer Heldenstamm verdirbt.
Du wirst hingehn, wo kein Tag mehr scheinet,
Der Cocytus durch die Wüsten weinet,
Deine Liebe in dem Lethe stirbt.

Hektor

All mein Sehnen will ich, all mein Denken
In des Lethe stillen Strom versenken,
Aber meine Liebe nicht.
Horch! der Wilde tobt schon an den Mauern,
Gürte mir das Schwert um, lass das Trauern,
Hektors Liebe stirbt im Lethe nicht.

Die drei Alter der Natur

Leben gab ihr die Fabel, die Schule hat sie entseelet,
Schaffendes Leben aufs Neu' gibt die Vernunft ihr zurück.

Tonkunst

Leben atme die bildende Kunst, Geist fordr' ich vom Dichter,
Aber die Seele spricht nur Polyhymnia aus.

Der Gürtel

In dem Gürtel bewahrt Aphrodite der Reize Geheimnis,
Was ihr den Zauber verleiht, ist, was sie bindet, die Scham.

Nänie

Auch das Schöne muss sterben! Das Menschen und Götter bezwinget,
Nicht die eherne Brust rührt es des stygischen Zeus.
Einmal nur erweichte die Liebe den Schattenbeherrscher,
Und an der Schwelle noch, streng, rief er zurück sein Geschenk.
Nicht stillt Aphrodite dem schönen Knaben die Wunde,
Die in den zierlichen Leib grausam der Eber geritzt.
Nicht errettet den göttlichen Held die unsterbliche Mutter,
Wann er, am skäischen Tor fallend, sein Schicksal erfüllt.
Aber sie steigt aus dem Meer mit allen Töchtern des Nereus,
Und die Klage hebt an um den verherrlichten Sohn.
Siehe! Da weinen die Götter, es weinen die Göttinnen alle,
Dass das Schöne vergeht, dass das Vollkommene stirbt.
Auch ein Klaglied zu sein im Mund der Geliebten, ist herrlich,
Denn das Gemeine geht klanglos zum Orkus hinab.

Hero und Leander

Seht ihr dort die altersgrauen
Schlösser sich entgegen schauen,
Leuchtend in der Sonne Gold,
Wo der Hellespont die Wellen
Brausend durch der Dardanellen
Hohe Felsenpforte rollt?
Hört ihr jene Brandung stürmen,
Die sich an den Felsen bricht?
Asien riss sie von Europen,
Doch die Liebe schreckt sie nicht.

Heros und Leanders Herzen
Rührte mit dem Pfeil der Schmerzen
Amors heilge Göttermacht.
Hero, schön wie Hebe blühend,
Er, durch die Gebirge ziehend

Rüstig, im Geräusch der Jagd.
Doch der Väter feindlich Zürnen
Trennte das verbundne Paar,
Und die süße Frucht der Liebe
Hing am Abgrund der Gefahr.

Dort auf Sestos' Felsenturme,
Den mit ewgem Wogensturme
Schäumend schlägt der Hellespont,
Saß die Jungfrau, einsam grauend,
Nach Abydos' Küste schauend,
Wo der Heißgeliebte wohnt.
Ach, zu dem entfernten Strande
Baut sich keiner Brücke Steg,
Und kein Fahrzeug stößt vom Ufer,
Doch die Liebe fand den Weg.

Aus des Labyrinthes Pfaden
Leitet sie mit sicherm Faden,
Auch den Blöden macht sie klug,
Beugt ins Joch die wilden Tiere,
Spannt die feuersprühnden Stiere
An den diamantnen Pflug.
Selbst der Styx, der neunfach fließet,
Schließt die wagende nicht aus,
Mächtig raubt sie das Geliebte
Aus des Pluto finsterm Haus.

Auch durch des Gewässers Fluten
Mit der Sehnsucht feur'gen Gluten
Stachelt sie Leanders Mut.
Wenn des Tages heller Schimmer
Bleichet, stürzt der kühne Schwimmer
In des Pontus finstre Flut,
Teilt mit starkem Arm die Woge,
Strebend nach dem teuren Strand,
Wo auf hohem Söller leuchtend
Winkt der Fackel heller Brand.

Und in weichen Liebesarmen
Darf der Glückliche erwarmen
Von der schwer bestandnen Fahrt,
Und den Götterlohn empfangen,
Den in seligem Umfangen
Ihm die Liebe aufgespart,
Bis den Säumenden Aurora

Aus der Wonne Träumen weckt,
Und ins kalte Bett des Meeres
Aus dem Schoß der Liebe schreckt.

Und so flohen dreißig Sonnen
Schnell, im Raub verstohlner Wonnen,
Dem beglückten Paar dahin,
Wie der Brautnacht süße Freuden,
Die die Götter selbst beneiden,
Ewig jung und ewig grün.
Der hat nie das Glück gekostet,
Der die Frucht des Himmels nicht
Raubend an des Höllenflusses
Schauervollem Rande bricht.

Hesper und Aurora zogen
Wechselnd auf am Himmelsbogen,
Doch die Glücklichen, sie sahn
Nicht den Schmuck der Blätter fallen,
Nicht aus Nords beeisten Hallen
Den ergrimmten Winter nahn.
Freudig sahen sie des Tages
Immer kürzern, kürzern Kreis,
Für das längre Glück der Nächte
Dankten sie betört dem Zeus.

Und es gleichte schon die Waage
An dem Himmel Nächt und Tage,
Und die holde Jungfrau stand
Harrend auf dem Felsenschlosse,
Sah hinab die Sonnenrosse
Fliehen an des Himmels Rand.
Und das Meer lag still und eben,
Einem reinen Spiegel gleich,
Keines Windes leises Weben
Regte das kristallne Reich.

Lustige Delphinenscharen
Scherzten in dem silberklaren
Reinen Element umher,
Und in schwärzlicht grauen Zügen
Aus dem Meergrund aufgestiegen
Kam der Tethys buntes Heer.
Sie, die einzigen, bezeugten
Den verstohlnen Liebesbund,
Aber ihnen schloss auf ewig

Hekate den stummen Mund.

Und sie freute sich des schönen
Meeres, und mit Schmeicheltönen
Sprach sie zu dem Element:
»Schöner Gott! du solltest trügen?
Nein, den Frevler straf ich Lügen,
Der dich falsch und treulos nennt.
Falsch ist das Geschlecht der Menschen,
Grausam ist des Vaters Herz,
Aber du bist mild und gütig,
Und dich rührt der Liebe Schmerz.

In den öden Felsenmauern
Müsst ich freudlos einsam trauern
Und verblühn in ewgem Harm,
Doch du trägst auf deinem Rücken
Ohne Nachen, ohne Brücken,
Mir den Freund in meinen Arm.
Grauenvoll ist deine Tiefe,
Furchtbar deiner Wogen Flut,
Aber dich erfleht die Liebe,
Dich bezwingt der Heldenmut.

Denn auch dich, den Gott der Wogen,
Rührte Eros' mächtger Bogen,
Als des goldnen Widders Flug
Helle, mit dem Bruder fliehend,
Schön in Jugendfülle blühend,
Über deine Tiefe trug.
Schnell von ihrem Reiz besieget
Griffst du aus dem finstern Schlund,
Zogst sie von des Widders Rücken
Nieder in den Meeresgrund.

Eine Göttin mit dem Gotte,
In der tiefen Wassergrotte
Lebt sie jetzt unsterblich fort,
Hilfreich der verfolgten Liebe
Zähmt sie deine wilden Triebe,
Führt den Schiffer in den Port.
Schöne Helle! Holde Göttin!
Selige, dich fleh ich an:
Bring auch heute den Geliebten
Mir auf der gewohnten Bahn.«

Und schon dunkelten die Fluten,

Und sie ließ der Fackel Gluten
Von dem hohen Söller wehn.
Leitend in den öden Reichen
Sollte das vertraute Zeichen
Der geliebte Wandrer sehn.
Und es saust und dröhnt von ferne,
Finster kräuselt sich das Meer,
Und es löscht das Licht der Sterne,
Und es naht gewitterschwer.

Auf des Pontus weite Fläche
Legt sich Nacht, und Wetterbäche
Stürzen aus der Wolken Schoß,
Blitze zucken in den Lüften,
Und aus ihren Felsengrüften
Werden alle Stürme los,
Wühlen ungeheure Schlünde
In den weiten Wasserschlund,
Gähnend wie ein Höllenrachen
Öffnet sich des Meeres Grund.

»Wehe! Weh mir!« ruft die Arme
Jammernd, »Großer Zeus, erbarme!
Ach! Was wagt' ich zu erflehn!
Wenn die Götter mich erhören,
Wenn er sich den falschen Meeren
Preisgab in des Sturmes Wehn!
Alle meergewohnten Vögel
Ziehen heim in eilger Flucht,
Alle sturmerprobten Schiffe
Bergen sich in sichrer Bucht.

Ach gewiss, der Unverzagte
Unternahm das oft Gewagte,
Denn ihn trieb ein mächtger Gott.
Er gelobte mirs beim Scheiden
Mit der Liebe heilgen Eiden,
Ihn entbindet nur der Tod.
Ach! in diesem Augenblicke
Ringt er mit des Sturmes Wut,
Und hinab in ihre Schlünde
Reißt ihn die empörte Flut.

Falscher Pontus, deine Stille
War nur des Verrates Hülle,
Einem Spiegel warst du gleich,

Tückisch ruhten deine Wogen,
Bis du ihn heraus betrogen
In dein falsches Lügenreich.
Jetzt in deines Stromes Mitte,
Da die Rückkehr sich verschloss,
Lässest du auf den Verratnen
Alle deine Schrecken los.«

Und es wächst des Sturmes Toben,
Hoch zu Bergen aufgehoben
Schwillt das Meer, die Brandung bricht
Schäumend sich am Fuß der Klippen,
Selbst das Schiff mit Eichenrippen
Nahte unzerschmettert nicht.
Und im Wind erlischt die Fackel
Die des Pfades Leuchte war,
Schrecken bietet das Gewässer,
Schrecken auch die Landung dar.

Und sie fleht zur Aphrodite,
Dass sie dem Orkan gebiete,
Sänftige der Wellen Zorn,
Und gelobt, den strengen Winden
Reiche Opfer anzuzünden,
Einen Stier mit goldnem Horn.
Alle Göttinnen der Tiefe,
Alle Götter in der Höh
Fleht sie, lindernd Öl zu gießen
In die sturmbewegte See.

»Höre meinen Ruf erschallen,
Steig aus deinen grünen Hallen,
Selige Leukothea!
Die der Schiffer in dem öden
Wellenreich, in Sturmesnöten
Rettend oft erscheinen sah.
Reich ihm deinen heilgen Schleier,
Der, geheimnisvoll gewebt,
Die ihn tragen, unverletzlich
Aus dem Grab der Fluten hebt.«

Und die wilden Winde schweigen,
Hell an Himmels Rande steigen
Eos' Pferde in die Höh.
Friedlich in dem alten Bette
Fließt das Meer in Spiegelsglätte,

Heiter lächeln Luft und See.
Sanfter brechen sich die Wellen
An des Ufers Felsenwand,
Und sie schwemmen, ruhig spielend,
Einen Leichnam an den Strand.

Ja, er ists, der, auch entseelet,
Seinem heilgen Schwur nicht fehlet!
Schnellen Blicks erkennt sie ihn,
Keine Klage lässt sie schallen,
Keine Träne sieht man fallen,
Kalt, verzweifelnd starrt sie hin.
Trostlos in die öde Tiefe
Blickt sie, in des Äthers Licht,
Und ein edles Feuer rötet
Das erbleichte Angesicht.

»Ich erkenn euch, ernste Mächte,
Strenge treibt ihr eure Rechte,
Furchtbar, unerbittlich ein.
Früh schon ist mein Lauf beschlossen,
Doch das Glück hab ich genossen,
Und das schönste Los war mein.
Lebend hab ich deinem Tempel
Mich geweiht als Priesterin,
Dir ein freudig Opfer sterb ich,
Venus, große Königin!«

Und mit fliegendem Gewande
Schwingt sie von des Turmes Rande
In die Meerflut sich hinab.
Hoch in seinen Flutenreichen
Wälzt der Gott die heilgen Leichen,
Und er selber ist ihr Grab.
Und mit seinem Raub zufrieden
Zieht er freudig fort und gießt
Aus der unerschöpften Urne
Seinen Strom, der ewig fließt.

Der Antritt des neuen Jahrhunderts

An ***

Edler Freund! Wo öffnet sich dem Frieden,
Wo der Freiheit sich ein Zufluchtsort?
Das Jahrhundert ist im Sturm geschieden,

Und das neue öffnet sich mit Mord.

Und das Band der Länder ist gehoben,
Und die alten Formen stürzen ein;
Nicht das Weltmeer hemmt des Krieges Toben,
Nicht der Nilgott und der alte Rhein.

Zwo gewaltge Nationen ringen
Um der Welt alleinigen Besitz,
Aller Länder Freiheit zu verschlingen,
Schwingen sie den Dreizack und den Blitz.

Gold muss ihnen jede Landschaft wägen,
Und wie *Brennus* in der rohen Zeit
Legt der Franke seinen ehrnen Degen
In die Waage der Gerechtigkeit.

Seine Handelsflotten streckt der Brite
Gierig wie Polypenarme aus,
Und das Reich der freien Amphitrite
Will er schließen wie sein eignes Haus.

Zu des Südpols nie erblickten Sternen
Dringt sein rastlos ungehemmter Lauf,
Alle Inseln spürt er, alle fernen
Küsten – nur das Paradies nicht auf.

Ach umsonst auf allen Länderkarten
Spähst du nach dem seligen Gebiet,
Wo der Freiheit ewig grüner Garten,
Wo der Menschheit schöne Jugend blüht.

Endlos liegt die Welt vor deinen Blicken,
Und die Schiffahrt selbst ermisst sie kaum,
Doch auf ihrem unermessnen Rücken
Ist für zehen Glückliche nicht Raum.

In des Herzens heilig stillen Räume
Musst du fliehen aus des Lebens Drang,
Freiheit ist nur in dem Reich der Träume,
Und das Schöne blüht nur im Gesang.

Das Mädchen von Orleans

Das edle Bild der Menschheit zu verhöhnen,
Im tiefsten Staube wälzte dich der Spott,
Krieg führt der Witz auf ewig mit dem Schönen,
Er glaubt nicht an den Engel und den Gott,
Dem Herzen will er seine Schätze rauben,

Den Wahn bekriegt er und verletzt den Glauben.

Doch, wie du selbst, aus kindlichem Geschlechte,
Selbst eine fromme Schäferin wie du,
Reicht dir die Dichtkunst ihre Götterrechte,
Schwingt sich mit dir den ewgen Sternen zu,
Mit einer Glorie hat sie dich umgeben,
Dich schuf das Herz, du wirst unsterblich leben.

Es liebt die Welt, das Strahlende zu schwärzen
Und das Erhabne in den Staub zu ziehn,
Doch fürchte nicht! Es gibt noch schöne Herzen,
Die für das Hohe, Herrliche entglühn,
Den lauten Markt mag Momus unterhalten,
Ein edler Sinn liebt edlere Gestalten.

An die Freunde

Liebe Freunde! Es gab schönre Zeiten
Als die unsern – das ist nicht zu streiten!
Und ein edler Volk hat einst gelebt.
Könnte die Geschichte davon schweigen,
Tausend Steine würden redend zeugen,
Die man aus dem Schoß der Erde gräbt.
Doch es ist dahin, es ist verschwunden,
Dieses hochbegünstigte Geschlecht.
Wir, wir leben! Unser sind die Stunden,
Und der Lebende hat recht.

Freunde! Es gibt glücklichere Zonen
Als das Land, worin wir leidlich wohnen,
Wie der weitgereiste Wandrer spricht.
Aber hat Natur uns viel entzogen,
War die Kunst uns freundlich doch gewogen,
Unser Herz erwarmt an ihrem Licht.
Will der Lorbeer hier sich nicht gewöhnen,
Wird die Myrte unsers Winters Raub,
Grünet doch, die Schläfe zu bekrönen,
Uns der Rebe muntres Laub.

Wohl von größerm Leben mag es rauschen,
Wo vier Welten ihre Schätze tauschen,
An der Themse, auf dem Markt der Welt.
Tausend Schiffe landen an und gehen,
Da ist jedes Köstliche zu sehen,
Und es herrscht der Erde Gott, das Geld.

Aber nicht im trüben Schlamm der Bäche,
Der von wilden Regengüssen schwillt,
Auf des stillen Baches ebner Fläche
Spiegelt sich das Sonnenbild.

Prächtiger als wir in unserm Norden
Wohnt der Bettler an der Engelspforten,
Denn er sieht das ewig einzge Rom!
Ihn umgibt der Schönheit Glanzgewimmel,
Und ein zweiter Himmel in den Himmel
Steigt Sankt Peters wunderbarer Dom.
Aber Rom in allem seinem Glanze
Ist ein Grab nur der Vergangenheit,
Leben duftet nur die frische Pflanze,
Die die grüne Stunde streut.

Größres mag sich anderswo begeben,
Als bei uns in unserm kleinen Leben,
Neues – hat die Sonne nie gesehn.
Sehn wir doch das Große aller Zeiten
Auf den Brettern, die die Welt bedeuten,
Sinnvoll, still an uns vorübergehn.
Alles wiederholt sich nur im Leben,
Ewig jung ist nur die Phantasie,
Was sich nie und nirgends hat begeben,
Das allein veraltet nie!

Thekla

Eine Geisterstimme

Wo ich sei, und wo mich hingewendet,
Als mein flüchtger Schatten dir entschwebt?
Hab ich nicht beschlossen und geendet,
Hab ich nicht geliebet und gelebt?

Willst du nach den Nachtigallen fragen,
Die mit seelenvoller Melodie
Dich entzückten in des Lenzes Tagen?
Nur solang sie liebten, waren sie.

Ob ich den Verlorenen gefunden?
Glaube mir, ich bin mit ihm vereint,
Wo sich nicht mehr trennt, was sich verbunden,
Dort, wo keine Träne wird geweint.

Dorten wirst auch du uns wiederfinden,
Wenn dein Lieben unserm Lieben gleicht;

Dort ist auch der Vater, frei von Sünden,
Den der blutge Mord nicht mehr erreicht.

Und er fühlt, dass ihn kein Wahn betrogen,
Als er aufwärts zu den Sternen sah;
Denn wie jeder wägt, wird ihm gewogen,
Wer es glaubt, dem ist das Heilge nah.

Wort gehalten wird in jenen Räumen
Jedem schönen gläubigen Gefühl;
Wage du, zu irren und zu träumen:
Hoher Sinn liegt oft in kind'schem Spiel.

Die vier Weltalter

Wohl perlet im Glase der purpurne Wein,
Wohl glänzen die Augen der Gäste,
Es zeigt sich der Sänger, er tritt herein,
Zu dem Guten bringt er das Beste,
Denn ohne die Leier im himmlischen Saal
Ist die Freude gemein auch beim Nektarmahl.

Ihm gaben die Götter das reine Gemüt,
Wo die Welt sich, die ewige, spiegelt,
Er hat alles gesehn, was auf Erden geschieht,
Und was uns die Zukunft versiegelt,
Er saß in der Götter urältestem Rat
Und behorchte der Dinge geheimste Saat.

Er breitet es lustig und glänzend aus,
Das zusammengefaltete Leben,
Zum Tempel schmückt er das irdische Haus,
Ihm hat es die Muse gegeben,
Kein Dach ist so niedrig, keine Hütte so klein,
Er führt einen Himmel voll Götter hinein.

Und wie der erfindende Sohn des Zeus
Auf des Schildes einfachem Runde
Die Erde, das Meer und den Sternenkreis
Gebildet mit göttlicher Kunde,
So drückt er ein Bild des unendlichen All'
In des Augenblicks flüchtig verrauschenden Schall.

Er kommt aus dem kindlichen Alter der Welt,
Wo die Völker sich jugendlich freuten,
Er hat sich, ein fröhlicher Wandrer, gesellt
Zu allen Geschlechtern und Zeiten.
Vier Menschenalter hat er gesehn

Und lässt sie am fünften vorübergehn.

Erst regierte Saturnus schlicht und gerecht,
Da war es heute wie morgen,
Da lebten die Hirten, ein harmlos Geschlecht,
Und brauchten für gar nichts zu sorgen,
Sie liebten und taten weiter nichts mehr,
Die Erde gab alles freiwillig her.

Drauf kam die Arbeit, der Kampf begann
Mit Ungeheuern und Drachen,
Und die Helden fingen, die Herrscher an,
Und den Mächtigen suchten die Schwachen,
Und der Streit zog in des Skamanders Feld,
Doch die Schönheit war immer der Gott der Welt.

Aus dem Kampf ging endlich der Sieg hervor,
Und der Kraft entblühte die Milde,
Da sangen die Musen im himmlischen Chor,
Da erhuben sich Göttergebilde!
Das Alter der göttlichen Phantasie,
Es ist verschwunden, es kehret nie.

Die Götter sanken vom Himmelsthron,
Es stürzten die herrlichen Säulen,
Und geboren wurde der Jungfrau Sohn,
Die Gebrechen der Erde zu heilen,
Verbannt ward der Sinne flüchtige Lust,
Und der Mensch griff denkend in seine Brust.

Und der eitle, der üppige Reiz entwich,
Der die frohe Jugendwelt zierte,
Der Mönch und die Nonne zergeißelten sich,
Und der eiserne Ritter turnierte.
Doch war das Leben auch finster und wild,
So blieb doch die Liebe lieblich und mild.

Und einen heiligen, keuschen Altar
Bewahrten sich stille die Musen,
Es lebte, was edel und sittlich war,
In der Frauen züchtigem Busen,
Die Flamme des Liedes entbrannte neu
An der schönen Minne und Liebestreu.

Drum soll auch ein ewiges zartes Band
Die Frauen, die Sänger umflechten,
Sie wirken und weben Hand in Hand
Den Gürtel des Schönen und Rechten.

Gesang und Liebe in schönem Verein,
Sie erhalten dem Leben den Jugendschein.

Kassandra

Freude war in Trojas Hallen,
Eh die hohe Feste fiel,
Jubelhymnen hört man schallen
In der Saiten goldnes Spiel.
Alle Hände ruhen müde
Von dem tränenvollen Streit,
Weil der herrliche Pelide
Priams schöne Tochter freit.

Und geschmückt mit Lorbeerreisern,
Festlich wallet Schar auf Schar
Nach der Götter heilgen Häusern,
Zu des Thymbriers Altar.
Dumpferbrausend durch die Gassen
Wälzt sich die bacchantsche Lust,
Und in ihrem Schmerz verlassen
War nur eine traur'ge Brust.

Freudlos in der Freude Fülle,
Ungesellig und allein,
Wandelte Kassandra stille
In Apollos Lorbeerhain.
In des Waldes tiefste Gründe
Flüchtete die Seherin,
Und sie warf die Priesterbinde
Zu der Erde zürnend hin:

»Alles ist der Freude offen
Alle Herzen sind beglückt,
Und die alten Eltern hoffen,
Und die Schwester steht geschmückt.
Ich allein muss einsam trauern,
Denn mich flieht der süße Wahn,
Und geflügelt diesen Mauern
Seh ich das Verderben nahn.

Eine Fackel seh ich glühen,
Aber nicht in Hymens Hand,
Nach den Wolken seh ichs ziehen,
Aber nicht wie Opferbrand.
Feste seh ich froh bereiten,

Doch im ahnungsvollen Geist
Hör ich schon des Gottes Schreiten,
Der sie jammervoll zerreißt.

Und sie schelten meine Klagen,
Und sie höhnen meinen Schmerz,
Einsam in die Wüste tragen
Muss ich mein gequältes Herz,
Von den Glücklichen gemieden
Und den Fröhlichen ein Spott!
Schweres hast du mir beschieden,
Pythischer, du arger Gott!

Dein Orakel zu verkünden,
Warum warfest du mich hin
In die Stadt der ewig Blinden
Mit dem aufgeschlossnen Sinn?
Warum gabst du mir zu sehen,
Was ich doch nicht wenden kann?
Das Verhängte muss geschehen,
Das Gefürchtete muss nahn.

Frommts, den Schleier aufzuheben,
Wo das nahe Schrecknis droht?
Nur der Irrtum ist das Leben,
Und das Wissen ist der Tod.
Nimm, o nimm die traur'ge Klarheit,
Mir vom Aug den blutgen Schein,
Schrecklich ist es, deiner Wahrheit
Sterbliches Gefäß zu sein.

Meine Blindheit gib mir wieder
Und den fröhlich dunkeln Sinn,
Nimmer sang ich freudge Lieder,
Seit ich deine Stimme bin.
Zukunft hast du mir gegeben,
Doch du nahmst den Augenblick,
Nahmst der Stunde fröhlich Leben,
Nimm dein falsch Geschenk zurück!

Nimmer mit dem Schmuck der Bräute
Kränzt ich mir das duftge Haar,
Seit ich deinem Dienst mich weihte
An dem traurigen Altar.
Meine Jugend war nur Weinen,
Und ich kannte nur den Schmerz,
Jede herbe Not der Meinen

Schlug an mein empfindend Herz.

Fröhlich seh ich die Gespielen,
Alles um mich lebt und liebt
In der Jugend Lustgefühlen,
Mir nur ist das Herz getrübt.
Mir erscheint der Lenz vergebens,
Der die Erde festlich schmückt,
Wer erfreute sich des Lebens,
Der in seine Tiefen blickt!

Selig preis ich Polyxenen
In des Herzens trunkenem Wahn,
Denn den besten der Hellenen
Hofft sie bräutlich zu umfahn.
Stolz ist ihre Brust gehoben,
Ihre Wonne fasst sie kaum,
Nicht euch Himmlische dort oben
Neidet sie in ihrem Traum.

Und auch ich hab ihn gesehen,
Den das Herz verlangend wählt,
Seine schönen Blicke flehen,
Von der Liebe Glut beseelt.
Gerne möcht ich mit dem Gatten
In die heimsche Wohnung ziehn,
Doch es tritt ein stygscher Schatten
Nächtlich zwischen mich und ihn.

Ihre bleichen Larven alle
Sendet mir Proserpina,
Wo ich wandre, wo ich walle,
Stehen mir die Geister da.
In der Jugend frohe Spiele
Drängen sie sich grausend ein,
Ein entsetzliches Gewühle,
Nimmer kann ich fröhlich sein.

Und den Mordstahl seh ich blinken
Und das Mörderauge glühn,
Nicht zur Rechten, nicht zur Linken
Kann ich vor dem Schrecknis fliehn,
Nicht die Blicke darf ich wenden,
Wissend, schauend, unverwandt
Muss ich mein Geschick vollenden,
Fallend in dem fremden Land.« –

Und noch hallen ihre Worte,
Horch! da dringt verworrner Ton
Fernher aus des Tempels Pforte,
Tot lag Thetis' großer Sohn!
Eris schüttelt ihre Schlangen,
Alle Götter fliehn davon,
Und des Donners Wolken hangen
Schwer herab auf Ilion.

Die Gunst des Augenblicks

Und so finden wir uns wieder
In dem heitern bunten Reihn,
Und es soll der Kranz der Lieder
Frisch und grün geflochten sein.

Aber wem der Götter bringen
Wir des Liedes ersten Zoll?
Ihn vor allen lasst uns singen,
Der die Freude schaffen soll.

Denn was frommt es, dass mit Leben
Ceres den Altar geschmückt?
Dass den Purpursaft der Reben
Bacchus in die Schale drückt?

Zückt vom Himmel nicht der Funken,
Der den Herd in Flammen setzt,
Ist der Geist nicht feuertrunken,
Und das Herz bleibt unergetzt.

Aus den Wolken muss es fallen,
Aus der Götter Schoß das Glück,
Und der mächtigste von allen
Herrschern ist der Augenblick.

Von dem allerersten Werden
Der unendlichen Natur
Alles Göttliche auf Erden
Ist ein Lichtgedanke nur.

Langsam in dem Lauf der Horen
Füget sich der Stein zum Stein,
Schnell, wie es der Geist geboren,
Will das Werk empfunden sein.

Wie im hellen Sonnenblicke
Sich ein Farbenteppich webt,
Wie auf ihrer bunten Brücke

Iris durch den Himmel schwebt,

So ist jede schöne Gabe
Flüchtig wie des Blitzes Schein,
Schnell in ihrem düstern Grabe
Schließt die Nacht sie wieder ein.

Die Antiken zu Paris

Was der Griechen Kunst erschaffen,
Mag der Franke mit den Waffen
Führen nach der *Seine* Strand,
Und in prangenden Museen
Zeig er seine Siegstrophäen
Dem erstaunten Vaterland!

Ewig werden sie ihm schweigen,
Nie von den Gestellen steigen
In des Lebens frischen Reihn.
Der allein besitzt die Musen,
Der sie trägt im warmen Busen,
Dem Vandalen sind sie Stein.

Sehnsucht

Ach, aus dieses Tales Gründen,
Die der kalte Nebel drückt,
Könnt ich doch den Ausgang finden,
Ach wie fühlt ich mich beglückt!
Dort erblick ich schöne Hügel,
Ewig jung und ewig grün!
Hätt ich Schwingen, hätt ich Flügel,
Nach den Hügeln zög ich hin.

Harmonien hör ich klingen,
Töne süßer Himmelsruh,
Und die leichten Winde bringen
Mir der Düfte Balsam zu,
Goldne Früchte seh ich glühen,
Winkend zwischen dunkelm Laub,
Und die Blumen, die dort blühen,
Werden keines Winters Raub.

Ach wie schön muss sichs ergehen
Dort im ewgen Sonnenschein,
Und die Luft auf jenen Höhen,
O wie labend muss sie sein!

Doch mir wehrt des Stromes Toben,
Der ergrimmt dazwischen braust,
Seine Wellen sind gehoben,
Dass die Seele mir ergraust.

Einen Nachen seh ich schwanken,
Aber ach! der Fährmann fehlt.
Frisch hinein und ohne Wanken,
Seine Segel sind beseelt.
Du musst glauben, du musst wagen,
Denn die Götter leihn kein Pfand,
Nur ein Wunder kann dich tragen
In das schöne Wunderland.

Dem Erbprinzen von Weimar
als er nach Paris reiste
In einem freundschaftlichen Zirkel gesungen

So bringet denn die letzte volle Schale
Dem lieben Wandrer dar,
Der Abschied nimmt von diesem stillen Tale,
Das seine Wiege war.

Er reißt sich aus den väterlichen Hallen,
Aus lieben Armen los,
Nach jener stolzen Bürgerstadt zu wallen,
Vom Raub der Länder groß.

Die Zwietracht flieht, die Donnerstürme schweigen,
Gefesselt ist der Krieg,
Und in den Krater darf man niedersteigen,
Aus dem die Lava stieg.

Dich führe durch das wild bewegte Leben
Ein gnädiges Geschick,
Ein reines Herz hat dir Natur gegeben,
O bring es rein zurück.

Die Länder wirst du sehen, die das wilde
Gespann des Kriegs zertrat,
Doch lächelnd grüßt der Friede die Gefilde
Und streut die goldne Saat.

Den alten Vater Rhein wirst du begrüßen,
Der deines großen Ahns
Gedenken wird, solang sein Strom wird fließen
Ins Bett des Ozeans.

Dort huldige des Helden großen Manen
Und opfere dem Rhein,
Dem alten Grenzenhüter der Germanen,
Von seinem eignen Wein,

Dass dich der vaterländsche Geist begleite,
Wenn dich das schwanke Brett
Hinüberträgt auf jene linke Seite,
Wo deutsche Treu vergeht.

Die deutsche Muse

Kein Augustisch Alter blühte,
Keines Mediceers Güte
Lächelte der deutschen Kunst,
Sie ward nicht gepflegt vom Ruhme,
Sie entfaltete die Blume
Nicht am Strahl der Fürstengunst.

Von dem größten deutschen Sohne,
Von des großen Friedrichs Throne
Ging sie schutzlos, ungeehrt.
Rühmend darfs der Deutsche sagen,
Höher darf das Herz ihm schlagen:
Selbst erschuf er sich den Wert.

Darum steigt in höherm Bogen,
Darum strömt in vollern Wogen
Deutscher Barden Hochgesang,
Und in eigner Fülle schwellend
Und aus Herzens Tiefen quellend,
Spottet er der Regeln Zwang.

Amalia

Schön wie Engel, voll Walhallas Wonne,
Schön vor allen Jünglingen war er,
Himmlisch mild sein Blick wie Maiensonne,
Rückgestrahlt vom blauen Spiegelmeer.

Seine Küsse – paradiesisch Fühlen!
Wie zwo Flammen sich ergreifen, wie
Harfentöne ineinanderspielen
Zu der himmelvollen Harmonie –

Stürzten, flogen, schmolzen Geist und Geist zusammen,
Lippen, Wangen brannten, zitterten,

Seele rann in Seele – Erd und Himmel schwammen
Wie zerronnen um die Liebenden!

Er ist hin – vergebens, ach vergebens
Stöhnet ihm der bange Seufzer nach!
Er ist hin, und alle Lust des Lebens
Wimmert hin in ein verlornes Ach!

Zenith und Nadir

Wo du auch wandelst im Raum, es knüpft dein Zenith und Nadir
An den Himmel dich an, dich an die Achse der Welt.
Wie du auch handelst in dir, es berühre den Himmel der Wille,
Durch die Achse der Welt gehe die Richtung der Tat.

Das Spiel des Lebens

Wollt ihr in meinen Kasten sehn?
Des Lebens Spiel, die Welt im kleinen,
Gleich soll sie eurem Aug erscheinen;
Nur müsst ihr nicht zu nahe stehn,
Ihr müsst sie bei der Liebe Kerzen
Und nur bei Amors Fackel sehn.

Schaut her! Nie wird die Bühne leer:
Dort bringen sie das Kind getragen,
Der Knabe hüpft, der Jüngling stürmt einher,
Es kämpft der Mann, und alles will er wagen.

Ein jeglicher versucht sein Glück,
Doch schmal nur ist die Bahn zum Rennen:
Der Wagen rollt, die Achsen brennen,
Der Held drängt kühn voran, der Schwächling bleibt zurück,
Der Stolze fällt mit lächerlichem Falle,
Der Kluge überholt sie alle.

Die Frauen seht ihr an den Schranken stehn,
Mit holdem Blick, mit schönen Händen
Den Dank dem Sieger auszuspenden.

Punschlied

Vier Elemente,
Innig gesellt,
Bilden das Leben,
Bauen die Welt.

Presst der Zitrone

Saftigen Stern,
Herb ist des Lebens
Innerster Kern.

Jetzt mit des Zuckers
Linderndem Saft
Zähmet die herbe
Brennende Kraft,

Gießet des Wassers
Sprudelnden Schwall,
Wasser umfänget
Ruhig das All.

Tropfen des Geistes
Gießet hinein,
Leben dem Leben
Gibt er allein.

Eh es verdüftet,
Schöpfet es schnell,
Nur wenn er glühet,
Labet der Quell.

Der Pilgrim

Noch in meines Lebens Lenze
War ich, und ich wandert aus,
Und der Jugend frohe Tänze
Ließ ich in des Vaters Haus.

All mein Erbteil, meine Habe
Warf ich fröhlich glaubend hin,
Und am leichten Pilgerstabe
Zog ich fort mit Kindersinn.

Denn mich trieb ein mächtig Hoffen
Und ein dunkles Glaubenswort,
»Wandle«, riefs, »der Weg ist offen,
Immer nach dem Aufgang fort.

Bis zu einer goldnen Pforten
Du gelangst, da gehst du ein,
Denn das Irdische wird dorten
Himmlisch unvergänglich sein.«

Abend wards und wurde Morgen,
Nimmer, nimmer stand ich still,
Aber immer bliebs verborgen,

Was ich suche, was ich will.

Berge lagen mir im Wege,
Ströme hemmten meinen Fuß,
Über Schlünde baut ich Stege,
Brücken durch den wilden Fluss.

Und zu eines Stroms Gestaden
Kam ich, der nach Morgen floss,
Froh vertrauend seinem Faden,
Werf ich mich in seinen Schoß.

Hin zu einem großen Meere
Trieb mich seiner Wellen Spiel,
Vor mir liegts in weiter Leere,
Näher bin ich nicht dem Ziel.

Ach, kein Steg will dahin führen,
Ach, der Himmel über mir
Will die Erde nie berühren,
Und das Dort ist niemals Hier.

Der Jüngling am Bache

An der Quelle saß der Knabe,
Blumen wand er sich zum Kranz,
Und er sah sie fortgerissen,
Treiben in der Wellen Tanz.
»Und so fliehen meine Tage
Wie die Quelle rastlos hin!
Und so bleichet meine Jugend,
Wie die Kränze schnell verblühn!

Fraget nicht, warum ich traure
In des Lebens Blütenzeit!
Alles freuet sich und hoffet,
Wenn der Frühling sich erneut.
Aber diese tausend Stimmen
Der erwachenden Natur
Wecken in dem tiefen Busen
Mir den schweren Kummer nur.

Was soll mir die Freude frommen,
Die der schöne Lenz mir beut?
Eine nur ists, die ich suche,
Sie ist nah und ewig weit.
Sehnend breit ich meine Arme
Nach dem teuren Schattenbild,

Ach, ich kann es nicht erreichen,
Und das Herz bleibt ungestillt!

Komm herab, du schöne Holde,
Und verlass dein stolzes Schloss!
Blumen, die der Lenz geboren,
Streu ich dir in deinen Schoß.
Horch, der Hain erschallt von Liedern,
Und die Quelle rieselt klar!
Raum ist in der kleinsten Hütte
Für ein glücklich liebend Paar.«

Der Graf von Habsburg

Zu Aachen in seiner Kaiserpracht,
Im altertümlichen Saale,
Saß König Rudolfs heilige Macht
Beim festlichen Krönungsmahle.
Die Speisen trug der Pfalzgraf des Rheins,
Es schenkte der Böhme des perlenden Weins,
Und alle die Wähler, die sieben,
Wie der Sterne Chor um die Sonne sich stellt,
Umstanden geschäftig den Herrscher der Welt,
Die Würde des Amtes zu üben.

Und rings erfüllte den hohen Balkon
Das Volk in freudgem Gedränge,
Laut mischte sich in der Posaunen Ton
Das jauchzende Rufen der Menge.
Denn geendigt nach langem verderblichen Streit
War die kaiserlose, die schreckliche Zeit,
Und ein Richter war wieder auf Erden.
Nicht blind mehr waltet der eiserne Speer,
Nicht fürchtet der Schwache, der Friedliche mehr,
Des Mächtigen Beute zu werden.

Und der Kaiser ergreift den goldnen Pokal
Und spricht mit zufriedenen Blicken:
»Wohl glänzet das Fest, wohl pranget das Mahl,
Mein königlich Herz zu entzücken;
Doch den Sänger vermiss ich, den Bringer der Lust,
Der mit süßem Klang mir bewege die Brust
Und mit göttlich erhabenen Lehren.
So hab ichs gehalten von Jugend an,
Und was ich als Ritter gepflegt und getan,
Nicht will ichs als Kaiser entbehren.«

Und sieh! in der Fürsten umgebenden Kreis
Trat der Sänger im langen Talare,
Ihm glänzte die Locke silberweiß,
Gebleicht von der Fülle der Jahre.
»Süßer Wohllaut schläft in der Saiten Gold,
Der Sänger singt von der Minne Sold,
Er preiset das Höchste, das Beste,
Was das Herz sich wünscht, was der Sinn begehrt,
Doch sage, was ist des Kaisers wert
An seinem herrlichsten Feste?«

»Nicht gebieten werd ich dem Sänger«, spricht
Der Herrscher mit lächelndem Munde,
»Er steht in des größeren Herren Pflicht,
Er gehorcht der gebietenden Stunde:
Wie in den Lüften der Sturmwind saust,
Man weiß nicht, von wannen er kommt und braust,
Wie der Quell aus verborgenen Tiefen,
So des Sängers Lied aus dem Innern schallt
Und wecket der dunkeln Gefühle Gewalt,
Die im Herzen wunderbar schliefen.«

Und der Sänger rasch in die Saiten fällt
Und beginnt sie mächtig zu schlagen:
»Aufs Weidwerk hinaus ritt ein edler Held,
Den flüchtigen Gemsbock zu jagen.
Ihm folgte der Knapp mit dem Jägergeschoss,
Und als er auf seinem stattlichen Ross
In eine Au kommt geritten,
Ein Glöcklein hört er erklingen fern,
Ein Priester wars mit dem Leib des Herrn,
Voran kam der Mesner geschritten.

Und der Graf zur Erde sich neiget hin,
Das Haupt mit Demut entblößet,
Zu verehren mit gläubigem Christensinn,
Was alle Menschen erlöset.
Ein Bächlein aber rauschte durchs Feld,
Von des Gießbachs reißenden Fluten geschwellt,
Das hemmte der Wanderer Tritte,
Und beiseit legt jener das Sakrament,
Von den Füßen zieht er die Schuhe behend,
Damit er das Bächlein durchschritte.

›Was schaffst du?‹ redet der Graf ihn an,
Der ihn verwundert betrachtet.

›Herr, ich walle zu einem sterbenden Mann,
Der nach der Himmelskost schmachtet.
Und da ich mich nahe des Baches Steg,
Da hat ihn der strömende Gießbach hinweg
Im Strudel der Wellen gerissen.
Drum dass dem Lechzenden werde sein Heil,
So will ich das Wässerlein jetzt in Eil
Durchwaten mit nackenden Füßen.‹

Da setzt ihn der Graf auf sein ritterlich Pferd
Und reicht ihm die prächtigen Zäume,
Dass er labe den Kranken, der sein begehrt,
Und die heilige Pflicht nicht versäume.
Und er selber auf seines Knappen Tier
Vergnüget noch weiter des Jagens Begier,
Der andre die Reise vollführet,
Und am nächsten Morgen, mit dankendem Blick,
Da bringt er dem Grafen sein Ross zurück,
Bescheiden am Zügel geführet.

›Nicht wolle das Gott‹, rief mit Demutsinn
Der Graf, ›dass zum Streiten und Jagen
Das Ross ich beschritte fürderhin,
Das meinen Schöpfer getragen!
Und magst dus nicht haben zu eignem Gewinst,
So bleib es gewidmet dem göttlichen Dienst,
Denn ich hab es dem ja gegeben,
Von dem ich Ehre und irdisches Gut
Zu Lehen trage und Leib und Blut
Und Seele und Atem und Leben.‹

›So mög Euch Gott, der allmächtige Hort,
Der das Flehen der Schwachen erhöret,
Zu Ehren Euch bringen hier und dort,
So wie Ihr jetzt ihn geehret.
Ihr seid ein mächtiger Graf, bekannt
Durch ritterlich Walten im Schweizerland,
Euch blühn sechs liebliche Töchter.
So mögen sie‹, rief er begeistert aus,
›Sechs Kronen Euch bringen in Euer Haus
Und glänzen die spätsten Geschlechter!‹‹‹

Und mit sinnendem Haupt saß der Kaiser da,
Als dächt er vergangener Zeiten,
Jetzt, da er dem Sänger ins Auge sah,
Da ergreift ihn der Worte Bedeuten.

Die Züge des Priesters erkennt er schnell
Und verbirgt der Tränen stürzenden Quell
In des Mantels purpurnen Falten.
Und alles blickte den Kaiser an
Und erkannte den Grafen, der das getan,
Und verehrte das göttliche Walten.

Das Siegesfest

Priams Feste war gesunken,
Troja lag in Schutt und Staub,
Und die Griechen, siegestrunken,
Reich beladen mit dem Raub,
Saßen auf den hohen Schiffen
Längs des Hellespontos Strand,
Auf der frohen Fahrt begriffen
Nach dem schönen Griechenland.
»Stimmet an die frohen Lieder,
Denn dem väterlichen Herd
Sind die Schiffe zugekehrt,
Und zur Heimat geht es wieder.«

Und in langen Reihen, klagend,
Saß der Trojerinnen Schar,
Schmerzvoll an die Brüste schlagend,
Bleich mit aufgelöstem Haar.
In das wilde Fest der Freuden
Mischten sie den Wehgesang,
Weinend um das eigne Leiden
In des Reiches Untergang.
»Lebe wohl, geliebter Boden!
Von der süßen Heimat fern,
Folgen wir dem fremden Herrn,
Ach wie glücklich sind die Toten!«

Und den hohen Göttern zündet
Kalchas jetzt das Opfer an.
Pallas, die die Städte gründet
Und zertrümmert, ruft er an,
Und Neptun, der um die Länder
Seinen Wogengürtel schlingt,
Und den Zeus, den Schreckensender,
Der die Ägis grausend schwingt.
»Ausgestritten, ausgerungen
Ist der lange, schwere Streit,

Ausgefüllt der Kreis der Zeit,
Und die große Stadt bezwungen.«

Atreus' Sohn, der Fürst der Scharen,
Übersah der Völker Zahl,
Die mit ihm gezogen waren
Einst in des Skamanders Tal.
Und des Kummers finstre Wolke
Zog sich um des Königs Blick,
Von dem hergeführten Volke
Bracht er wen'ge nur zurück.
»Drum erhebe frohe Lieder,
Wer die Heimat wiedersieht,
Wem noch frisch das Leben blüht,
Denn nicht alle kehren wieder!«

»Alle nicht, die wiederkehren,
Mögen sich des Heimzugs freun,
An den häuslichen Altären
Kann der Mord bereitet sein.
Mancher fiel durch Freundestücke,
Den die blutge Schlacht verfehlt«,
Sprachs Ulyss mit Warnungsblicke,
Von Athenens Geist beseelt.
»Glücklich, wem der Gattin Treue
Rein und keusch das Haus bewahrt,
Denn das Weib ist falscher Art,
Und die Arge liebt das Neue!«

Und des frisch erkämpften Weibes
Freut sich der Atrid und strickt
Um den Reiz des schönen Leibes
Seine Arme hochbeglückt.
»Böses Werk muss untergehen,
Rache folgt der Freveltat,
Denn gerecht in Himmelshöhen
Waltet des Kroniden Rat!«
»Böses muss mit Bösem enden,
An dem frevelnden Geschlecht
Rächet Zeus das Gastesrecht,
Wägend mit gerechten Händen.«

»Wohl dem Glücklichen mags ziemen«,
Ruft Oileus' tapfrer Sohn,
»Die Regierenden zu rühmen
Auf dem hohen Himmelsthron!

Ohne Wahl verteilt die Gaben,
Ohne Billigkeit das Glück,
Denn Patroklus liegt begraben,
Und Thersites kommt zurück!«
»Weil das Glück aus seiner Tonnen
Die Geschicke blind verstreut,
Freue sich und jauchze heut,
Wer das Lebenslos gewonnen!«

»Ja, der Krieg verschlingt die Besten!
Ewig werde dein gedacht,
Bruder, bei der Griechen Festen,
Der ein Turm war in der Schlacht.
Da der Griechen Schiffe brannten,
War in deinem Arm das Heil,
Doch dem Schlauen, Vielgewandten
Ward der schöne Preis zuteil!«
»Friede deinen heilgen Resten!
Nicht der Feind hat dich entrafft,
Ajax fiel durch Ajax' Kraft,
Ach, der Zorn verderbt die Besten!«

Dem Erzeuger jetzt, dem großen,
Gießt Neoptolem des Weins:
»Unter allen irdschen Losen,
Hoher Vater, preis ich deins.
Von des Lebens Gütern allen
Ist der Ruhm das höchste doch,
Wenn der Leib in Staub zerfallen,
Lebt der große Name noch.«
»Tapfrer, deines Ruhmes Schimmer
Wird unsterblich sein im Lied;
Denn das irdsche Leben flieht,
Und die Toten dauern immer.«

»Weil des Liedes Stimmen schweigen
Von dem überwundnen Mann,
So will ich für Hektorn zeugen«,
Hub der Sohn des Tydeus an;-
»Der für seine Hausaltäre
Kämpfend, ein Beschirmer fiel –
Krönt den Sieger größre Ehre,
Ehret ihn das schönre Ziel!«
»Der für seine Hausaltäre
Kämpfend sank, ein Schirm und Hort,
Auch in Feindes Munde fort

Lebt ihm seines Namens Ehre.«

Nestor jetzt, der alte Zecher,
Der drei Menschenalter sah,
Reicht den laubumkränzten Becher
Der betränten Hekuba:
»Trink ihn aus, den Trank der Labe,
Und vergiss den großen Schmerz,
Wundervoll ist Bacchus' Gabe,
Balsam fürs zerrissne Herz!«
»Trink ihn aus, den Trank der Labe,
Und vergiss den großen Schmerz,
Balsam fürs zerrissne Herz,
Wundervoll ist Bacchus' Gabe.«

»Denn auch Niobe, dem schweren
Zorn der Himmlischen ein Ziel,
Kostete die Frucht der Ähren
Und bezwang das Schmerzgefühl.
Denn solang die Lebensquelle
Schäumet an der Lippen Rand,
Ist der Schmerz in Lethes Welle
Tief versenkt und festgebannt!«
»Denn solang die Lebensquelle
An der Lippen Rande schäumt,
Ist der Jammer weggeträumt,
Fortgespült in Lethes Welle.«

Und von ihrem Gott ergriffen,
Hub sich jetzt die Seherin,
Blickte von den hohen Schiffen
Nach dem Rauch der Heimat hin:
»Rauch ist alles irdsche Wesen,
Wie des Dampfes Säule weht,
Schwinden alle Erdengrößen,
Nur die Götter bleiben stet.«
»Um das Ross des Reiters schweben,
Um das Schiff die Sorgen her,
Morgen können wirs nicht mehr,
Darum lasst uns heute leben!«

Punschlied

Im Norden zu singen

Auf der Berge freien Höhen,
In der Mittagsonne Schein,
An des warmen Strahles Kräften
Zeugt Natur den goldnen Wein.

Und noch niemand hats erkundet,
Wie die große Mutter schafft;
Unergründlich ist das Wirken,
Unerforschlich ist die Kraft.

Funkelnd wie ein Sohn der Sonne,
Wie des Lichtes Feuerquell,
Springt er perlend aus der Tonne
Purpurn und kristallenhell.

Und erfreuet alle Sinnen,
Und in jede bange Brust
Gießt er ein balsamisch Hoffen
Und des Lebens neue Lust.

Aber matt auf unsre Zonen
Fällt der Sonne schräges Licht,
Nur die Blätter kann sie färben,
Aber Früchte reift sie nicht.

Doch der Norden auch will leben,
Und was lebt, will sich erfreun;
Darum schaffen wir erfindend
Ohne Weinstock uns den Wein.

Bleich nur ists, was wir bereiten
Auf dem häuslichen Altar;
Was Natur lebendig bildet,
Glänzend ists und ewig klar.

Aber freudig aus der Schale
Schöpfen wir die trübe Flut,
Auch die Kunst ist Himmelsgabe,
Borgt sie gleich von irdscher Glut.

Ihrem Wirken freigegeben
Ist der Kräfte großes Reich;
Neues bildend aus dem Alten,
Stellt sie sich dem Schöpfer gleich.

Selbst das Band der Elemente
Trennt ihr herrschendes Gebot,

Und sie ahmt mit Herdes Flammen
Nach den hohen Sonnengott.

Fernhin zu den selgen Inseln
Richtet sie der Schiffe Lauf,
Und des Südens goldne Früchte
Schüttet sie im Norden auf.

Drum ein Sinnbild und ein Zeichen
Sei uns dieser Feuersaft,
Was der Mensch sich kann erlangen
Mit dem Willen und der Kraft.

Berglied

Am Abgrund leitet der schwindligte Steg,
Er führt zwischen Leben und Sterben,
Es sperren die Riesen den einsamen Weg
Und drohen dir ewig Verderben,
Und willst du die schlafende Löwin nicht wecken,
So wandle still durch die Straße der Schrecken.

Es schwebt eine Brücke, hoch über den Rand
Der furchtbaren Tiefe gebogen,
Sie ward nicht erbauet von Menschenhand,
Es hätte sichs keines verwogen,
Der Strom braust unter ihr spät und früh,
Speit ewig hinauf und zertrümmert sie nie.

Es öffnet sich schwarz ein schauriges Tor,
Du glaubst dich im Reiche der Schatten,
Da tut sich ein lachend Gelände hervor,
Wo der Herbst und der Frühling sich gatten,
Aus des Lebens Mühen und ewiger Qual
Möcht ich fliehen in dieses glückselige Tal.

Vier Ströme brausen hinab in das Feld,
Ihr Quell, der ist ewig verborgen,
Sie fließen nach allen vier Straßen der Welt,
Nach Abend, Nord, Mittag und Morgen,
Und wie die Mutter sie rauschend geboren,
Fort fliehn sie und bleiben sich ewig verloren.

Zwei Zinken ragen ins Blaue der Luft,
Hoch über der Menschen Geschlechter,
Drauf tanzen, umschleiert mit goldenem Duft,
Die Wolken, die himmlischen Töchter.
Sie halten dort oben den einsamen Reihn,

Da stellt sich kein Zeuge, kein irdischer, ein.

Es sitzt die Königin hoch und klar
Auf unvergänglichem Throne,
Die Stirn umkränzt sie sich wunderbar
Mit diamantener Krone,
Drauf schießt die Sonne die Pfeile von Licht,
Sie vergolden sie nur und erwärmen sie nicht.

Der Alpenjäger

Willst du nicht das Lämmlein hüten?
Lämmlein ist so fromm und sanft,
Nährt sich von des Grases Blüten,
Spielend an des Baches Ranft.
»Mutter, Mutter, lass mich gehen,
Jagen nach des Berges Höhen!«

Willst du nicht die Herde locken
Mit des Hornes munterm Klang?
Lieblich tönt der Schall der Glocken
In des Waldes Lustgesang.
»Mutter, Mutter, lass mich gehen,
Schweifen auf den wilden Höhen!«

Willst du nicht der Blümlein warten,
Die im Beete freundlich stehn?
Draußen ladet dich kein Garten,
Wild ists auf den wilden Höhn!
»Lass die Blümlein, lass sie blühen!
Mutter, Mutter, lass mich ziehen!«

Und der Knabe ging zu jagen,
Und es treibt und reißt ihn fort,
Rastlos fort mit blindem Wagen
An des Berges finstern Ort,
Vor ihm her mit Windesschnelle
Flieht die zitternde Gazelle.

Auf der Felsen nackte Rippen
Klettert sie mit leichtem Schwung,
Durch den Riss geborstner Klippen
Trägt sie der gewagte Sprung,
Aber hinter ihr verwogen
Folgt er mit dem Todesbogen.

Jetzo auf den schroffen Zinken
Hängt sie, auf dem höchsten Grat,

Wo die Felsen jäh versinken
Und verschwunden ist der Pfad.
Unter sich die steile Höhe,
Hinter sich des Feindes Nähe.

Mit des Jammers stummen Blicken
Fleht sie zu dem harten Mann,
Fleht umsonst, denn loszudrücken
Legt er schon den Bogen an.
Plötzlich aus der Felsenspalte
Tritt der Geist, der Bergesalte.

Und mit seinen Götterhänden
Schützt er das gequälte Tier.
»Musst du Tod und Jammer senden«,
Ruft er, »bis herauf zu mir?
Raum für alle hat die Erde,
Was verfolgst du meine Herde?«

Buchanzeige

Nova Giulianiad
Saitenblätter für die Gitarre und Laute
Herausgegeben von Joerg Sommermeyer
i. V. m. d. Internationalen Gitarristischen Vereinigung
ISSN: 0254-9565
Orlando Syrg, Freiburg i. Brsg., 1983-1988

Josefa Gerhäuser
Leben will ich
Gedichte und Assoziationen
Herausgegeben von JS (Joerg Sommermeyer)
Orlando Syrg Taschenbuch, OrSyTa 12002, Freiburg i. Brsg. 2002

Joerg Sommermeyer
Anton Unbekannt
Pathoaphysischer Antiroman
Tragigroteskenfragment
Herausgegeben von Georg J. Feurig-Sorgenfrei
Orlando Syrg Taschenbuch, 1. Aufl., OrSyTa 12009, Berlin 2009

Joerg K. Sommermeyer (Hg.)
Balleinrubin: Ball, Einstein, Rubiner
Hugo Ball: Tenderenda der Phantast
Carl Einstein: Bebuquin oder die Dilettanten des Wunders
Ludwig Rubiner: Gedichte, Kritiken, Manifeste
Herausg. u. mit einem Nachwort versehen von Joerg K. Sommermeyer
Orlando Syrg Taschenbuch, 1. Aufl., OrSyTa 12017, Berlin 2017

Franz Treller
Nikunthas, König der Miami
Eine Abenteuererzählung aus Nordamerika
Anhang: **Indianer-Gedanken** von Oskar Panizza
und **Die blaue Schlange** von Fritz von Ostini
Vollst. rev. und neu bearb. von Georg J. Feurig-Sorgenfrei
Hrsg. und mit einem Nachw. vers. von Joerg Sommermeyer
Kollektion Abenteuer- & Reiseerzählungen / KAR 1
Orlando Syrg Taschenbuch, 1. Aufl., OrSyTa 22009, Berlin 2010
2. Aufl., OrSyTa 22017, Berlin 2017

Joerg K. Sommermeyer
Vernimm mein Schreien
Pathoaphysischer Antiroman
Tragigroteskenfragment
Herausgegeben von Georg J. Feurig-Sorgenfrei
Orlando Syrg Taschenbuch, 2. durchgesehene, verbesserte und um einen Anhang
erweiterte Auflage von *Anton unbekannt*, OrSyTa 32017, Berlin 2017
3. Auflage, Neufassung, OrSyTa 112018, Berlin 2018

Joerg K. Sommermeyer
Lieblingsmärchen
[Andersen, 1001 Nacht, von Arnim, Bechstein, Brentano, de la Motte Fouqué,
Brüder Grimm, Hauff, Hebel, Hoffmann, Hofmannsthal, Keller, Mörike,
von Sternberg, Stevenson, JS, Storm]
Ausgewählt, zusammengestellt, durchgesehen und revidiert,
herausgegeben und mit einem Nachwort versehen
von Joerg K. Sommermeyer
Kollektion Abenteuer- & Reiseerzählungen / KAR 2
Orlando Syrg Taschenbuch, 1. Aufl., OrSyTa 42017, Berlin 2017
2. erweiterte Auflage, OrSyTa 22018, Berlin 2018

Joerg K. Sommermeyer (Hg.)
Franz Kafkas Romane
Der Verschollene (Amerika), Der Prozess, Das Schloss
Durchgesehen, revidiert und herausgegeben
von Joerg K. Sommermeyer
Reihe alte Tradition Azurcelestreblueoscuro / RAT ACBO 1
Exemplarische Werke der Weltliteratur
Orlando Syrg Taschenbuch, 1. Aufl., OrSyTa 52017, Berlin 2017

Joerg K. Sommermeyer (Hg.)
Franz Kafkas Erzählungen
Durchgesehen, revidiert und und mit einem Nachwort herausgegeben
von Joerg K. Sommermeyer
Reihe alte Tradition Azurcelestreblueoscuro / RAT ACBO 2
Exemplarische Werke der Weltliteratur
Orlando Syrg Taschenbuch, 1. Aufl., OrSyTa 12018, Berlin 2018

Joerg K. Sommermeyer (Hg.)

Heinrich von Kleists Erzählungen, Anekdoten und Essays

Durchgesehen, revidiert und mit einem biographischen Abriss
herausgegeben von Joerg K. Sommermeyer
Reihe alte Tradition Azurcelesteblueoscuro / RAT ACBO 3
Exemplarische Werke der Weltliteratur
Orlando Syrg Taschenbuch, 1. Aufl., OrSyTa 32018, Berlin 2018

Joerg K. Sommermeyer (Hg.)

Christian Morgensterns Galgenlieder und Palmström

Durchgesehen, revidiert und mit einem biographischen Abriss
herausgegeben von Joerg K. Sommermeyer
Reihe alte Tradition Azurcelesteblueoscuro / RAT ACBO 4
Exemplarische Werke der Weltliteratur
Orlando Syrg Taschenbuch, 1. Aufl., OrSyTa 42018, Berlin 2018

Joerg K. Sommermeyer (Hg.)

Robert Müllers Tropen

Der Mythos der Reise
Urkunden eines deutschen Ingenieurs
Durchgesehen und revidiert, herausgegeben
und mit einem Nachwort versehen
von Joerg K. Sommermeyer
Kollektion Abenteuer- & Reiseerzählungen / KAR 3
Orlando Syrg Taschenbuch, 1. Aufl., OrSyTa 52018, Berlin 2018

Joerg K. Sommermeyer (Hg.)

Taugenichts et cetera

Eichendorff, Chamisso, Büchner
Aus dem Leben eines Taugenichts
Peter Schlemihls wundersame Geschichte
Lenz
Durchgesehen, revidiert und mit einem Nachwort
herausgegeben von Joerg K. Sommermeyer
Reihe alte Tradition Azurcelesteblueoscuro / RAT ACBO 5
Exemplarische Werke der Weltliteratur
Orlando Syrg Taschenbuch, 1. Aufl., OrSyTa 62018, Berlin 2018

Joerg K. Sommermeyer (Hg.)
Künstlerbetrachtungen
Diderot, Wackenroder, Hoffmann
Rameaus Neffe, Joseph Berglinger, Johannes Kreisler, Kater Murr
Durchgesehen, revidiert und mit einem Nachwort
herausgegeben von Joerg K. Sommermeyer
Reihe alte Tradition Azurcelesteblueoscuro / RAT ACBO 6
Exemplarische Werke der Weltliteratur
Orlando Syrg Taschenbuch, 1. Aufl., OrSyTa 72018, Berlin 2018

Joerg K. Sommermeyer (Hg.)
Rainer Maria Rilkes Gedichte
Stunden-Buch, Buch der Bilder, Neue Gedichte, Der neuen Gedichte anderer Teil,
Requiem, Das Marien-Leben, Duineser Elegien, Die Sonette an Orpheus
Durchgesehen, revidiert und mit einem Nachwort
herausgegeben von Joerg K. Sommermeyer
Reihe alte Tradition Azurcelesteblueoscuro / RAT ACBO 7
Exemplarische Werke der Weltliteratur
Orlando Syrg Taschenbuch, 1. Aufl., OrSyTa 92018, Berlin 2018

Joerg K. Sommermeyer (Hg.)
Rainer Maria Rilkes Prosa
Dichtungen in Prosa, Die Weise von Liebe und Tod des Cornets Christoph Rilke,
Die Aufzeichnungen des Malte Laurids Brigge, Erzählungen und Skizzen,
Geschichten vom lieben Gott, Auguste Rodin, Aufsätze und Besprechungen
Durchgesehen, revidiert und mit einem Nachwort
herausgegeben von Joerg K. Sommermeyer
Reihe alte Tradition Azurcelesteblueoscuro / RAT ACBO 8
Exemplarische Werke der Weltliteratur
Orlando Syrg Taschenbuch, 1. Aufl., OrSyTa 102018, Berlin 2018

Joerg K. Sommermeyer (Hg.)
Drei alte Erzählungen
Die Judenbuche (Droste-Hülshoff), Die schwarze Spinne (Gotthelf),
Krambambuli (Ebner-Eschenbach)
Durchgesehen, revidiert und mit einem Nachwort
herausgegeben von Joerg K. Sommermeyer
Reihe alte Tradition Azurcelesteblueoscuro / RAT ACBO 9
Exemplarische Werke der Weltliteratur
Orlando Syrg Taschenbuch, 1. Aufl., OrSyTa 122018, Berlin 2018

Joerg K. Sommermeyer (Hg.)

James Fenimore Coopers The Last of the Mohicans
Der letzte Mohikaner
A Narrative of 1757 / Eine Erzählung aus dem Jahre 1757
Deutsch nach der Übersetzung von J. F. L. Tafel,
revidiert und neu bearbeitet von Georg J. Feurig-Sorgenfrei
Herausgegeben und mit einem Nachwort versehen
von Joerg K. Sommermeyer
Kollektion Abenteuer- & Reiseerzählungen / KAR 4
Orlando Syrg Taschenbuch, 1. Aufl., OrSyTa 132018, Berlin 2018

Joerg K. Sommermeyer (Hg.)

Johann Wolfgang von Goethes
Reineke Fuchs
Durchgesehen, revidiert und mit einem Nachwort
herausgegeben von Joerg K. Sommermeyer
Reihe alte Tradition Azurcelesteblueoscuro / RAT ACBO 10
Exemplarische Werke der Weltliteratur
Orlando Syrg Taschenbuch, 1. Aufl., OrSyTa 142018, Berlin 2018

Joerg K. Sommermeyer (Hg.)

Heinrich Heines Romanzero nebst Lieblingsballaden
von Goethe, Schiller und anderen
Ausgewählt, durchgesehen, revidiert und mit einem Nachwort
herausgegeben von Joerg K. Sommermeyer
Reihe alte Tradition Azurcelesteblueoscuro / RAT ACBO 11
Exemplarische Werke der Weltliteratur
Orlando Syrg Taschenbuch, 1. Aufl., OrSyTa 152018, Berlin 2018

Joerg K. Sommermeyer (Hg.)

Eduard von Keyserlings Prosa
Ausgewählte Werke I
Beate und Mareile, Schwüle Tage, Dumala, Wellen, Abendliche Häuser
Durchgesehen, revidiert und mit einem biographischen Abriss
herausgegeben von Joerg K. Sommermeyer
Reihe alte Tradition Azurcelesteblueoscuro / RAT ACBO 12
Exemplarische Werke der Weltliteratur
Orlando Syrg Taschenbuch, 1. Aufl., OrSyTa 162018, Berlin 2018

Joerg K. Sommermeyer (Hg.)
August Stramms Gedichte
Du. Liebesgedichte; Die Menschheit; Weltwehe;
Tropfblut. Gedichte aus dem Krieg
Durchgesehen, revidiert und mit einem biographischen Abriss
herausgegeben von Joerg K. Sommermeyer
Reihe alte Tradition Azurcelesteblueoscuro / RAT ACBO 13
Exemplarische Werke der Weltliteratur
Orlando Syrg Taschenbuch, 1. Aufl., OrSyTa 172018, Berlin 2018

Joerg K. Sommermeyer (Hg.)
Joseph Conrads Heart of Darkness
Herz der Finsternis
Englisch und Deutsch
Deutsch nach der Übersetzung von Ernst Wolfgang Freißler,
revidiert und neu bearbeitet von Georg J. Feurig-Sorgenfrei
Herausgegeben und mit einem Nachwort versehen von Joerg K. Sommermeyer
Kollektion Abenteuer- & Reiseerzählungen / KAR 5
Orlando Syrg Taschenbuch, 1. Aufl., OrSyTa 182018, Berlin 2018

Joerg K. Sommermeyer (Hg.)
Münchhausen und Lukian
Bürgers Münchhausen und Lukians Bericht
phantastischer Begebenheiten
Durchgesehen, revidiert, neu bearbeitet
(Lukian basierend auf der Übersetzung von August Friedrich Pauly),
herausgegeben und mit einem Nachwort versehen,
von Joerg K. Sommermeyer
Kollektion Abenteuer- & Reiseerzählungen / KAR 6
Orlando Syrg Taschenbuch, 1. Aufl., OrSyTa 192018, Berlin 2018

Joerg K. Sommermeyer (Hg.)
Johann Wolfgang von Goethes Prosa
Ausgewählte Werke I
Die Leiden des jungen Werther, Briefe aus der Schweiz,
Die Wahlverwandtschaften, Novelle
Durchgesehen, revidiert und mit einem Nachwort
herausgegeben von Joerg K. Sommermeyer
Reihe alte Tradition Azurcelesteblueoscuro / RAT ACBO 14
Exemplarische Werke der Weltliteratur
Orlando Syrg Taschenbuch, 1. Aufl., OrSyTa 12019, Berlin 2019

Joerg K. Sommermeyer (Hg.)

Johann Wolfgang von Goethes Prosa
Ausgewählte Werke II
Wilhelm Meisters Lehrjahre
Durchgesehen, revidiert und herausgegeben
von Joerg K. Sommermeyer
Reihe alte Tradition Azurcelesteblueoscuro / RAT ACBO 15
Exemplarische Werke der Weltliteratur
Orlando Syrg Taschenbuch, 1. Aufl., OrSyTa 22019, Berlin 2019

Joerg K. Sommermeyer (Hg.)

Johann Wolfgang von Goethes Prosa
Ausgewählte Werke III
Unterhaltungen deutscher Ausgewanderten,
Wilhelm Meisters Wanderjahre
Durchgesehen, revidiert und herausgegeben
von Joerg K. Sommermeyer
Reihe alte Tradition Azurcelesteblueoscuro / RAT ACBO 16
Exemplarische Werke der Weltliteratur
Orlando Syrg Taschenbuch, 1. Aufl., OrSyTa 32019, Berlin 2019

Joerg K. Sommermeyer (Hg.)

Johann Wolfgang von Goethes Prosa
Ausgewählte Werke IV
Dichtung und Wahrheit,
Belagerung von Mainz
Durchgesehen, revidiert und herausgegeben
von Joerg K. Sommermeyer
Reihe alte Tradition Azurcelesteblueoscuro / RAT ACBO 17
Exemplarische Werke der Weltliteratur
Orlando Syrg Taschenbuch, 1. Aufl., OrSyTa 42019, Berlin 2019

Joerg K. Sommermeyer (Hg.)

August Klingemanns Nachtwachen
von Bonaventura
Durchgesehen, revidiert und herausgegeben
von Joerg K. Sommermeyer
Reihe alte Tradition Azurcelesteblueoscuro / RAT ACBO 18
Orlando Syrg Taschenbuch, 1. Aufl., OrSyTa 52019, Berlin 2019

Joerg K. Sommermeyer (Hg.)

Gustav Sacks Romane

Ein verbummelter Student, Paralyse, Ein Namenloser
Durchgesehen, revidiert und mit einem Nachwort
herausgegeben von Joerg K. Sommermeyer
Reihe alte Tradition Azurcelesteblueoscuro / RAT ACBO 19
Orlando Syrg Taschenbuch, 1. Aufl., OrSyTa 62019, Berlin 2019

Joerg K. Sommermeyer

Vernimm mein Schreien

Pathoaphysischer Antiroman
Tragigroteskenfragment
Herausgegeben von Georg J. Feurig-Sorgenfrei
Jubiläumsausgabe / Hardcover
[3. durchgesehene, verbesserte und um einen Anhang
erweiterte Auflage von *Anton unbekannt*]
OrSyTa 72019, Berlin 2019

Joerg K. Sommermeyer (Hg.)

Friedrich Schillers Prosa
Ausgewählte Werke I

Eine großmütige Handlung, Der Geisterseher,
Der Verbrecher aus verlorener Ehre, Spiel des Schicksals und anderes
Durchgesehen, revidiert und mit einem Nachwort
herausgegeben von Joerg K. Sommermeyer
Reihe alte Tradition Azurcelesteblueoscuro / RAT ACBO 20
Exemplarische Werke der Weltliteratur
Orlando Syrg Taschenbuch, 1. Aufl., OrSyTa 82019, Berlin 2019

Joerg K. Sommermeyer (Hg.)

Johann Karl Wezels Satiren

Kakerlak oder die Geschichte eines Rosenkreuzers,
Satirische Erzählungen
Durchgesehen, revidiert und herausgegeben
von Joerg K. Sommermeyer
Reihe alte Tradition Azurcelesteblueoscuro / RAT ACBO 21
Orlando Syrg Taschenbuch, 1. Aufl., OrSyTa 92019, Berlin 2019

Joerg K. Sommermeyer (Hg.)
Heinrich Heines Versepen, Erzählprosa und Memoiren
Ausgewählte Werke I
Atta Troll, Deutschland. Ein Wintermärchen, Aus den Memoiren des Herren von Schnabelewopski,
Florentinische Nächte, Der Rabbi von Bacherach, Geständnisse, Memoiren
Durchgesehen, revidiert und mit einem Nachwort
herausgegeben von Joerg K. Sommermeyer
Reihe alte Tradition Azurcelesteblueoscuro / RAT ACBO 22
Exemplarische Werke der Weltliteratur
Orlando Syrg Taschenbuch, 1. Aufl., OrSyTa 102019, Berlin 2019

Joerg K. Sommermeyer (Hg.)
Heinrich Heines Reisebilder
Ausgewählte Werke II
Briefe aus Berlin, Über Polen, Reisebilder I-IV
Durchgesehen, revidiert und mit einem biographischen Abriss
herausgegeben von Joerg K. Sommermeyer
Reihe alte Tradition Azurcelesteblueoscuro / RAT ACBO 23
Exemplarische Werke der Weltliteratur
Orlando Syrg Taschenbuch, 1. Aufl., OrSyTa 112019, Berlin 2019

Joerg K. Sommermeyer (Hg.)
Heinrich Heines Gedichte
Ausgewählte Werke III
Buch der Lieder, Neue Gedichte,
Aus den Jahren 1853 und 1854, Sonstiges / Posthum
Durchgesehen, revidiert und mit einem Biographischen Abriss
herausgegeben von Joerg K. Sommermeyer
Reihe alte Tradition Azurcelesteblueoscuro / RAT ACBO 24
Exemplarische Werke der Weltliteratur
Orlando Syrg Taschenbuch, 1. Aufl., OrSyTa 122019, Berlin 2019

Joerg K. Sommermeyer (Hg.)
Heinrich Heines Über Deutschland, Essays und Pamphlete
Ausgewählte Werke IV
Die romantische Schule, Zur Geschichte der Religion und Philosophie in Deutschland,
Elementargeister, Die Götter im Exil, Schwabenspiegel, Ludwig Börne
Durchgesehen, revidiert und mit einem Biographischen Abriss
herausgegeben von Joerg K. Sommermeyer
Reihe alte Tradition Azurcelesteblueoscuro / RAT ACBO 25
Exemplarische Werke der Weltliteratur
Orlando Syrg Taschenbuch, 1. Aufl., OrSyTa 132019, Berlin 2019

Joerg K. Sommermeyer (Hg.)
Heinrich Heines Essays über Frankreich
Ausgewählte Werke V
Französische Maler, Französische Zustände,
Über die Französische Bühne, Lutetia,
Durchgesehen, revidiert und mit einem Biographischen Abriss
herausgegeben von Joerg K. Sommermeyer
Reihe alte Tradition Azurcelesteblueoscuro / RAT ACBO 26
Exemplarische Werke der Weltliteratur
Orlando Syrg Taschenbuch, 1. Aufl., OrSyTa 142019, Berlin 2019

Joerg K. Sommermeyer (Hg.)
Johann Wolfgang von Goethes
West-östlicher Divan, Hermann und Dorothea
Ausgewählte Werke V
Durchgesehen, revidiert und herausgegeben
von Joerg K. Sommermeyer
Reihe alte Tradition Azurcelesteblueoscuro / RAT ACBO 27
Exemplarische Werke der Weltliteratur
Orlando Syrg Taschenbuch, 1. Aufl., OrSyTa 152019, Berlin 2019

Joerg K. Sommermeyer (Hg.)
Gottfried Kellers Prosa
Ausgewählte Werke I
Die Leute von Seldwyla, Sieben Legenden
Durchgesehen, revidiert und mit einem Biographischen Abriss
von Joerg K. Sommermeyer
Reihe alte Tradition Azurcelesteblueoscuro / RAT ACBO 28
Exemplarische Werke der Weltliteratur
Orlando Syrg Taschenbuch, 1. Aufl., OrSyTa 162019, Berlin 2019

Joerg K. Sommermeyer (Hg.)
Gottfried Kellers Prosa
Ausgewählte Werke II
Züricher Novellen, Das Sinngedicht
Durchgesehen, revidiert und mit einem Biographischen Abriss
von Joerg K. Sommermeyer
Reihe alte Tradition Azurcelesteblueoscuro / RAT ACBO 29
Exemplarische Werke der Weltliteratur
Orlando Syrg Taschenbuch, 1. Aufl., OrSyTa 172019, Berlin 2019

Joerg K. Sommermeyer (Hg.)
Gottfried Kellers Prosa
Ausgewählte Werke III
Der grüne Heinrich, Zwölf Gedichte, Autobiographisches
Durchgesehen, revidiert und mit einem Nachwort herausgegeben
von Joerg K. Sommermeyer
Reihe alte Tradition Azurcelesteblueoscuro / RAT ACBO 30
Exemplarische Werke der Weltliteratur
Orlando Syrg Taschenbuch, 1. Aufl., OrSyTa 182019, Berlin 2019